工商管理专业国家资源库课程配套教材●

新编21世纪高等职业教育精品教材●工商管理类

+ BUSINESS ADMINISTRATION

人力资源管理

主　编●王立岩　邢学鹏

副主编●郑　芳　孟沙沙　孙一平

李翎嘉　林运超

中国人民大学出版社

·北京·

图书在版编目（CIP）数据

人力资源管理 / 王立岩，邢学鹏主编．-- 北京：中国人民大学出版社，2025.7．--（新编 21 世纪高等职业教育精品教材）．-- ISBN 978-7-300-33972-6

Ⅰ．F243

中国国家版本馆 CIP 数据核字第 202524VF84 号

工商管理专业国家资源库课程配套教材

新编 21 世纪高等职业教育精品教材·工商管理类

人力资源管理

主　编　王立岩　邢学鹏

副主编　郑　芳　孟沙沙　孙一平　李翎嘉　林运超

Renli Ziyuan Guanli

出版发行	中国人民大学出版社		
社　　址	北京中关村大街 31 号	邮政编码	100080
电　　话	010－62511242（总编室）		010－62511770（质管部）
	010－82501766（邮购部）		010－62514148（门市部）
	010－62511173（发行公司）		010－62515275（盗版举报）
网　　址	http://www.crup.com.cn		
经　　销	新华书店		
印　　刷	北京密兴印刷有限公司		
开　　本	787 mm×1092 mm　1/16	版　　次	2025 年 7 月第 1 版
印　　张	16.25	印　　次	2025 年 7 月第 1 次印刷
字　　数	372 000	定　　价	42.00 元

前 言

党的二十大报告提出了“人才是第一资源”“人才强国战略”“人才引领驱动”等关于人才的重要论述，体现了以习近平同志为核心的党中央对人才工作的高度重视，体现了人才强国建设在全面建成社会主义现代化强国新征程中的重要战略地位，是深入实施人才强国战略、加快建设世界重要人才中心和创新高地的行动指南。人力资源管理对于人才的培养发挥着重要的作用，尤其是为企业的选人、用人、育人、留人提供了重要的理论支撑。提高人才培养质量，规范人力资源管理操作流程，充分发挥人才价值是本教材编写的初衷。

本教材的编写遵循高职教育教学发展规律，贯彻职业教育“以服务为宗旨，以就业为导向”的方针，内容符合教学大纲和课程标准的要求，搭建了“以项目为导向、以典型案例为引导、以任务为驱动”的教材体系，形成了“理论知识够用、技能指导到位、素质培养明确”的教学目标，建立了“以人力资源管理理论为基础、人力资源管理‘三支柱’为主线，以人力资源数字化管理为方向”的教学内容，教材的字里行间都体现出鲜明的编写特色：

1. 教材整体逻辑性强。教材整体安排从人力资源管理工作切入，学生通过对本教材的初步学习，能够了解到人力资源管理工作的岗位内容和特点，认识到组织文化管理对人力资源管理工作的重要影响和意义。在此基础上，学生可以掌握人力资源管理的理论知识，学会处理人力资源管理的具体业务，具备较高的职业素养，为将来从事人力资源管理工作、实现自身价值、贡献社会打好基础。

2. 教材体系实践性强。教材体系打破了传统的“章”“节”编写模式，将人力资源管理具体工作转变为“项目”“任务”，在教学的同时以项目为导向，每个项目涵盖相应的任务，情景模拟性强，潜移默化地将教材内容转变为企业具体工作内容，从体系上达到了引导实践教学的目的。

3. 教材内容创新性强。教材内容不局限于传统的人力资源管理的六大模块内容，而是将人力资源管理“三支柱”理论、数字化人力资源管理理论融入其中，实现共享时代、数字化时代下的人力资源管理理论内容的创新。

4. 教材实现“动”“静”相结合。教材依托辽宁经济职业技术学院在线开放课程——“人力资源管理”课程建设，含有教学视频，有效地实现了“动态”教学，实现了教学形式多样化。

本教材由王立岩总体策划。具体编写分工如下：辽宁经济职业技术学院王立岩负责拟定编写提纲，并完成项目四、项目五、项目七和项目八的编写，同时负责教材的整体修改、统稿和定稿；内蒙古商贸职业学院郑芳负责项目一和项目六的编写，长春开放大学孟沙沙负责项目二和项目三的编写，长春建筑学院孙一平负责项目九和项目十的编写；辽宁现代服务职业技术学院邢学鹏、辽宁省昌图县教师进修学校王丽艳、辽宁经济职业技术学院王芳负责所有项目的校对工作；广州华南商贸职业学院林运超参与教材配套资源的制作。同时，编者有幸邀请到国药集团沈阳有限公司副总经理孙萍、人力资源部王量，沈阳迈维集团总经理李翎嘉，杭智智谷（杭州）科技有限公司产教融合业务总监张博，辽宁格瑞恩正新有限公司人力资源部部长孟繁华为本教材提供了大量实操案例。感谢编写团队每位老师的辛苦付出和精诚合作，感谢企业人员对本教材的大力支持，感谢中国人民大学出版社对本教材的鼎力相助。

在编写本教材的过程中，编者收集、参考和引用了大量的文献，在此向这些文献的作者表达真诚的谢意！因编写时间仓促，编者水平有限，故教材中难免存在不足之处，请各位专家和广大读者批评指正，以期对教材进行更完善的修正。

编　者

目　　录

项目一
人力资源管理概述

学习目标

知识目标

1. 了解国内外人力资源管理的发展。
2. 了解人力资源管理大数据的特点及数据指标。
3. 熟悉人力资源管理相关概念、具体内容。
4. 熟悉人力资源管理基础理论。
5. 掌握人力资源管理传统组织结构及“三支柱”结构。
6. 掌握人力资源管理部门职责。

能力目标

1. 能够区分人力资源和人力资源管理的内涵。
2. 能够找出人性假设理论、人本管理理论与人力资本理论的不同点。
3. 能够绘制常见的组织结构图，明确人力“三支柱”分工。
4. 能够区分人力资源部与其他部门的职责分工。

素养目标

1. 培养正确的世界观、人生观、价值观，增加民族文化自豪感。
2. 培养爱岗敬业、乐于奉献、求真务实、敢于创新的职业精神。

学习导图

- 项目一 人力资源管理概述
  - 任务一 人力资源管理发展与大数据管理
  - 任务二 人力资源管理与“三支柱”
  - 任务三 人力资源管理职业

案例导入

人力资源管理发展正当时

改革开放以来，中国经济的高速增长为世人所瞩目。究其原因，成就主要源于两个因素：一是改革所造就的制度创新和激励机制；二是改革对生产要素，特别是劳动力要素的解放。改革使大量人力资源摆脱了旧体制的束缚，使其能以各种方式投身于经济建设，使我国人力资源的优势得到充分发挥。正因为如此，在改革开放后，特别是自20世纪90年代以来，人力资源管理得到了企事业单位的高度关注。如何确定组织的人力资源战略、做好组织的人力资源规划，如何招聘、留住、开发以及激励组织需要的各类人才，如何把握好职位分析、绩效管理、薪酬管理等关键环节，如何建设良好的组织文化，已经成为企事业各级领导考虑的最重要的问题之一。随着移动互联网、人工智能等最新科学技术的发展以及00后进入职场，各种组织的人力资源管理面临诸多新的挑战，很多组织的人员数量可能会逐渐停止增长甚至下降，但对员工的要求却大大提升，这就对组织的人力资源管理水平提出了更高的要求。

从我国改革开放40多年的历程中我们可以清楚地看到，人力资源的确是推动我国经济发展的重要的资源。如今，我国自然资源的人均占有量与世界相比并不占优势，国民财富生产中自然资源消耗水平已经很高。毫不夸张地说，我国经济与社会实现可持续发展的唯一出路就在于进一步发挥人力资源的优势。需要指出的是，发挥人力资源优势并不像有些人所想象的，只是靠廉价的人工成本去竞争。世界各国发展的经验已经证明，人工成本必然会随着经济发展水平增高而不断提高。一个国家的人力资源优势主要体现在两个方面：一是人力资源的教育素质，它体现为潜在的生产力；二是对已经实现就业的人力资源的管理水平，它体现为对人力资源的开发利用程度。我国的基础教育在世界上是有竞争力的，培养了一支高素质的劳动力队伍。而我国的管理水平，尤其是人力资源管理水平，与世界发达国家相比，仍然有较大的差距。因此，提高我国企事业单位以及政府机构的人力资源管理水平是发挥我国人力资源优势的当务之急。

近几十年来，我国几代领导人都强调人才对于国家发展的重要作用，人才是第一资源的理念日益得到广泛的认同，国家领导人一再强调的人才强国战略更是将人力资源和人才问题提到整个国家战略的高度。

（资料来源：董克用，李超平．人力资源管理概论［M］．北京：中国人民大学出版社，2019.）

分析提示

习近平总书记告诉我们，“发展是第一要务，人才是第一资源”。人才的教育素质和有效管理直接决定着企业在商海浪潮中的核心优势及地位。在经济全球化和互联网时代，企业想要在竞争中胜出并持续发展，必须高度重视人力资源管理。

微课

“人力资源管理”课程简介

任务一　人力资源管理发展与大数据管理

一、我国人力资源管理的发展

微课

人力资源管理的使命和责任

我国人力资源管理思想起源于古代，我国古代经典著作中就有精彩论述，如春秋战国时期的《尚书》《左传》《论语》《墨子》《孟子》《韩非子》，汉代的《史记》《说苑》《新论》《汉书》，三国时期的《人物志》，唐代的《贞观政要》，宋代的《资治通鉴》《王临川集》等。总结、批判、继承和发展这些思想与经验，对做好现代人力资源的开发与管理工作具有重要价值。

这些古代先进的用人思想，大致可以概括为以下四个方面：

（一）重视用人，以人为本

孔子、孟子和荀子等人先后提出“仁者爱人”“民为贵，社稷次之，君为轻”“水火有气而无生，草木有生而无知，禽兽有知而无义，人有气有生有知亦且有义，故最为天下贵也”等观点，这是对人的地位和作用的充分肯定。“重人”思想在中国古代管理领域内发展为“以人为本”的管理思想。

（二）善于育人，遵循本性

孔子最早提出“有教无类”的观点，提倡所有人不作阶级、贫富区分，都应该接受教育，同时提出“因材施教”的论述。后有学者如管仲、王安石等相继提出“十年树木，百年树人”“教之、养之、取之、任之，有一非其道，则足以败乱天下之人才”等观点，进一步把教育、培养与选拔、任用看成一个相互联系的有机整体，这可以看作有关人力资源系统工程的最早表述。

（三）察人有术，选人有方

我国历史上有所作为的政治家、军事家在选人用人方面都颇有心得。例如：德才兼备这一选人标准作为我国古代优秀的管理传统沿用至今，在现代企业管理实践中继续发挥着重要作用。我国古代对于优秀人才的选拔主要有考试、招贤、自荐与推荐等途径，同时配以耳听、口问、考言、视声、视色、察情、观诚、观友、观隐与综合分析等方法，进一步考察人才的品行和才能。这些考察人才的方法为古代正确选择人才提供了依据，也为现代的人力资源开发与管理提供了借鉴。

（四）知人善用，刚柔相济

善用就是用人所长。司马光在认真总结历代王朝兴亡更替的经验教训时强调了“知人”的重要性。宋代政治家欧阳修指出“任人之道，要在不疑。宁可艰于择人，不可轻任而不信”，强调了对人才充分信任的重要意义。在管理人才方面，古代思想家陆续提出合理分工、恩威并施、领导要以身示范等先进思想。例如：唐太宗李世民提出“赏当其劳，无功者自退；罚当其罪，为恶者咸惧”的观点，孔子提出“欲政之速行也，莫善乎以身先之；欲民之速服也，莫善乎以道御之”等观点。古代思想家将修身与齐家、治国、平天下形成系统，对后世管理具有深刻的指导意义。

古代人力资源管理思想更多应用于政治、军事等方面。现代人力资源管理是在20世纪90年代初被引入我国的。经过30多年的发展，人力资源管理在学科建设、人才培养与人力资源管理实践等方面已经取得了长足的进步，并诞生了华为、腾讯、字节跳动等在人力资源管理领域具有代表性的典型企业。未来，我们要在借鉴西方优秀管理思想和经验的基础上，进一步创建有中国特色的人力资源管理体系，推动国内企事业单位稳健成长。

二、国外人力资源管理的发展

（一）人事管理阶段

18世纪末19世纪初，工业革命的爆发催生了对生产用工的极大需求。20世纪初，泰勒的科学管理理论在美国得到广泛应用，其将员工看作生产资料进行精细化管理，但是没有考虑到员工的感受。1924—1932年，梅奥等人在“霍桑实验”中发现员工的感情、情绪和态度受到工作环境的强烈影响，并直接反作用于生产力。他们的研究成果使人事管理的研究方向从科学管理转向人际关系领域的探索。20世纪80年代，组织管理的特点发生变化，企业越来越强调外部环境的适应能力及组织弹性，需要把个人放在组织中进行管理，强调文化和团队的作用。在这个阶段，对员工的管理更多偏重于事务性管理。

（二）人力资源管理阶段

“人力资源”一词于1954年由彼得·德鲁克在《管理的实践》一书中提出。德鲁克认为，用工管理要充分考虑到人的精神和社会需求。1958年，怀特·巴克在《人力资源功能》一书中将管理人力资源视为一项职能进行阐述，它包括人事行政管理、劳工关系、人际关系及行政人员的开发等各个方面，进一步丰富了人力资源管理的内涵。这一阶段，人事管理开始向人力资源管理转变。

（三）战略人力资源管理与价值管理阶段

经过15～20年的探索，管理者努力将人力资源工作同组织战略及业务目标建立关联，从人才管理、构建文化和领导力等方面协助组织发展。1996—2014年，托马斯·

斯图尔特、基思·哈蒙兹、拉姆·查兰和戴维·尤里奇等学者相继发表观点，强调人力资源管理者要重视自己在组织业务领域中的价值，组织流程再造、人力资源管理“三支柱”等观点相继诞生，这使得国外人力资源管理思想进一步升华和发展。

21世纪以来，人力资源管理逐步增强对员工的价值关注，强调员工应该努力成为组织的价值创造者。基于互联网与信息化时代背景，人力资源管理开始迈向集中化、整合化、平台化与智能化伙伴式管理。

三、人力资源大数据管理

（一）人力资源大数据管理的发展历程

近年来，党中央、国务院高度重视数字经济发展，2021年中国数字经济规模持续快速增长，数字经济已经由经济的组成部分转变为经济发展的引领力量。根据中国信息通信研究院发布的《中国数字经济发展报告（2022年）》，2021年中国数字经济规模达到45.5万亿元，占GDP比重达到39.8%。数字化正在向着政务、经济、文化和生活等领域展开全方位渗透，同样，也为企业人力资源管理带来新的契机。

人力资源数字化应用起源于人力资源管理信息化，其发展大致历经四个阶段：

1. 薪资计算系统阶段

20世纪60年代，大型企业计算工资费时费力，容易出现误差，于是开始采用计算机来辅助核算，但受限于存储技术，薪资计算系统尚不能存储结果数据。

2. 人事数据存储系统阶段

20世纪70年代末，许多企业开始启用关系型数据库来解决人事基础信息以及薪资数据的存储问题。同时，该系统也初步具备了报表和统计分析的功能。

3. 传统人力资源管理系统（人力资源管理信息化）阶段

20世纪90年代末，随着电脑的普及和信息化技术的提升，许多企业开始建立人力资源管理信息化工作平台，将招聘、培训、绩效、薪酬等功能不同程度地信息化，并与业务信息化系统、OA办公系统、财务信息系统对接，实现人员信息实时更新，人力资源工作流程同步信息化。

4. 新型人力资源管理系统（HR SaaS）阶段

随着云服务、数据库与移动应用等技术的发展，新型人力资源管理系统（HR SaaS）将传统系统作为底层数据库，以工作场景为蓝本，建立多渠道、智能化人力资源数字化管理平台。例如：移动App、微信公众号、企业微信、第三方服务平台等服务渠道，让人力资源管理简单、便捷，超越区域和时间限制。

（二）人力资源大数据管理的特点

1. 数据分散性

人力资源本身的数据分散在相关人员、相关部门或者外部网络、机构中，数据收集整理需要花费一定时间。例如：招聘或培训相关数据由不同专员管理；如果要做薪酬公平性分析，就需要了解外部行业薪酬数据；而涉及市场、财务等部门的经营数据，由于部门利益盘根错节，数据无法实现共享。这些因素都导致了人力资源管理相关数据的分散性。

2. 数据相关性

数据相关性体现在业务数据内部相关、与经营数据相关、与外部数据相关等方面。就内部数据而言，绩效、招聘、培训等数据都是与员工相关联的；经营数据也会直接影响人力资源数据，如公司效益好时，人力资源方面的投入也会增加，招聘人数、员工福利待遇的数据会上涨；外部数据又会在一定程度上制约内部数据，如薪酬水平、人工成本等数据和政府发布的社会平均工资、最低工资、工资指导线等外部数据是相关的。

3. 非标准化数据

人力资源数据的非标准化主要体现在统计指标、统计口径缺少统一标准。这一特点使得人力资源大数据应用难度大大提高。例如：在统计指标中，分析人工成本投入和产出，既可以利用百元人工成本创收，也可以用劳动分配率、人工成本占总成本费用比等指标，不同公司在选择上会有差异。再者，统计口径存在不统一的情况。例如：有些企业只计算签劳动合同的员工的劳动生产率，而有些企业则会将派遣员工、外包业务的员工也统计进来合并计算劳动生产率。

（三）人力资源大数据管理的常见指标

根据人力资源大数据的应用场景，人力资源大数据管理指标可以分为人才管理指标体系、人力资源运营管理指标体系和组织效能指标体系三大部分。分析这些数据指标可以为企业现阶段人力资源管理工作提供有价值的参考和指导。

1. 人才管理指标体系

人才管理指标体系主要包括人员结构、人才队伍建设、职能类别等方面的数据指标，如表 1-1 所示。

表 1-1　人才管理指标体系

模块	指标	指标适用场景	公式
人员结构	公司总人数	判断目前的员工队伍人数是否可以支撑业务发展，正式员工、关键人才的人数比例是否合理	（月初在职总人数＋月末在职总人数）/2
	正式员工人数		（月初在职正式员工总人数＋月末在职正式员工总人数）/2
	关键人才人数		（月初在职关键人才数＋月末在职关键人才数）/2
	员工齐备率		当月在职人数/当月计划在职人数
	员工类型分布	反映公司用工类型及稳定性是否合理	正式员工、劳务派遣、实习生等的占比
	员工学历分布	反映公司员工受教育状况	各学历层次员工占比
	员工年龄分布	反映公司员工年龄梯队状况	各年龄层次员工占比

续表

模块	指标	指标适用场景	公式
人才队伍建设	关键岗位人才储备完整率	反映关键岗位人才的储备状况	有后备人员的关键岗位数/所有关键岗位数
	关键岗位后备人员绩效分布	反映关键岗位后备人员的素质能力情况	统计关键岗位后备人员的绩效分布情况
	90天内合同到期人数	根据90天内合同到期人数和以往的合同续签率来判断短期内可能出现的人才流失风险，为招聘工作做好准备	统计90天内合同到期的人数
	劳动合同续签率		合同到期后续签的员工人数/合同到期的员工总数
	无固定期限劳动合同人数		统计无固定期限劳动合同的人数
职能类别	管理序列人数	反映员工在不同序列的分布合理性	属于管理序列的员工数
	专业序列人数		属于专业序列的员工数
	各岗位序列中关键人才占比	反映各序列关键人才的分布合理性	某序列月平均在职关键人数/该序列月平均在职人数

2. 人力资源运营管理指标体系

人力资源运营管理指标体系主要包括招聘、培训、绩效、薪酬和离职等方面的数据指标，如表1-2所示。

表1-2　人力资源运营管理指标体系

模块	指标	指标适用场景	公式
招聘	招聘渠道简历数	反映各渠道的招聘有效性	统计公开网站、其他外部渠道、内部渠道等不同渠道的简历数量
	简历初筛通过率	反映招聘有效性	拟安排面试的简历数/简历总数
	一面（二面）通过率		通过一面（二面）人数/参加一面（二面）人数
	录用率		拟录用人数/参加面试人数
	招聘完成率		实际入职人数/计划招聘人数
	试用期通过率		试用期通过人数/入职总人数
培训	新员工入职培训完成率	反映新员工培训质量	完成入职培训的新员工人数/入职员工总数
	培训满意度	反映员工对培训内容、讲师、培训组织等情况的满意度	问卷调查
	人均培训费用	反映公司培训深度	培训总费用/在职人数
	人均培训次数		员工参加培训总次数/在职人数

续表

模块	指标	指标适用场景	公式
绩效	低绩效人数占比	反映绩效等级的合理性	低绩效人数/考评总人数
	高绩效人数占比		高绩效人数/考评总人数
	离职员工绩效分布	反映离职与绩效的关系	统计
薪酬	人均薪酬	反映用工成本	薪酬总额/员工总人数
	薪酬总额		基本薪资＋津贴补贴＋奖金＋股票
	薪酬总额增长率	反映薪酬外部竞争力情况	（本期薪酬总额－上期薪酬总额）/上期薪酬总额
	薪酬市场竞争力水平		各职位薪酬水平与市场 50 分位薪酬水平比值
离职	离职率	反映人员流动性	某时间段离职人数/该时间段总员工数
	关键人才离职率	反映关键人才流动性	某时间段关键人才离职人数/该时间段总员工数
	离职原因分析	反映人才管理有效性	统计
	离职补偿金	反映离职管理成本	统计

3. 组织效能指标体系

人力资源组织效能指标体系主要包含成本和收入等方面的数据指标，如表 1－3 所示。

表 1－3　组织效能指标体系

模块	指标	指标适用场景	公式
成本	年度人工成本总额	反映企业为员工工作和生活的支出总额	Σ（薪酬总额＋五险一金＋员工关怀支出）
	人均人工成本	反映企业间人工成本的结构差异	年度人工成本/年度平均在职人数
	人均人工成本增长率	反映人均人工成本的变化趋势	（本年度人均成本－上年度人均成本）/上年度人均成本
	人工成本占比	反映劳动效率状况	人工成本/总成本
收入	人均收入	反映劳动效率状况	年度总收入/年度平均在职人数
	人力资本回报率	反映投向人力资本薪酬福利方面的每一元钱所创造出的收入情况	营业收入/（薪酬费用＋福利费用）
	人均利润率	反映人均贡献净利润的能力	年度净利润/年度平均在职人数

未来，企业人力资源数据治理依旧面临挑战，结合数据特点，打通数据库、统一数据标准、数据清洗等问题都将成为管理关注的焦点。同时，在数字化管理人才方面，具备大数据管理和分析能力的人力资源管理从业者相对较少，存在供不应求的情况。人力资源管理从业者想要在信息化领域中独树一帜，就要努力培养自己的数据分析能力和统计应用能力，可以先做好组织内部的数据分析岗位。例如：在人力资源管理各模块里，

薪酬模块是对数据分析技能要求最高的。能够对薪酬数据进行精准处理、建模和将数据可视化呈现的人才，行业薪资可达年薪 30 万元左右。同时，人力资源从业者也可以努力成为人力资源数据分析师（HRIS），即全职 HR 数据分析岗位，现在互联网、电商、银行等行业对此人才岗位都有大量需求。另外，进入咨询公司为甲方做顾问，搭建人力资源管理信息系统，或者到 HR SaaS 等软件公司做技术支持，也都是不错的选择。

直通职场

古人识人之术

1. 吕元膺下棋识人

唐朝时有个叫吕元膺的人，官至东都留守。他喜欢交友，便有一些志同道合的人来投奔他。吕元膺交朋友比较细心，常常会通过观察到的一些细节来判断此人是否可交。

有一个姓任的士人来投奔吕元膺，吕元膺以礼待之，给他安排了份差事。吕元膺喜欢下棋，恰好任某也喜欢下棋，于是两人便经常在一起下棋。三个月后的一天早上，吕元膺忽然客客气气地对任某说："我这儿人浮于事，难免会耽误先生的前程，还是另请高就吧，实在抱歉得很！"说罢，吕元膺给任某准备了一份礼物为他送行。任某虽不愿走，但也不好再说什么，只好带着礼物离开了。任某后来到了另一个官员那里任职，但一年之后就被那个官员的政敌用重金收买了，编造谎言诬陷那个官员，险些使其摊上牢狱之灾。

当初，吕元膺打发任某走的时候，许多人都不理解，就连他的子孙们也不明白他为什么要那么做，但吕元膺也没有解释。直到十多年后，吕元膺在病危之际，才语重心长地对围在病床边上的儿孙们说："为人处世，交朋友一定要认真对待，仔细选择。十多年前我在东都时，和一个姓任的门客相处极好，但有一天，我们下棋时，有人送公文来让我批，就在我批公文的时候，他趁我不注意，偷偷地换了一枚棋子。这样一来，局势顿时大变，他赢了那盘棋。其实，这一切都被我用余光扫到了，但我没有说破。但就是因为这么一枚棋子，我下决心辞退他，不再与他交往。这虽是一桩小事，但我却从中看到他心迹可畏。"

2. 胡钧慧眼识才

胡钧，清朝人。道光三年（1823 年），胡钧初到湖南为官，他兴学求贤，颇有政绩。乡里有一个人名叫李星沅，自幼聪慧，5 岁读书，12 岁应童子试，17 岁丧父，家道极度贫困，依靠母亲做女工维持生计，母亲只得让他寄居在寺院中。胡钧得知李星沅的情况后，即在官署中设馆，请李讲学。道光五年（1825 年），李星沅 28 岁，中举人，胡钧向主考官力荐李星沅，认为他是个人才，并每年补助李家白银数百两，还资助其进京赶考，使得李星沅安心读书求取功名。李星沅在 35 岁时中进士，被选为翰林院庶吉士，36 岁时授编修，41 岁后历任陕西汉中知府、陕西巡抚、江苏巡抚、陕甘总督。后李星沅被授予兵部尚书，加太子太保，赏戴花翎，成为清代名臣。而胡钧慧眼识才的故事也被人津津乐道。

3. 曾国藩吃饭识人

清朝易宗夔在《新世说》中记载了一件事：一代名臣曾国藩驻军安庆的时候，他的一个亲戚来投奔他，希望曾国藩能帮忙找点事做，曾国藩就留下了他，准备日后给他一份差事。一个多月后的一天，两个人在一起吃饭，饭里有一粒稗子，那个亲戚就把稗子挑出来扔到了地上，然后才吃那碗饭。曾国藩看到以后，就给他准备路费，打发他回家。那个亲戚问曾国藩为什么打发自己走，曾国藩说："你平时不富裕，又没有在外面做过客，放弃种田来我军营才一个多月，吃饭的时候就把稗子挑掉了才肯吃，我担心你将来见异思迁，反而使我受了拖累。"

从吃饭挑稗子这样一件小事就能看出这个人有见异思迁的趋向，曾国藩对人的观察力非常人可比。

任务二 人力资源管理与"三支柱"

一、认识人力资源管理

（一）人力资源

"人力资源"一词是由彼得·德鲁克于1954年在其所著《管理的实践》一书中首先提出并加以明确界定的。德鲁克认为，人力资源拥有当前其他资源所没有的素质，即"协调能力、融合能力、判断力和想象力"，它是一种特殊的资源，必须通过有效的激励机制才能开发利用，并给企业带来经济价值。

人力资源的数量一般来说就是组织所拥有的人的数量。人力资源的质量主要体现在人的体质水平、文化水平、专业技术水平、心理素质和道德情操水平等方面。劳动者素质可以概括为体能素质、智能素质和非智力素质三个方面（见图1-1），其中，良好的非智力素质能够帮助劳动者更好地发挥智能素质的作用。

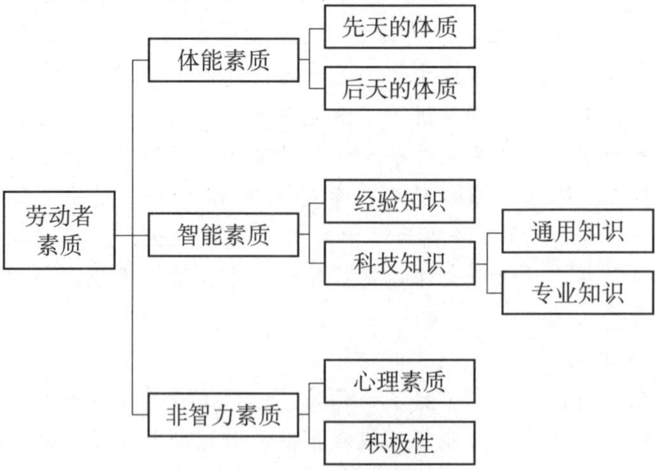

图1-1 劳动者素质构成

（二）人力资源管理

1. 人力资源管理的定义

微课

对人力资源管理的理解

人力资源管理的概念最早出自工业关系和社会学家怀特·巴克于1958年出版的《人力资源功能》一书，该书首次将人力资源管理作为管理的普通职能来加以讨论。

人力资源管理可以分为宏观和微观两个层次。宏观的人力资源管理是指面向全社会的人力资源管理，如某个国家或地区，侧重于从整体上对人力资源的形成、开发和利用的管理。微观的人力资源管理是指对组织内部的人力资源进行开发、利用的管理，这里的组织一般是指企事业单位。本书主要阐述的是微观层面的人力资源管理，即企事业单位的人力资源管理。

综上所述，人力资源管理是根据组织和个人发展的需要，通过人力资源规划、招聘、培训、薪酬、绩效及员工管理等管理形式对企业内外相关的人力资源进行有效运用，满足企业当前及未来发展的需要，保证组织目标实现与成员发展的最大化。

微课

人力资源管理内容

2. 人力资源管理的内容

人力资源管理的具体内容主要包括人力资源规划、工作分析、人员招聘与配置、培训与开发、绩效考核、薪酬鼓励、员工关系管理及职业生涯管理等，如图1－2所示。人力资源管理者通过开展一系列人力资源活动帮助组织实现战略目标，形成组织竞争的优势。

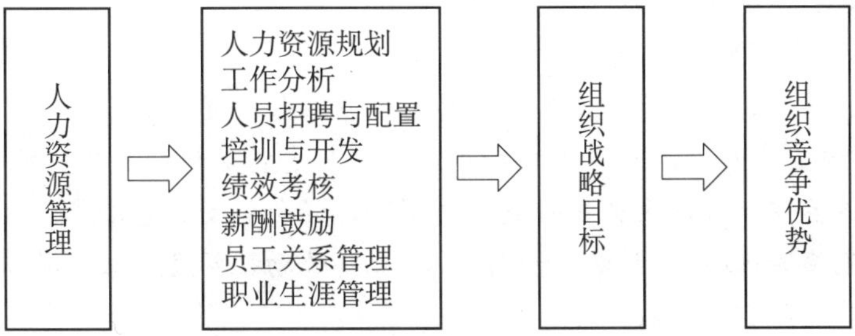

图1－2　人力资源管理的具体内容

3. 现代人力资源管理与传统人事管理的区别

随着生产力的发展进步，人力资源管理在内容和方式上也逐步发生转变。现代人力资源管理与传统人事管理在性质上已有了本质的差异。例如：在管理理念上，传统人事管理把人视为一种成本负担，而现代人力资源管理模式是“以人为本”；在部门性质上，传统人事管理属于企业的辅助部门，而现代人力资源管理部门具有效益概念，是人力资源的“生产部门”；在管理重心上，传统人事管理的特点是以“事”为中心，而现代人力资源管理是以“人”为核心；在管理作用上，传统人事管理仅仅起到职能部门的作用，而现代人力资源管理的战略作用上升，要与组织的发展战略相匹配。

现代人力资源管理与传统人事管理的区别可用表1－4加以说明。

表1-4 现代人力资源管理与传统人事管理的区别

项目	现代人力资源管理	传统人事管理
观念	视员工为有价值的重要资源	视员工为成本负担
目的	满足员工自我发展和企业长远利益的实现	保障企业短期目标实现
模式	以人为中心	以事为中心
性质	战略性	战术性、业务性
深度	主动，注重开发	被动，注重管理
地位	决策层	执行层
工作方式	参与、透明	控制
与其他部门的关系	和谐、合作	对立、抵触
对待员工的态度	尊重、民主	命令、独裁
部门属性	生产与效益部门	非生产、非效益部门

直通职场

现代人力资源管理面临的新挑战

人力资源管理在企业管理中占据重要的地位，人力资源管理工作与社会环境、经济发展有着密切的联系。当前，我国经济、科技发展水平都在不断提高，人力资源管理也正经历着前所未有的变化。在全球一体化、互联网＋、大数据、共享经济等时代背景下，人力资源管理面临诸多挑战。

1. 人员流动性增强带来的挑战

Globoforce调研数据显示，员工流失率高是当前人力资源管理面临的最大挑战。在“互联网＋”环境里，人员流动更加自由和便利，人才竞争越发激烈。尤其是核心人才，他们的高流动性不仅会造成企业核心竞争力下降，还会引发信息泄露、核心技术流失及带动员工集体跳槽等风险。因此，如何解决员工高流动性问题，减少员工离职损失，是现代人力资源管理的重大挑战。

2. 新生代员工带来的挑战

千禧一代（1981—1995年出生）和Z世代（1995年以后出生）正成为职场的主力军。新生代员工有着较为鲜明的个性特点：价值观多元化、自我意识和创新意识较强、崇尚自由和民主、成就意识强烈，但职业规划清晰度低、需求多元化、等级观念弱化、企业忠诚度低。如何满足新生代员工的需求，优化管理方式，是企业在人才管理方面面临的巨大挑战。

3. 技术进步带来的挑战

互联网、计算机、通信、大数据、人工智能等高科技的发展加快了新兴工作岗位的出现，但同时也给人力资源管理带来了一系列新的挑战。

（1）大数据的出现让人力资源管理者可以从日常的琐碎事务中解放出来，有更多时间和精力去关注战略层面的问题。比如大数据算法可以根据岗位需求自动筛选和匹配合适的求职者，可以通过分析数据来制定不同的培训方案。但数据的信息安全和共享问题十分突出，如何保护求职者和员工的数据安全、如何设置访问和操作权限都是企业亟须解决的问题。

(2) 人工智能和工业机器人对传统岗位的冲击。企业可以利用人工智能设置各种线上场景，考核员工、管理人员的处理能力，使得考核方法更加准确和客观。但人工智能意味着企业中的部分岗位会被替代。工业机器人的使用造成劳动密集型企业低端人力过剩，而高端人才供给不足，如何化解用工矛盾也是摆在人力资源从业者和企业管理者面前的难题。

4. 共享经济带来的挑战

共享经济是以互联网为媒介平台，将分散或闲置的资源进行整合，传统的“组织＋雇员”的模式正在转变成“平台＋个人”的共享模式。这种雇佣关系更为松散和自由，组织与员工之间的关系逐渐从“纯粹雇佣型”向“合作共生型”转变。但随着外部员工增多，企业如何对外部员工进行绩效考核、如何平衡内部员工与外部员工的数量以及如何分配工作、如何在留住内部员工的同时吸引更多外部优秀人才等都是人力资源管理面临的新难题。

总之，在当前的时代背景下，企业的人力资源管理面临诸多机遇和挑战，人力资源管理者必须及时转变管理理念以及调整管理模式，最大限度地发挥人力资源管理的作用和价值，促进企业高效发展。

二、人力资源管理的基本理论

(一) 人性假设理论

微课

人力资源管理理论

人力资源管理是对人进行的管理，人性假设理论是人力资源管理的一个重要理论基础。

很多学者对于人性假设理论都做过深入的研究，其中最有代表性的就是美国行为科学家道格拉斯·麦格雷戈提出的X理论—Y理论以及美国行为科学专家埃德加·沙因提出的四种人性假设理论。

1. X理论—Y理论

麦格雷戈的X理论观点内容主要体现在以下几个方面：

(1) 大多数人生性懒惰，他们会尽可能地逃避工作。

(2) 大多数人缺乏进取心、责任心，不愿对人和事负责，没有什么雄心壮志，不喜欢负什么责任，宁可让别人领导。

(3) 大多数人是以个人为中心的，这会导致个人目标与组织目标相互矛盾，为了达到组织目标必须靠外力严加管制。

(4) 大多数人是缺乏理智的，不能克制自己，很容易受别人影响。

(5) 大多数人具有欺软怕硬、畏惧强者的弱点，习惯于保守，反对变革，安于现状，为此，必须对他们进行惩罚，以迫使他们服从指挥。

（6）大多数人干工作是为了满足物质与安全的需要，人工作是为了钱，是为了满足基本的生理需要和安全需要，他们将选择那些在经济上获利最大的事情去做。

（7）只有少数人能克制自己，这部分人应当负起管理责任。

我国古代的性恶论“人之初，性本恶”与X理论的观点非常类似。持有X理论观点的管理者，必然会采用严格控制的管理方式，以金钱作为激励人们努力工作的主要手段，对消极怠工的行为采取严厉的惩罚，以权力或控制体系来保护组织本身和引导员工努力工作。

麦格雷戈的Y理论观点与X理论观点正好相反，该理论主要观点如下：

（1）一般人并不是天生就不喜欢工作，大多数人愿意工作，愿意为社会、为他人做贡献，工作中体力和脑力的消耗就像游戏和休息一样自然。工作可能是一种满足，因而自愿去执行；也可能是一种处罚，因而只要可能就想逃避。到底怎样，要视环境而定。

（2）大多数人是愿意负责的，愿意对工作、对他人负责，外来的控制和惩罚并不是促使人们为实现组织目标而努力的唯一方法。它甚至对人是一种威胁和阻碍，并放慢了人成长的脚步。人们愿意进行自我管理和自我控制来完成应当完成的目标。

（3）人具有自我指导、自我控制的愿望，人的自我实现和组织要求的行为之间是没有矛盾的，如果给人提供适当的机会，就能将个人目标和组织目标统一起来。

（4）一般人在适当条件下，不仅会接受职责，也会谋求职责。逃避责任、缺乏抱负以及强调安全感，通常是经验的结果，而不是人的本性。

（5）所谓的承诺，与达到目标后获得的报酬是直接相关的，它是达成目标的报酬函数。

（6）人具有独创性，每个人的思维都有其独特的合理性，在解决组织的困难问题时，都能发挥较好的想象力、聪明才智和创造性；但是在现代工业社会的条件下，一般人的智慧潜能只是部分得到发挥。

我国古代的性善论“人之初，性本善”与Y理论的观点非常类似。持有Y理论观点的管理者的重要任务不是监督控制，而是创造一个使人得以发挥才能的工作环境，发掘员工的潜力，使员工在完成组织目标的同时实现个人目标；同时，勇于让员工承担有挑战性的工作，肩负更多责任，满足员工自我实现的需要，在推进工作的同时实现对员工的激励。

2. 四种人性假设理论

随着历史的发展，科学技术的迅猛发展逐渐凸显了人的作用。资本主义初期，资本家不把员工当人看，仅仅是把员工看作工具。19世纪末期，管理学家开始认识到人有经济要求，“经济人”假设诞生；20世纪30年代开始，管理学家认识到人有心理活动和社会需求，这种心理活动直接作用于劳动效率，因而提出了尊重人、关心人、重视人际关系的主张，“社会人”假设诞生；之后，随着行为科学和系统论的蓬勃兴起，“自我实现人”假设和“复杂人”假设相继出现，反映出人们对人性认识的逐步深化和社会的进步（见表1-5）。

表 1-5　经济人、社会人、自我实现人和复杂人假设的区别

经济人假设	社会人假设	自我实现人假设	复杂人假设
经济需求是工作的根本性动机； 愿意被动地受组织操纵、激发和控制； 力图用最小的投入取得满意的报酬； 员工情感需要组织控制	社会需求是工作的主要动机； 希望从工作的社交关系里寻找工作意义； 看重因工作而形成的非正式组织中的社交因素； 员工期望管理者认同	自我实现需要是工作的主要动机； 力求在工作上有所成就，发展自己； 外部激励和外部控制会对人产生威胁； 员工自我实现与组织目标实现并不冲突	工作动机非常复杂； 力求在组织中形成新的需求和动机； 不同的组织和不同的团体可能表现不同的动机； 员工满意度、本身动机结构和组织关系有关

管理者对被管理者的人性看法并非一成不变，随着人性假设的变化，管理手段也在变。但需要注意的是，任何一种人性假设都存在片面性、非科学性的一面，需要我们在管理中去其糟粕、取其精华，结合实际工作对现代企业员工的人性做出客观的、科学的、公正的认识，只有这样才能构建出适合现代企业人力资源管理的模式。

（二）人本管理理论

以人为本的管理，简称人本管理。人本管理建立在管理者对于人性的逐步认识上，形成于 20 世纪六七十年代，是现代企业管理理论、管理思想和管理理念的革命。

1. 人本管理的含义

人本管理是指把"人"作为管理活动的核心、组织最重要的资源，围绕着如何充分利用和开发组织的人力资源，来服务于组织内外的利益相关者，从而同时实现组织目标和组织成员个人目标的管理理论和管理实践活动的总称。

在把握人本管理的含义的过程中，可以重点把握以下几点：

（1）人本管理的核心是人，企业是以人为主体而组成的。企业的一切管理活动都依赖人的决定、策划和运作，人始终是整个管理过程的主体或主导因素。这就是"人即企业，企业即人"的道理。

（2）人本管理要想办法开发和利用好组织的人力资源，满足员工的需要，激发员工的积极性和潜能，实现员工的全面发展，从而提升管理效能，更好地服务于生产和市场，实现利润最大化。

（3）人本管理成功的标志是组织的目标与组织成员的个人目标都能得以实现。

2. 人本管理的原则

（1）全面客观认识人性。

理论界对个体行为的研究都是以一定的人性假设为前提的，每一种人性假设都从某一个特定的角度说明了"人"的某些特征，但这种假设又有自身的不足之处，需要管理者在工作过程中结合实际情况，客观全面地去应用理解。

（2）管理要满足人的需要，实施激励措施。

人性假设理论告诉我们，员工有不同的需要，激励便是根据不同员工的需要，采取相应的管理手段，满足员工的需要来提高他们的工作积极性，引导他们在企业经营中的行为。管理学的激励理论有三类：内容型激励理论、行为改造型激励理论和过程型激励

理论，实施人本管理必须学会应用激励理论。

(3) 和谐的人际关系。

企业人际关系是人本管理的环境。人是群居动物，不同的人际关系会引起不同的情感体验，这种体验在影响员工身心健康的同时，也会影响员工的工作积极性、主动性和创造性，影响员工的士气和干劲，进而影响企业的工作效率和工作氛围。因此，在进行人本管理过程中务必重视构建组织内部和谐的人际关系。

(4) 重视教育培训。

人本管理理论认为，人是企业的第一资源，因此要实现企业的振兴发展，务必优化第一资源。优化的方法就是教育培训。企业要以更高的资本投入、更好的效率和质量对员工进行全面开发、教育培训，提高员工的技能和本领，这样员工才能更好地服务于组织。

(5) 以人为本的组织结构。

人本管理通过组织进行，这就要求组织形态和结构必须体现以人为本、以人为中心的理念，必须保证人本管理有效地实施。为此，应当构建有如下特征的企业组织形态或结构：

①组织必须为其成员创造利益，并明确组织的宗旨和目标。

②组织及其成员在共同利益、共同目标的基础上相互接纳、协同合作，有畅通的员工参与管理的制度和渠道。

③组织集权和分权达到平衡与适宜，管理幅度合理。

（三）人力资本理论

人力资本理论起源于20世纪60年代的经济学研究，由经济学家舒尔茨和贝克尔联合提出，开辟了关于人类生产能力的崭新思路。

1. 人力资本的含义

物质资本是指体现为物质产品上的资本，包括厂房、机器、设备、原材料、土地、货币和其他有价证券等；而人力资本则是体现在人身上的资本，即对生产者进行教育、职业培训等支出及其在接受教育时的机会成本等的总和，表现为蕴含于人身上的各种生产知识、劳动与管理技能以及健康素质的存量总和。

人力资本理论要把握以下几个要点：

(1) 人力资本是活的资本，它凝结于劳动者体内，表现为人的智能（智力、知识、技能）、体能，其中真正反映人力资本实质的是劳动者的智能，这是人力资本的实质内涵。

(2) 人力资本由投资费用转化产生，没有费用投入于劳动者，就没有人力资本的形成。这种投资主要有保健费用支出、教育费用支出和迁移费用支出等。

(3) 人力资本的核心是提高人口质量，教育投资是人力投资的主要部分。不能把投在人身上的费用看成一种消费，而应视为一种投资，这种投资的经济效益远大于物质投资的经济效益。

2. 人力资本的特征

人力资本具有一般资本的共性，但是，与物质资本相比，它具有以下特征：

(1) 人力资本与人融为一体，不可分离。因此，人力资本不能像物质资本那样可以转让、买卖和继承。

（2）人力资本通过生产劳动体现。人力资本蕴藏于人体内，必须通过生产劳动才能体现出来。劳动者若未从事生产劳动，则其体内的人力资本看不见、摸不着，也无法发挥作用，只能说其具有潜在的人力资本。

（3）人力资本具有时效性。人力资本的形成和使用均具有时间限制，形成需要过程，如人的智力、知识、技能的提高需要接受数年的教育；反之，如果不坚持投资积累，也会如物质资本一样产生损耗，或者无法满足新的生产劳动要求，需要消费生活资料、进行休息，以及不断地再教育和培训予以补充。

（4）人力资本具有个体差异性。个体的智能水平和心理品质不同，会导致同样的投资投到不同的人身上产生不同的效果。

直通职场

提高劳动者人力资本 促进“人岗匹配”

当前，我国产业结构转型升级，经济发展由高速增长转向高质量发展。在此过程中，劳动力需求结构发生变化，“人口红利”将转化为“人力资本红利”。就“如何提高劳动者的人力资本水平，以更好地促进‘人岗匹配’适应经济发展”的话题，记者采访了北京师范大学经济与工商管理学院副院长蔡宏波教授。

记者：我国正处在转变发展方式、优化经济结构、转换增长动力的攻关期，劳动者的知识技能也面临转换与重塑，在这一过程中，对劳动者提出了什么样的要求？

蔡宏波：我国将实现从加工制造向智能制造、从技术跟随向技术引领转变，这将使社会快速增加对知识型、技能型人才的需求。当前，我国劳动者技能水平与就业市场所需有些差异，结构性矛盾有待解决。随着国内产业价值链逐渐向上迁移，一些基于信息和知识的生产性服务业需求不断增加，就业岗位正面临从低技能、中低技能向更高技能水平的提升，需要更高教育水平和更高专业技能的劳动力资源。现在，要求具备专业技能的岗位在就业市场中所占的比重迅速提高，如何通过职业培训和终身学习适应不断变化升级的就业市场是劳动者面临的挑战。

记者：通过什么样的途径提高劳动者人力资本水平，更好地促进“人岗匹配”，以适应经济社会的不断发展对劳动者提出的要求？

蔡宏波：经济全球化，将劳动者的职业培训权提到非常重要的地位。一个面向市场、面向全球化，能主动应变的“教育＋培训”体系，是提供合格劳动者的重要条件。这种体系对劳动者进行的技术和技能培训，要贯穿劳动者的全生命周期。只有持续不断地提供给劳动者新的知识和技能，创造和完善机会均等的环境，才能为劳动者打开通向职业成功的大门。

首先，应加快职业技术教育结构调整，大力推进职业技术教育的发展。要重视职业技术教育发展规划，加大教师资源与教学设备的投入，促进学校同相关知名企业搭建合作平台，培养技能型专业人才。

其次，应加强职业技术培训力度，提升劳动者就业素质。政府应发挥主导作用，时刻关注农民工、下岗工人和闲置劳动力等群体，根据实际需求以及社会环境变化来制定合理的、具有针对性的培训政策。企业要通过制定整体的人力资本投资战略，为员工提供以技能升级为中心的培训计划，包括在职培训、脱岗培训和再就业培训，以保证其较为平滑的过渡。劳动者也应重视职业培训对自身劳动技能提升的重要性，提高参与职业培训的主动性。

最后，通过多种方式宣传职业技术培训对于提高工作技能及改善就业状况的重要作用，强化用人单位对劳动者的岗位培训责任，同时帮助劳动者尽早树立终身学习的职业发展观念，有效提高劳动技能和就业能力。

三、人力资源管理“三支柱”

在企业中，人力资源管理部门的组织架构也有多种形式，主要体现为直线制、直线职能制和“三支柱”组织架构。

（一）直线制组织架构

直线制常见于小型企业。由于工作量不大，企业不会单独设置人力资源管理部门，而是将管理职能并在其他部门中，多数放在行政管理部门，如总经理办公室、综合管理部等，其中管理工作由一人或多人专职负责，如图 1－3 所示。

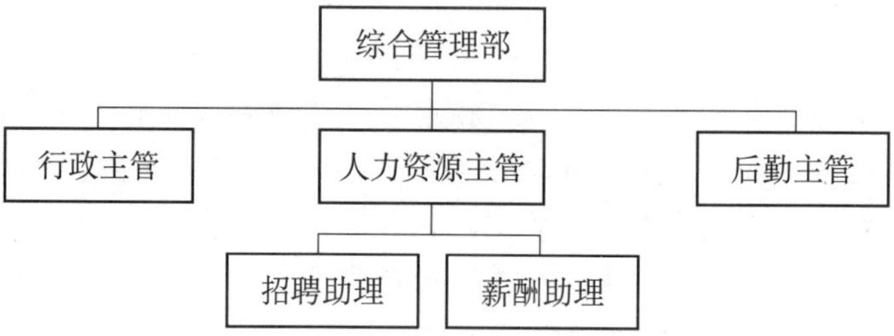

图 1－3　直线制组织架构

（二）直线职能制组织架构

直线职能制组织架构的特点是将人力资源管理各类职能进一步细分，按照招聘、培训、考核等多项职能单独设置专人负责。这种组织架构主要存在于大中型企业中，人力资源部门一般由几个独立的小部门构成，每个部门的经理（如招聘主管）要进行部门内的直线管理工作，具体工作（如招聘）交由一个或几个专职人员完成，如图 1－4 所示。

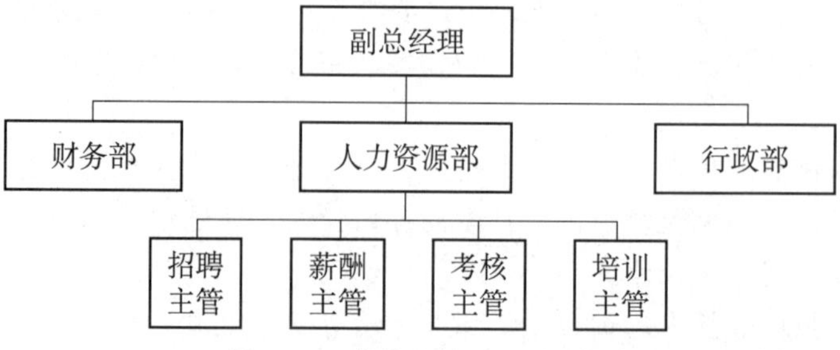

图 1－4　直线职能制组织架构

（三）人力资源管理“三支柱”组织架构

人力资源管理“三支柱”属于跨界融合的产物，其理念源自20世纪80年代初期由美国福特和GE公司共同建立的共享服务中心。1987年，戴维·尤里奇通过对8 000多位人力资源专业人士的胜任素质调研分析，认为人力资源工作应该与业务建立伙伴关系。1995年，戴维·尤里奇发表文章首次提出了人力资源共享服务中心的理论。此后，IBM经历了近17年的探索，从组织层面实现了对人力资源部的重构，形成由专家中心、共享服务中心和业务合作伙伴三部分构成的组织架构，并于2007年提出了人力资源管理“三支柱”模式，得到了众多公司的实践运用。

人力资源管理“三支柱”是一种人力资源组织架构方式，兼有矩阵制、事业部制、网状组织架构的特征，如图1-5所示。

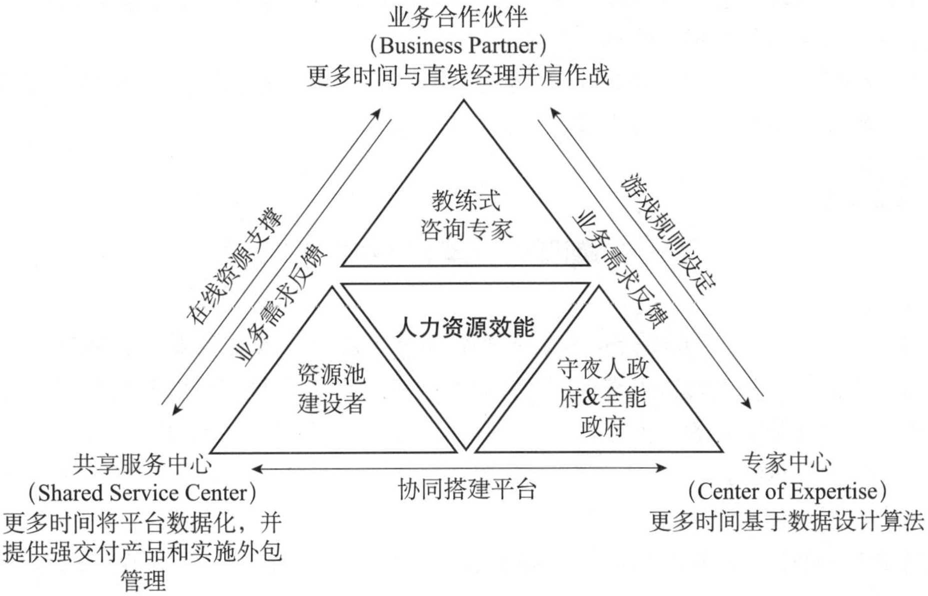

图1-5　人力资源管理“三支柱”模型

支柱一：业务合作伙伴（Business Partner，BP）。

这一角色定位于业务合作伙伴，针对内部客户需求，提供咨询服务和解决方案。他们是确保人力资源贴近业务需求的关键。BP利用自己所掌握的专业知识、经验，辅助一线业务负责人对组织、团队、人才进行管理。BP的角色是人力资源通才，既要掌握人力资源各职能的专业技能，还要了解所在部门的业务。

支柱二：专家中心（Center of Expertise，COE）。

提供解决方案意味着需要同时精通业务及人力资源管理各领域的知识。寻找一群样样精通的人才是不现实的。在这种情况下，出现了专业细分的需要，这就是COE。COE的角色定位于领域专家，服务对象是公司管理层和人力资源业务合作伙伴。它借助本领域精深的业务技能和对领先实践的掌握，参与公司战略制定，并为BP提供技术支持。

支柱三：共享服务中心（Shared Service Center，SSC）。

人力资源的第三类客户——员工，其需求往往是相对同质的，存在标准化、规模化的可能。因此，SSC出现了。SSC是人力资源标准服务的提供者，为组织提供一体化、数据化、自助化的人力资源平台支撑。他们负责解答管理者和员工的问询，帮助HRBP和COE从事务性工作中解脱出来，并对客户的满意度和卓越运营负责。腾讯在引入人力资源管理“三支柱”组织架构后，考虑到在移动互联网时代，员工个性化需求日益突出，以及业务需求对人力资源工作的效率和程度提出的更高的要求，于2014年将SSC升级为产品化、体系化、信息化的共享交付平台（SDC）。不同于以往SSC注重运营服务工作，腾讯SDC还包括人力资源信息建设中心、人力资源系统开发中心、运营服务中心，以及四个区域（北京、上海、成都、广州）的人力资源中心。另外，与大部分公司自上而下的管理理念和管理模式不同，腾讯SDC源自基层用户的需求，属于自下而上地对用户需求进行采集、甄别和实现。

“三支柱”经历二十几年的发展，观点逐步完善，模式逐步成形。我国华为、腾讯、阿里巴巴等企业也在积极参与实践，形成自己的独特风格。

直通职场

腾讯的“三支柱”模式

1. 腾讯的BP

BP由腾讯人力资源系统设在各事业群的人力资源管理人员组成，主要职责是针对公司内部客户——员工的需求提供人力资源的专业分析和支持，协助各业务部门负责人以及管理干部在员工发展、发掘人才、整合资源、培养能力等方面做好需求发掘工作。BP针对不同事业群的员工需求，积极主动地发挥人力资源的专业价值，从专家角度帮助各个事业群分析人员需求、招聘计划、培训要求、绩效改进需求等。

衡量BP价值最重要的标准是能否支持组织战略、业务目标的实现，助力员工成长。BP不仅要在人力资源专业领域是专家，还要精通业务，这样才能够与业务对话。

2018年，腾讯对企业的组织架构进行了一次调整，将原来的五大事业群变成了六大事业群。BP在服务和支持这些事业群时，需要了解各个事业群的差异，以及这些差异对于人力资源管理有什么不同的需求。比如对于互动娱乐事业群的员工来讲，更多的是强调个性和创新；而对于技术工程事业群的员工来说，更多强调的是扎实的技术基础和整体运营的思维。

2. 腾讯的COE

COE是腾讯人力资源系统中的专家支持部分，主要职责是研究人力资源前瞻性策略；参与并解读公司战略，对接企业战略；规划人力资源战略；制定人力资源制度和政策，并作为智囊团提供人力资源专家支持。

在腾讯，并没有一个名为COE的实体部门，这是一个由人力资源管理各个职能虚线划归而成的若干职能的集合，其中包括人力资源部、腾讯学院、薪酬福利部、企业文化与员工关系部，而每个部门又下设很多分支子部门。同时，COE在企业中只是一个统称，不同部门、不同职位对COE的叫法也不相同，如C招聘，是指COE的招聘职能、C-OD是指COE的组织发展职能，C-ER是指COE的员工关系职能。人力资源部包括三部分，分别是招聘配置中心（C招聘）、组织发展中心（C-OD）和活力实验室。薪酬福利部包括长期激励管理组、福利管理中心、员工薪酬中心、薪酬福利综合组、绩效管理组。腾讯学院包括领导力发展中心、职业发展中心、培训运营中心。企业文化与员工关系部包括劳动关系组、沟通传播组、组织氛围组。当然，这个结构仍然还在动态变化中。总体来看，这些职能部门都借助本领域精深的专业技能和对领先实践的掌握，设计业务导向、创新的人力资源管理政策、流程和方案，并为BP提供适合业务的定制化人力资源解决方案、职业化竞争的企业文化。在人力资源管理上，最佳做法不是靠人治，也不是靠政策制度，而是靠文化。

在腾讯，企业文化主要由人力资源COE下设的企业文化与员工关系部负责，由宣传平台组与综合项目组构成。这个部门对腾讯的整个文化意识形态起到统领的作用，是一个有知识的大脑、会研究的大脑、接地气的大脑，并为腾讯打造出具有鲜明文化特色和员工关爱特征的企业氛围。

3. 腾讯的SSC

腾讯的人力资源平台部（SSC）为各个事业群内部客户提供统一的专业化和标准化服务，从而达到整合资源、降低成本和提高效率的目的。其主要职责是人力资源管理的日常职能性工作：满足招聘、培训、员工关系等人力资源需求。SSC作为承接BP与COE的一个部门，在腾讯人力资源系统中发挥着营运推行通道的作用。

腾讯的人力资源“三支柱”的有效分工与协助，确保了人力资源管理工作的顺利开展，实现了价值导向的人力资源管理的顺利转型。同时，腾讯将产品思维注入人力资源管理中，强调用户思维，也值得其他企业借鉴学习。

任务三　人力资源管理职业

一、人力资源管理岗位设置与具体职责

作为人力资源管理职能和活动实现的载体，人力资源管理者及人力资源管理部门在整个人力资源管理活动中占据非常重要的地位，决定人力资源管理作用的发挥，甚至影响其在整个企业中的地位。

（一）人力资源管理的岗位设置

人力资源管理岗基本上是每个企业都必备的一个岗位，它最基本的职责是处理人力

资源管理方面的工作，在一定程度上会影响企业层面的管理。人力资源管理工作按照职能一般分为六大模块，即人力资源规划、招聘与配置、培训与开发、绩效管理、薪酬管理以及劳动关系管理。现在很多企业依然按照模块来设置岗位，除人力资源总监、人力资源部部长等领导岗位外，不同模块会有对应的专员或者主管岗位。还有一些集团公司按照人力资源“三支柱”的组织结构来设置岗位，如专家中心、共享服务中心（内部按责任分工再细分岗位，如分管培训或招聘）和业务合作伙伴。此外，根据近几年业务发展需求，也有新的职位出现，人才管理、组织发展等也越来越受到重视。

当然，也有一些规模较小或者业务板块收缩的企业，会把人力资源管理部和行政部混合在一起，成立综合管理部。内部岗位也不一定按照六大模块逐个细分，有的人力资源管理者同时会负责招聘、培训和绩效考核，或者兼做一些行政工作。

（二）人力资源管理的具体职责

虽然不同规模和类型的公司在岗位设置上不尽相同，但是人力资源管理的具体职责大体相同，都是从不同层面帮助公司做好人力资源管理工作。人力资源管理的岗位职责及具体内容概括如表 1-6 所示。

表 1-6　人力资源管理的岗位职责及具体内容

序号	岗位职责	具体内容
1	人力资源规划	（1）制定人力资源规划，并经批准后实施 （2）组织拟定企业机构人员编制，并经批准后实施 （3）增编、缩编等申请的受理、调查和执行 （4）负责人力资源支出预算编制与成本控制
2	工作分析与岗位说明书	（1）企业组织结构设计和优化 （2）公司流程设计和优化 （3）根据公司发展及运营情况负责各岗位职务说明书的编写、报批、签办
3	招聘选拔与配置管理	（1）在公司内外，寻找和发现公司需要的人才，并及时向公司有关部门推荐 （2）根据公司年度人力资源规划要求，制定年度人力资源需求、供给计划 （3）负责公司招聘渠道的拓展与维护 （4）负责人才测评与人员甄选 （5）负责人员招聘工作的具体实施 （6）负责年度/季度/月度招聘数据的统计和分析
4	薪酬福利管理	（1）拟定薪酬福利制度，并经批准后执行 （2）研究、改进薪酬福利管理制度和方法 （3）办理薪酬福利调整事项
5	培训发展管理	（1）负责培训制度的研究和拟定 （2）编制与实施培训计划 （3）负责开展职前培训、进修等工作 （4）负责培训考试的开展，评估培训效果 （5）负责组织公司员工职称评定工作，专业考试信息的收集与发布 （6）辅导员工职业通道的设定与职业生涯规划的设计

续表

序号	岗位职责	具体内容
6	员工关系管理	(1) 劳动关系管理：劳动争议处理，员工入离职面谈及手续办理，处理员工申诉、人事纠纷和意外事件 (2) 员工人际关系管理：引导员工建立良好的工作关系，创建有利于员工建立正式人际关系的环境 (3) 沟通管理：保证沟通渠道的畅通，引导公司上下及时的双向沟通，完善员工建议制度 (4) 员工情况管理：组织员工心态、满意度调查，负责谣言、怠工的预防、监测及处理，解决员工关心的问题 (5) 企业文化建设：建设企业文化、引导员工价值观，维护公司良好形象 (6) 服务与支持：为员工提供有关国家法律、公司政策、个人身心等方面的咨询服务，协助员工平衡好工作与生活

在现代企业的人力资源管理工作中，越来越强调人力资源管理不仅是人力资源部门的事，更是各层、各类管理者的共同职责。因此，必须对人力资源管理的各类参与者进行明确界定，并对其职能进行合理定位，有效促进企业内部人力资源管理的职责分担，从而使人力资源管理真正变成企业的战略伙伴和人力资源管理产品的开发者和提供者，具体如表 1-7 所示。

表 1-7　各部门直线经理、人力资源管理者在人力资源管理中的职责分工

职能	各部门直线经理的职责分工	人力资源管理者的职责分工
人力资源规划与工作分析	(1) 根据部门业务发展需求，及时提出人员及岗位需求 (2) 提供本部门岗位设置需求及岗位职责	(1) 汇总各部门用工需求，制定人力资源规划及人员编制，并经批准后实施 (2) 负责人力资源支出预算编制与成本控制 (3) 根据部门提供的信息编写工作说明书
招聘与录用	(1) 对所讨论的工作的职责范围做出说明，对工作分析人员提供帮助 (2) 提出未来的人员需求以及需要雇用的人员类型 (3) 说明工作对人的要求，为人力资源部门的选聘测试提供依据 (4) 面试应聘人员并做出录用决策	(1) 根据部门需求发布招聘信息，制订招聘计划，确定招聘时间、方法和范围 (2) 初步筛选并将合格的候选人推荐给部门主管，并最终确定人选 (3) 给新员工办理入职手续
培训与开发	(1) 根据公司及工作要求安排员工，对新员工进行指导和培训 (2) 向人力资源部门提出培训需求 (3) 参加有关的培训项目 (4) 对培训提出意见	(1) 制定培训方案，包括培训的形式、项目和责任等 (2) 汇总各部门的需求并形成公司的培训计划 (3) 组织实施培训计划 (4) 收集反馈意见

续表

职能	各部门直线经理的职责分工	人力资源管理者的职责分工
薪酬福利管理	（1）向专业的人力资源管理人员提供各项工作及相对价值方面的信息，作为薪酬决策的基础 （2）决定给下属奖励的方式和数量	（1）实施工作评估程序，决定每项工作在公司的相对价值 （2）开展薪资调查，了解同样或近似的职位在其他公司的工资水平 （3）制定薪酬体系，包括薪酬的结构、发放的方式和标准等 （4）核算员工的具体薪酬数额，审核各部门的奖惩建议 （5）办理福利、保险项目，并与直线经理协商
绩效管理	（1）具体确定本部门考核指标的内容和标准 （2）参加考核者的培训 （3）具体实施本部门的考核 （4）与员工进行沟通，制订绩效改进计划 （5）根据考核的结果向人力资源部门提出相关的建议	（1）制定绩效管理体系，包括考核的内容、类别、周期、方式以及步骤等 （2）指导各部门确定考核指标的内容和标准 （3）对管理者进行考核培训 （4）组织考核的实施 （5）处理员工对考核的申诉 （6）保存考核的结果并做出决策
劳动关系管理	（1）营造相互尊重、相互信任的氛围，维持健康的劳动关系 （2）坚持贯彻劳资协议的各项条款 （3）确保公司的员工申诉程序按劳资协议执行，在进行调查后做出申诉的最终裁决 （4）跟人力资源管理部门一起参与劳资谈判 （5）保持员工与经理之间沟通渠道畅通，使员工了解公司大事并能通过多种渠道发表建议和不满 （6）确保职工在纪律、解雇、职业安全等方面受到公平对待	（1）分析导致员工不满的深层次原因 （2）对直线经理进行培训，帮助他们了解和理解协议条款及在法规方面易犯的错误 （3）在如何处理员工投诉方面向直线经理提出建议，帮助有关方就投诉问题达成最终协议 （4）向直线经理介绍沟通技巧，促进上下级沟通 （5）开发确保员工能受到公平对待的程序，并对直线经理进行培训，使他们掌握这一程序
劳动保护与安全	（1）持续引导员工养成并保持安全工作习惯 （2）发生事故时，迅速、准确地提供报告	（1）制定安全操作规程，对机械防护装置等安全设备的设计提出建议 （2）发生事故时，迅速开展调查、分析原因，并根据事故预防提出意见，向“职业安全与健康管理”组织提交必要的报表

直通职场

人力资源部到底是个什么部门?

1. 人力资源部连接战略与人

很多公司不是没有好的战略，而是缺少有效的战略执行。老板可以睿智地洞察行业趋势，可以运筹帷幄、指点江山，但归根到底要靠人落实，靠组织落实。早年间，很多企业请麦肯锡咨询公司做战略咨询，但发现麦肯锡更多的是帮助企业构建运营模式、战略执行体系等。在麦肯锡看来，90％的公司输在战略执行能力上，而非战略本身。

战略执行需要有足够的人，人还得有干劲、有匹配的能力，这还不够，还要把人和人整合在一起，形成组织，意味着要1＋1＞2。合理进行人才配置与选拔，激发员工的最大潜能，正是人力资源部的一项重要职责。

2. 人力资源部一半是管控，一半是服务

有些人力资源管理部门眼里只有管控，对着业务部门说任何事情都拿腔拿调，很多事硬压下去，公司表面看着风平浪静，实则暗地里浪潮汹涌，总有一天会爆发出来。

有些HR眼里只有服务，业务部门说什么就是什么，一味地做老好人，委曲求全，没有价值感和存在感。

人力资源部的真正定位应该是管控＋服务，二者并重，又相辅相成。

别人不服你的管，是因为你没给他人带来价值、你的专业没有帮助他人有落地的成果。当你基于业务为业务部门提供建议，并持续地沟通、宣导、辅导，再到落地，产生阶段成果，业务部门一点点地和你建立信任基础的时候，你才有管控的底气，在你管控时，业务部门也愿意配合，这是一种职场上的交互。

二、人力资源管理者的职业素养

为帮助企业更好地开展人力资源管理工作，人力资源管理者必须具备一定的素养。管理者应具备的各种技能对人力资源管理者同样适用，但是人力资源管理者的工作具有一定的特殊性，他们还要具备一些特殊的知识和能力。

IPMA-HR模型是针对人力资源管理者开发的一套素质模型，该模型认为，人力资源管理者只要具备了模型中提到的这些素质，就一定能成为出色的人力资源管理者。IPMA-HR模型提出的人力资源管理者素质包括22项，具体如下：

- 了解所在组织的使命和战略目标
- 了解客户及组织文化
- 具有创新才能和创造一个崇尚承担风险的环境的才能
- 应用组织发展原则
- 将人力资源管理与组织使命和业务绩效挂钩
- 设计并实施变革过程
- 具备市场营销和商业代表技能
- 在人力资源管理中运用信息技术
- 展现客户服务意识
- 具有建立信任关系的能力
- 理解、重视并促进员工的多元化
- 提倡正直诚信，遵守职业道德

✷ 了解业务程序，能实施变革以提高效率和效果
✷ 了解人力资源管理法律和政策
✷ 了解本单位的运作环境
✷ 理解团队行为
✷ 具有良好的沟通能力
✷ 评估、平衡竞争性的价值观
✷ 理解整体性业务系统思维
✷ 具有分析能力，可进行战略性和创造性思维
✷ 能运用咨询和谈判技巧，有解决争端的能力
✷ 具有达成共识和同盟的能力

在企业实践中，人力资源管理者除了要具备良好的专业素质，还需要具备较强的人际交往能力、较强的学习能力、较强的抗压能力及良好的职业素养。

（一）良好的专业素质

人力资源管理者要掌握丰富、过硬的专业知识，善于分析复杂问题；具有处理突发事件的能力；能够平衡企业与员工之间的关系；熟悉掌握政策法规，保持原则性；适当创新，在允许的范围内妥善处理问题；具有较强的组织和协调能力；思维缜密，具有较强的逻辑性；具有信息收集、数据处理能力。

（二）较强的人际交往能力

人力资源管理者要具有较强的亲和力，善于倾听、沟通，善于表达自己的意见和看法；尊重他人、以诚相待，能够设身处地地为他人着想；具有凝聚力，善于团结同事；待人热情，主动工作，客观公正地对人予以评价。

（三）较强的学习能力

人力资源涉及很多层面的工作，人力资源管理者需要保持进取心，不断地汲取经验、学习知识，提高自身的专业素质。

（四）较强的抗压能力

人力资源管理工作需要在企业与员工之间找寻一个平衡点，人力资源管理者难免会被误解与指责，所以人力资源管理者要承受更多的压力和困难，要有一定的耐心和抗压能力，并且能梳理、消除员工的不良情绪。

（五）良好的职业素养

对于人力资源这个岗位来说，人力资源管理者除了要细致、耐心、沉着、宽容等，还要在工作中主动沟通，尤其要与上司保持一致，具有良好的执行力。

岗证融通：职业技能训练

训练目标

（1）查看学生对于人力资源、人力资源管理的认知和理解程度。

（2）帮助学生树立正确的职业观。

训练内容

全班4～5人一组，以小组为单位，每人分别阐述什么是人力资源，介绍一项有效管理人力资源的方法，最后每组派代表在全班做总结发言。

训练评价

(1) 汇报的人力资源及其管理内容是否全面。(50分)

(2) 团队合作能力。(30分)

(3) 语言表达和礼仪。(20分)

(4) 教师进行考核评价（见表1-8)。

表1-8　考核评价

评价指标	指标描述	权重	具体评价				评价得分	权重得分
			优秀 90～100分	良好 80～89分	一般 70～79分	较差 60～69分		
完成度	考查学生汇报的人力资源及其管理内容是否符合训练要求	50%	按照训练要求及标准完成作业，汇报展示全面，素材丰富	基本能够按照训练要求及标准完成作业，汇报展示较全面	按照训练要求及标准完成部分作业，汇报展示缺少部分环节，素材较丰富	按照训练要求及标准完成部分作业，汇报展示缺少重要环节，素材单一		
团队配合	考查学生在准备发言材料过程中的团队协作能力	30%	团队成员积极参与训练任务，分工协作，配合默契	团队成员都能够参与训练任务，分工较为明确	部分成员参与训练任务，有分工，配合较默契	1～2名成员参与训练任务，分工不明确，配合不默契		
语言表达和礼仪	考查学生汇报时的语言表达能力和礼节礼仪	20%	普通话标准，声音洪亮，表达流利，富有情感，语言精练，能够使用文明用语	普通话标准，表达较流利，能够使用文明用语	讲普通话，表达基本流利，能够使用文明用语，表现逊色	不讲普通话，陈述卡顿严重，没有使用文明用语		
评分合计								

项目二
人力资源规划

学习目标

知识目标

1. 理解人力资源规划的含义和主要内容。
2. 掌握人力资源规划的类型、过程。
3. 掌握人力资源需求预测、供给预测的方法，掌握人力资源供需平衡的方法。

能力目标

1. 能够运用恰当的方法进行人力资源预测。
2. 能够设计简单的人力资源规划书。

素养目标

1. 引导关注现实社会问题。
2. 树立正确的就业观，正确规划自己的职业发展。

学习导图

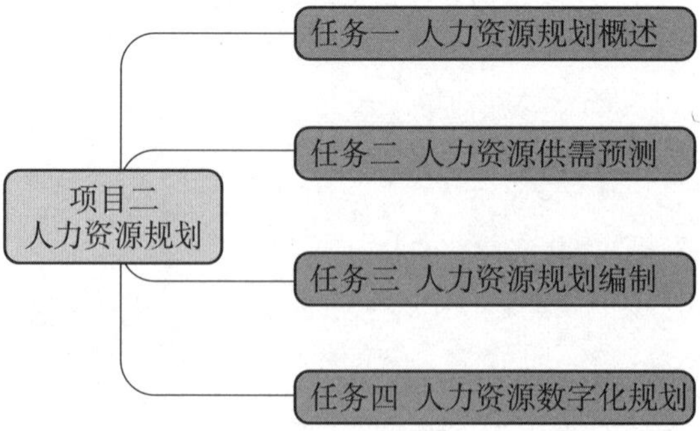

案例导入

企业出新招解决“用工荒”

每年春节前后，“用工荒”“招工难”等问题都会对部分企业的正常运转产生较大影响。面对难题，我县部分企业正通过各种方式积极应对，确保企业的正常生产。

日前，舟山玩具厂在饭店摆下十余桌酒宴，提前邀请全厂员工共享丰盛的“年夜饭”，活动现场暖意融融。罗晓英来自四川，丈夫和孩子都在这里工作、生活，一家三口长期定居岱山。今年是她在舟山玩具厂工作的第七个年头。自从企业开始举办员工“年夜饭”活动，她几乎每年都会参加。几十张红布圆桌，配上美味佳肴，忙碌工作了一年的员工们在宴席上举杯欢庆，让她倍感温馨。

据了解，今年舟山玩具厂共有150多名员工参加了年夜饭活动。为了让企业内的外地员工感受到“家”的温暖，舟山玩具厂坚持在每年年底设宴席请员工吃年夜饭，连续举办了数十年。

依照惯例，每年年末人手短缺，用工困难成为企业最头疼的问题，但舟山玩具厂对此却并不担忧。企业负责人介绍，企业员工虽然以外来为主，但绝大部分都是工作了五年以上的老员工，稳定性较高，这都得益于企业与员工建立了良好的关系。

春节期间，外地员工因回乡探亲造成的短时间“用工荒”，企业也会合理利用节前的时间，调整排班，提早完成生产任务。

有的企业通过打“温情牌”提高员工稳定性，保障生产；有的企业则通过设备改良、优化流水线来抵消用工难带来的影响。位于东沙镇的舟山飞利达电机有限公司，以生产微电机为主。以往，每到年末，由于用工短缺、招工难，企业只能无奈减少订单数量。

虽然用工难问题很难解决，但企业并没有因此“一筹莫展”，反而“另辟蹊径”，大刀阔斧推动生产工艺改良，引入了二十多台自动化设备，以及一条自动化生产流水线。在技术设备升级之后，企业的用工需求大幅度减少，生产效能却成倍增长。在应对春节期间的生产任务时，企业显得“从容不迫”。增设自动化设备，虽然一次性投入很大，但企业负责人认为，从长远看，肯定是利大于弊的。

饱受“春节用工荒”之苦的企业，也应着手考虑应对之道，学习借鉴前面两家企业的做法，或是稳定员工队伍，让更多的员工扎根企业；或是通过转型升级，提高企业“智能化”水平。

（资料来源：企业出新招解决“用工荒”[EB/OL]. 岱山新闻网，2019-12-30.）

分析提示

近些年，随着社会经济的快速发展和各地经济发展的均衡化布局，一些传统制造业和建筑业非常发达的地区不断出现“用工荒”问题，给相关企业甚至地区的经济发展带来了极大的挑战。从宏观层面上讲，当前急需解决的人力资源问题不仅是“用工荒”问题，还有结构性失业问题，一边是大量企业招不到所需要的员工，另一边是很多人找不到合适的岗位，而这些问题又导致了我国人力资源培育的一系列问题，比如对我们的教育领域提出了很多新的挑战。而这些问题并非一朝一夕就能够得到有效解决。事实上，对于很多企业来说，它们迫切需要解决的问题是当下的人力资源短缺、不匹配等问题，这是微观层面的人力资源规划问题。

任务一　人力资源规划概述

一、人力资源规划的含义

一个组织为了更好地发展，通常会制定其发展的总体规划。这个总体规划由涉及人、财、物等多个方面的子规划共同组成，如财务规划、市场规划、技术研发规划等，人力资源规划也是其中一个重要的规划。人力资源规划是组织为实现既定目标而从人力资源的角度对未来所做的统筹安排，是组织为实现其总体发展目标，在科学预测、分析组织所处环境中的人力资源需求和供给状况的基础上，制定必要的政策和措施以确保组织在需要的时间和需要的岗位上获得所需要的人力资源（数量和质量）的过程。这一定义包含以下四层含义：

（一）人力资源规划是为了实现组织的总体发展目标

人力资源规划不是独立于组织体系之外的独立发展规划，而是组织总体规划的重要组成部分。因此，在制定人力资源规划时，要以组织总体目标为导向，人力资源规划要服从和服务于组织总体规划和战略规划。

（二）人力资源规划是在充分考虑内外环境变化基础上制定的

组织的内外环境是影响甚至决定其经营成败的重要因素，组织的人力资源规划工作需要充分考虑组织内外环境中的各类因素。由于这些因素是不断变化的，因此组织的人力资源规划并非一旦制定就永远不变。组织在进行人力资源规划时需要对这些变化的环境因素进行科学的预测和分析，并在此基础上采取措施确保组织在近期、中期和远期都能获得有效的人力资源补充。

（三）组织内人力资源供需不平衡是常有的，组织应有持续有力的措施来应对

组织中的人力资源状况总是在不断发生变化的，比如，业务规模的扩大会导致人力资源需求增加，业务规模的收缩会导致人力资源过剩；先进管理理念和经营技术的引入会导致人力资源需求发生变化；组织中常见的人员调动、升迁、退休、离职等也会产生结构性不平衡；等等。因此，组织应当对人力资源的供需平衡问题予以持续关注，并采取有效的措施来应对，确保其相对平衡。

（四）人力资源规划应在组织目标和员工利益方面实现双赢

组织在进行人力资源规划时，不能只考虑组织目标的实现，也要考虑员工个人的发展。组织应当为员工的自我发展创造良好的条件，通过满足员工的内在需要进而调动他们的积极性、主动性和创造性，最终实现组织的经营目标。组织应当关心每一个员工的利益诉求和发展需要，引导他们在实现组织目标的同时实现个人的自我价值，否则组织可能无法长期获得所需要的人力资源。

二、人力资源规划的作用

人力资源规划是人力资源管理各项具体活动的起点和依据，它直接关系着组织人力资源管理和整体工作的成败，更关系着组织战略目标的实现，是整个组织战略的重要组成部分。

（一）人力资源规划是组织适应动态发展需要、提高市场竞争力的重要保证

人力资源规划是组织战略规划的重要组成部分，必须与企业的经营战略保持一致，为企业的整体战略规划服务。随着组织外部环境的不断变化，组织的战略也会进行相应的调整，从而使企业对人力资源的需求发生变化，这种需求的变化必然导致人力资源供需之间的失衡。因此，人力资源规划要求规划主体根据组织的长远发展目标和战略规划的阶段性调整，对人力资源进行动态统筹规划，预测人力资源的供求差异，努力平衡人力资源的需求与供给，及早制定出应对变化的调整措施，增强企业对环境的适应能力，使企业更有市场竞争力，加快实现企业的战略目标。

（二）人力资源规划是组织实施管理工作的起点和重要依据

人力资源规划对组织人员的招聘选拔、教育培训、薪酬福利、人员调整及人工成本的控制等工作都做了具体而详细的安排，是组织实施管理工作的起点。同时，人力资源规划还能提供大量的市场动态信息，使管理者能够随时了解和掌握社会环境中人力资源市场的变化状况，有效地帮助组织进行工作分析，及时做出应对措施，为组织实施管理工作提供重要依据。

（三）人力资源规划能够帮助组织科学地控制人工成本

工资是组织人工成本中最大的支出部分。随着组织不断发展壮大，员工职位不断提升，其工资会越来越高，造成组织人工成本不断增加。人力资源规划能够科学地预测员工未来在数量、结构方面的变化，并改善组织的人力资源结构，减少不必要的人力资源成本支出，使之更加合理化，达到帮助组织科学地控制人工成本的目的。

（四）人力资源规划有助于调动员工的积极性

员工通过人力资源规划可以了解到组织未来对各个层次人力资源的需求，可以有更多的机会参加培训，提高自身素质和工作胜任能力，从而充分调动自身的工作热情，为自己设计有利于个人发展的道路；同时，通过人力资源规划，员工能够增加对工作的满意度，在岗位上发挥能动性和创造性，提高工作质量。

三、人力资源规划的内容

人力资源规划是一项系统的战略工程，它以企业发展战略为指导，以全面核查现有人力资源、分析企业内外部条件为基础，以预测组织对人员的未来供需为切入点，内容包括晋升规划、补充规划、培训开发规划、人员调配规划、工资规划等，基本涵盖了人力资源的各项管理工作。人力资源规划还通过人事政策的制定对人力资源管理活动产生持续和重要的影响。组织的人力资源规划分为两个层次：一个层次是人力资源的总体规划，另一个层次是人力资源的具体规划。

人力资源的总体规划是指根据组织的总体战略目标制定的，在计划期内人力资源开发与管理的总原则、总方针、总目标、总措施、总预算。组织的具体规划是指人力资源

各项具体业务规划，是总体规划的展开和时空具体化，每一项具体计划也都是由目标、任务、政策、步骤和预算等部分构成的，从不同方面保证人力资源总体规划的实现。人力资源规划具体包括人员补充规划、人员使用和调整规划、人才接替发展规划、人才教育培训规划、劳动关系规划、评价激励规划、退休解聘规划、员工薪酬规划、员工职业生涯发展规划等。具体内容如表 2-1 所示。

表 2-1　人力资源规划具体内容

类别	规划目标	相关政策或措施
人员补充规划	优化结构，满足组织对人力资源数量、类型和质量的现实性需求	员工自然变动预测和规划； 冗员和不适岗者变动或解聘规划； 新员工补充来源和招聘规划； 职位工作分析
人员使用和调整规划	新员工补充来源和招聘规划适当，组织企业内部人员的合理流动	岗位调整和轮换政策； 职位任用标准和上岗基本资格制度； 范围与时间规定
人才接替发展规划	建立后备人才计划，形成人才群体，适应组织发展需要	管理与技术骨干选拔制度； 晋升职位管理办法和流程； 资深人员提升和管理规划； 员工发展计划和个人职业生涯发展规划
人才教育培训规划	培训系统拟定、建立，确定培训系统的评价效果	专业人员业务进修制度； 管理技能培训制度； 绩效发展需求和培训实施规划
劳动关系规划	协调员工关系，增进理解，提高员工的满意度，降低非期望性离职率	员工参与管理制度； 合理化建议和创新管理制度； 员工管理沟通制度和员工满意度调查制度
评价激励规划	增强员工的参与度，增进绩效技能，增强组织的凝聚力，塑造企业文化	目标管理程序和管理制度； 奖惩制度和管理办法； 沟通机制和管理技巧
退休解聘规划	编制动态变化计划，降低劳务成本，提高劳动生产率	退休政策和规定； 员工解聘制度和程序； 人员接替计划和管理程序
员工薪酬规划	平衡内、外薪酬的水平，建立具有激励性的分配机制体系	现代的薪酬管理制度； 奖励政策和制度； 福利计划和实施办法
员工职业生涯发展规划	协调个人与组织的职业发展规划，实现员工与组织的“双赢”	制定个人层次的职业生涯发展规划； 制定组织层次的职业生涯发展规划

四、人力资源规划的程序

一般来说，人力资源规划的程序包括五个步骤：准备阶段、预测阶段、策略制定阶段、策略实施阶段、反馈与评估阶段，如图 2－1 所示。

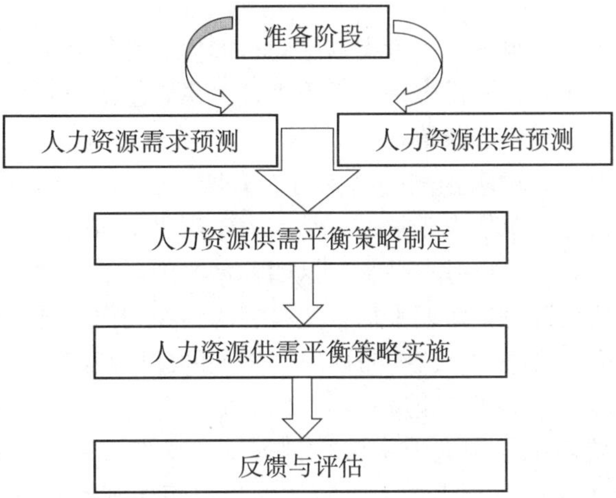

图 2－1　人力资源规划程序

微课

中小企业人力资源战略规划

（一）准备阶段

这个阶段的主要工作是调查、收集、整理和分析与组织人力资源相关的各类信息。这些信息大致可以分为三个方面：一是外部环境信息，二是内部环境信息，三是组织现有人力资源信息，如表 2－2 所示。

表 2－2　人力资源规划的信息收集内容

外部环境信息	内部环境信息	组织现有人力资源信息
宏观经济形势	组织战略规划	员工数量
行业经济形势	战略规划的战术计划	员工素质
技术的发展状况	战略规划的行动方案	员工结构
产品市场的竞争性	组织结构	员工生产效率
劳动力市场	组织文化	员工流动率
人口和社会发展趋势	其他相关规划	员工满意度
政府管制情况	现有生产技术	员工潜力

这些信息是人力资源预测的数据基础，这个阶段的信息收集越准确，后面的预测和措施决策就越科学。组织可以通过构建人力资源信息系统来实现信息的收集。

（二）预测阶段

在掌握充分信息的基础上，采用各种有效方法和技术对组织在未来一段时期中的人力资源需求与供给状况进行预测。这个阶段是人力资源规划的核心部分，也是技术要求最高的部分，供求预测的准确性直接决定着人力资源规划的成败。

供求预测主要分为两个方面：一是需求预测，是指通过需求预测得出组织在员工数量、组合、成本、新技能、工作类别等方面的需求，以及为完成组织目标所需的管理人员数量和层次的列表；二是供给预测，分为内部供给预测和外部供给预测，是指通过分析劳动力过去的人数、组织结构、人员流动、年龄变化和录用等资料，预测未来某个特定时刻的人力资源供给情况。

（三）策略制定阶段

在人力资源供求预测的基础上，组织应当考虑的问题是如何实现供求平衡，使组织未来的人力资源需求得到满足。人力资源供求是否平衡直接关系着组织经营目标能否实现，因此在策略的制定过程中要尽量小心谨慎。

通常来说，前一阶段的人力资源供求预测的结果可能有四种较为典型的情况存在：一是人力资源供不应求；二是人力资源供大于求；三是人力资源供给与需求之间的结构关系失调；四是人力资源供给和需求保持基本平衡。这四种情况中，前三种是常见的情况，第四种情况较少出现，即使出现也是短期平衡。这是因为组织的内外环境总是处于不断变化中的。所以，在制定应对策略时，既要考虑组织发展的总体战略，也要考虑组织所处的内外环境，采取灵活多变的形式有效应对不同的局面。

在各种策略制定出来后，要制定组织人力资源规划方案，这个方案既包括总体方案，也包括专项方案。在制定方案时，要考虑人力资源规划与组织战略规划及其他规划之间的关系，确保总体规划和专项规划、各个专项规划之间相互协调和衔接，在充分考虑组织的目标、资源限制等基础上，制定出可行性、经济性良好的人力资源规划方案。

微课

平衡人力资源供需

（四）策略实施阶段

有了良好的策略和完善的方案后，还要具体实施，以确保组织目标的实现。在策略实施和方案执行的过程中，要注意以下几点：一是要有专人负责方案的实施并赋予其相应的权力；二是要给予方案实施所必需的资源和条件；三是要确保方案的完全执行而不打折扣；四是要定期报告实施的进展和实施过程中遇到的问题，做好控制工作，确保方向不偏离。

（五）反馈与评估阶段

对人力资源策略和规划方案的实施效果进行评估是整个规划过程的最后一步。由于预测有许多假定情况，而在实际执行中这些情况未必成立或可能会发生变化，预测的结果不可能完全准确，因此人力资源规划不可能完全符合实际情况，它是一个开放的动态系统。

人力资源规划的反馈和评估包括两层含义：一是对实施过程的反馈和评估，要确保策略和规划方案的执行能与实际内外环境相一致；二是对预测的结果和策略与规划方案本身的反馈和评估，即看预测得是否准确、导致准确与否的原因是什么，或者制定的策略是否有效、导致有效与否的原因是什么等，其目的是找出人力资源规划中存在的问题，总结有益的经验，为以后的规划提供借鉴和帮助。

直通职场

一份艰难的人力资源计划

绿色公司的总经理要求人力资源部经理在10天内拟出一份公司的人力资源五年计划。人力资源部经理花了3天时间来收集制订计划所需的资料。

人力资源部的员工向经理提供了下列资料：

公司共有生产与维修工人825人，行政和文秘性白领职员143人，基层与中层管理干部79人，工程技术人员38人，销售人员23人。据统计，公司近五年来员工的平均离职率为4%。不过，不同类别员工的离职率并不一样，生产工人离职率高达8%，而工程技术人员和管理干部的离职率则只有3%。

人力资源部经理召开了一个由公司各职能部门负责人参加的小型会议，会议的议题是讨论根据公司既定的发展计划和扩产计划，各部门所需下属人员数量的变化情况。人力资源部经理会后总结，行政和销售人员要新增10%～15%，工程技术人员要新增5%～6%，中、基层干部不增也不减，而生产与维修工人要新增5%。

人力资源部经理又向公共关系部经理了解了行业和政府的情况，获悉最近本地政府颁布了一项政策，要求当地企业招收新员工时，要优先照顾女性和下岗职工。人力资源部经理知道本公司的招聘政策未曾有意排斥妇女或下岗职工，只要他们来申请，就会按照同一标准进行选拔，并无歧视，但也未予以特殊照顾。人力资源部的员工又统计了相关的数据：目前公司销售人员几乎全是男性，只有1名是女性；中、基层管理干部除2人是女性外，其余也都是男性；工程师里只有3位是女性；生产与维修工人中约有11%是女性或下岗职工，而且都集中在最底层的劳动岗位上。

第四天早晨，人力资源部经理获悉公司刚刚验证通过了几种有吸引力的新产品，所以预计公司的销售额五年内会翻一番。

人力资源部经理还有7天就要交出计划，其中要包括各类干部和员工的人数、要从外界招收的各类人员的人数以及如何贯彻政府关于照顾女性与下岗人员政策的计划，此外还得提出一份应变计划以应对销售量的快速增长。

任务二　人力资源供需预测

一、人力资源需求预测

在组织的人力资源规划中，人力资源预测是比较关键的环节，处于人力资源规划的核心地位，是制定各种战略、计划、方案的基础。组织要想保持竞争力，关键是要拥有具备竞争力的员工，而要想拥有合格的员工队伍，就必须做好人力资源的需求预测工作。

（一）人力资源需求预测的含义及特点

1. 人力资源需求预测的含义

人力资源需求预测是指组织的人力资源管理部门根据组织的战略目标、组织结构、工作任务，综合各种因素的影响，对组织未来某一时期所需的人力资源数量、质量和结构进行估算的活动。

2. 人力资源需求预测的特点

(1) 科学性。

组织的人力资源需求预测工作是按科学的程序，运用科学的方法及逻辑推理等手段，对人力资源未来的发展趋势做出科学的分析。它能够反映人力资源的发展规律，因而具有科学性。

(2) 近似性。

由于人力资源需求预测是对组织未来某一时期所需的人力资源数量、质量和结构进行估算的活动，而事物在发展的过程中总会受到各种因素的影响而不断发生变化，因此，该预测只能对未来的预测做出尽可能贴近的描述，人力资源需求的预测结果与未来发生的实际结果会存在一定的偏差，只是极为近似。

(3) 局限性。

在人力资源需求预测的过程中，由于预测对象受到外部各种因素变化的影响，具有不确定性或者随机性，因此就会使得预测的结果带有一定的局限性，不能展现出人力资源需求发展完全、真实的面貌。

(二) 人力资源需求预测的方法

人力资源需求预测是否科学、合理，关系到组织的人力资源规划能否成功，在制定时要充分考虑组织内外环境的各种因素，根据现有人力资源的状况及组织的发展目标确定未来所需人员的数量、质量和结构。人力资源需求预测的方法可分为定性预测方法和定量预测方法。定性预测方法是一种主观判断的方法，包括德尔菲法、微观集成法、工作研究法、现状规划法、描述法等。定量预测方法是利用数学手段进行预测的方法，主要包括劳动定额法、回归分析法、计算机模拟预测法、比率分析法等。

1. 定性预测方法

(1) 德尔菲法。

德尔菲法也叫专家预测法或集体预测法，是指收集有关专家对组织某一方面发展的观点或意见并加以调整分析的方法。德尔菲法一般采取匿名问卷调查的方式，通过综合专家们各自的意见来预测组织未来人力资源的需求量。专家既可以来自组织内部，如组织的高层管理人员或者各部门具体的管理人员，也可以来自组织外部。德尔菲法可分为四个步骤，如图 2-2 所示。

德尔菲法的特点是：吸收专家参与预测的四个步骤，充分利用专家的经验、学识；采用匿名或背靠背的方式，能使每一位专家独立自主地做出自己的判断。预测过程经过几轮反馈，使专家的意见逐渐趋同。由于这种预测方法是专家在不会受到他人干扰的情况下给出的意见，并能够综合考虑到社会环境、组织发展战略和人员流动等因素对组织人力资源规划的影响，因此具有很强的操作性，在实践中被广泛运用到人力资源规划中。但是这种方法也存在不足之处，即预测结果具有强烈的主观性和模糊性，无法为组织制定准确的人力资源规划政策提供详细可靠的数据信息。此外，在使用德尔菲法时还应注意以下原则：

①挑选有代表性的专家，并且为专家提供充分的信息材料。

预测筹划	提出预测的目标，确定预测的课题及项目，确定专家组成员的名单，准备相关资料
专家预测	向专家寄送包含预测问题的表格问卷及有关背景材料，请各专家以匿名的方式做出判断和预测
统计反馈	回收专家的问卷答案后进行统计分析归纳，形成第一次预测的结果，并将该结果归纳成新的问题表，分别反馈给专家，再进行第二轮的预测。如此经过两三轮的反复后，专家的意见会基本上趋于一致
表述结果	经过几轮的反复预测后，将最后一轮的反馈结果进行整理，以文字或图片的方式表达出来

图 2－2　德尔菲法的四个步骤

②所提的问题应当表达准确，不会引发歧义，应当是专家能够回答的问题，在问卷设计时不提无关的问题。

③在进行统计分析时，应当视专家的权威性不同而区别对待不同的问题，不能一概而论。

④在预测前争取对专家进行必要的培训，了解该预测的背景及意义，使专家对预测中涉及的各种概念和指标理解一致，尽量避免专家在预测中出现倾向性选择信息和冒险心理效应。

（2）微观集成法。

微观集成法是一种主观的预测方法，是指根据相关管理人员的经验，结合本公司的特点，对公司员工需求加以预测的方法。这种方法主要采用“自下而上”和“自上而下”两种方式。“自下而上”的方式是从组织的最低层开始预测人员需求，由组织内各部门的管理者根据本部门的工作负荷及业务发展，对本部门未来某种人员的需求量做出预测，然后向上级主管提出用人要求和建议。组织的人力资源部门根据各部门的需求进行横向和纵向的汇总，再结合组织的经营战略形成总体预测方案。“自上而下”的预测方式则是由组织的决策者先拟定组织的总体用人目标和计划，然后由各级部门自行确定所需人员计划。

这两种方式还可以结合起来同时运用，即组织先提出员工需求的指导性建议，再由各部门按照该要求，逐级下达到基层，确定具体用人需求。同时，由人力资源部门汇总后根据组织的战略目标确定总体用人需求，将最后形成的员工需求预测交由组织决策者审批，形成组织的人力资源需求规划方案。此法适用于短期预测和生产情况比较稳定的组织。

（3）工作研究法。

工作研究法是指通过工作研究计算完成某项工作或某件产品的工时定额和劳动定额，并考虑预测期内的变动因素，以此来进行组织员工需求预测的方法。即根据具体岗位的工作内容和职责范围，确定适岗人员的工作量，再得出总人数。此法易于实施，适用于结构比较简单、职责比较清晰的组织。

（4）现状规划法。

现状规划法是一种简单的预测方法，是指在假定组织的生产规模和生产技术不变，且人力资源的配备比例和人员数量完全能够适应预测期内人力资源需求的情况下，对组织人员晋升、降职、退休、辞职、重病等情况进行预测的方法。即根据历史资料的统计和分析比例预测上述人员的数量，再调动人员或招聘人员弥补岗位空缺。该方法易于操作，适合组织中、短期的人力资源预测，适用于特别稳定、技术规模不变的组织。现状规划法的计算公式是：

人力资源需求量＝退休人员数＋辞退、辞职、重病人员数

（5）描述法。

描述法是指组织的人力资源部门对组织未来某一时期的战略目标和因素进行假定性描述、分析、综合，预测出人员需求量的方法。此种方法应做出多种备选方案，以便适应组织内部环境或相关因素的变化。

2. 定量预测方法

（1）劳动定额法。

劳动定额法是指对劳动者在单位时间内应完成的工作量作出规定的方法。该方法能够较准确地预测组织人力资源需求量，其公式为：

$$N=W/q(1+R)$$

式中，N 代表人力资源需求总量，W 代表组织计划期内任务总量，q 代表组织定额标准，R 代表计划期内劳动生产率变动系数。其中，

$$R=R_1+R_2-R_3$$

R_1 表示组织技术进步引起的劳动生产率提高系数，R_2 表示经验积累导致的生产率提高系数，R_3 表示由劳动者及其他因素引起的生产率降低系数。

（2）回归分析法。

回归分析法是指采用统计方法预测人力资源需求的一种方法。该方法主要是以过去的变化趋势为依据来预测未来的变化趋势。运用这种方法需要大量的历史业务数据，如组织的销售收入、销量、利润、市场占有率等，从这些数据中可以发现组织中与人力资源的需求量关系最大的因素，分析这一因素随着人员的增减而变化的趋势，以历史数据为基础建立回归方程，计算出组织在未来一定时期内的人员变化趋势与人数需求量。回归分析法有一元线性回归预测法，也有多元回归预测法，最简单的是一元线性回归预测法，适合人力资源规划中以年为单位预测总量变化的情况。

（3）计算机模拟预测法。

计算机模拟预测法主要是指在计算机中运用各种复杂的数学模型，在组织的未来外部环境及内部环境发生动态变化时，对组织人员的数量和配置情况进行模拟测试，从而得出组织未来人员配置的需求量。该方法是人力资源需求预测方法中最复杂的一种，相

当于在一个虚拟的世界里进行试验，能够综合考虑各种因素对组织人员需求的影响，必将得到广泛的应用。

（4）比率分析法。

比率分析法也叫作转化比率分析法，这种方法是以组织中的关键因素（销售额、关键技能员工）和所需人力资源数量的比率为依据，预测出组织人力资源的需求量；或者通过组织中的关键人员数量预测其他人员如秘书、财务人员和人力资源管理人员的需求量。使用比率分析法的目的是将企业的业务量转化为人力资源的需求量，这是一种适合于短期需求预测的方法。以某大学为例，假设在校攻读的研究生数量增加了一个百分点，那么相应地要求教师的数量也增加一个百分点，而其他职员的数量也应该增加，否则难以保证该大学对研究生培养的质量。这实际上是根据组织过去的人力资源需求数量同某影响因素的比率对未来的人力资源需求进行预测。但是，运用比率分析法要假定组织的劳动生产率是不变的。如果组织的劳动生产率发生变化，那么运用这种方法进行人力资源需求预测就会缺乏准确性。

（三）人力资源需求预测的步骤

人力资源需求预测分为现实人力资源需求预测、未来人力资源需求预测和未来流失人力资源需求预测三部分。具体步骤如图 2－3 所示。

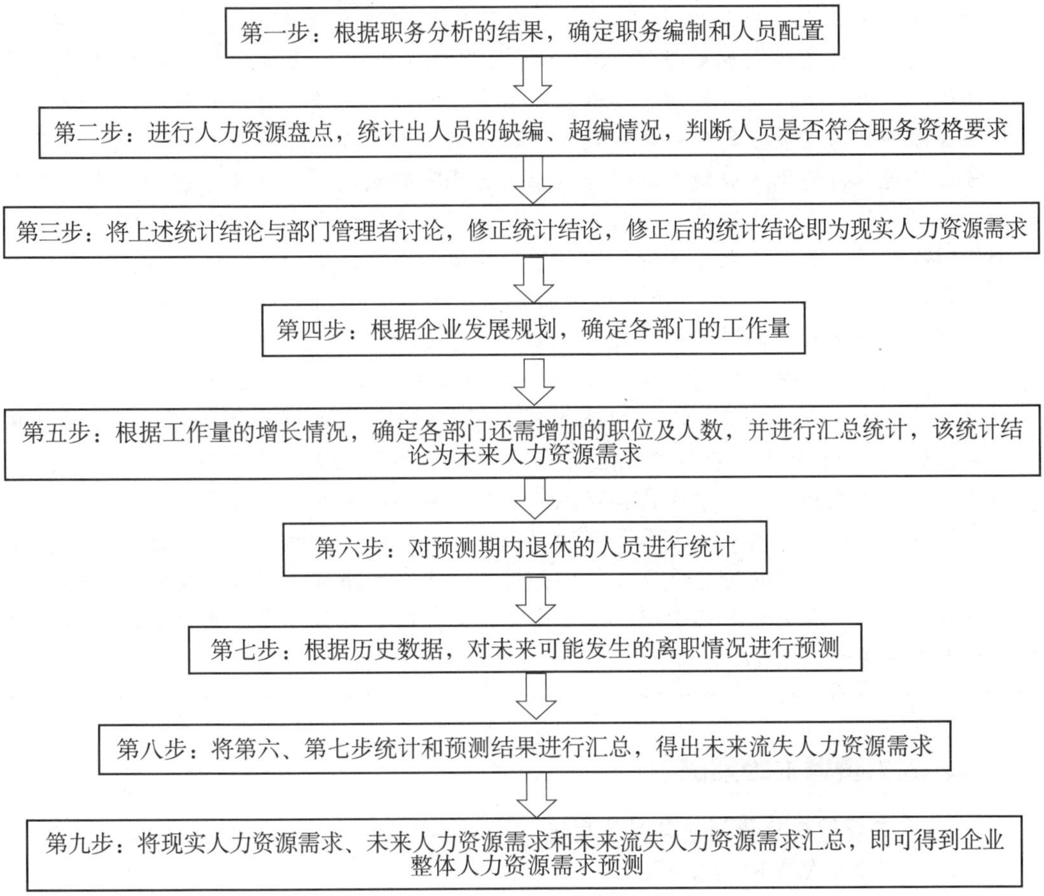

图 2－3　人力资源需求预测的步骤

直通职场

苏澳玻璃公司的人力资源规划

近年来，苏澳公司常为人员空缺所困惑，特别是经理层次人员的空缺常使公司陷入被动局面。苏澳公司最近进行了人力资源规划，公司首先由四名人力资源部的管理人员负责收集和分析目前公司对生产部、市场与销售部、财务部、人力资源部四个职能部门的管理人员和专业人员的需求情况，以及劳动力市场的供给情况，并估计在预测年度各职能部门内部可能出现的关键职位空缺数量。

上述结果可用来作为人力资源规划的基础，同时也可作为直线管理人员制定行动方案的基础。但是，这四个职能部门里制定和实施行动方案的过程（如决定技术培训方案、实行工作轮换等）是比较复杂的，会涉及不同的部门，需要各个部门通力合作，例如：生产部经理为制定将本部门 A 员工的工作轮换到市场与销售部的方案则需要市场与销售部提供合适的职位，人力资源部做好相应的人事服务（如财务结算、资金调拨等）。职能部门制定和实施行动方案过程的复杂性也给人力资源部进行人力资源规划增添了难度，这是因为有些因素（如职能部门间的合作的可能性与程度）是不可预测的，它们将直接影响预测结果的准确性。苏澳公司的四位人力资源部管理人员克服重重困难，对经理层的管理人员的职位空缺做出较准确的预测，又制定了详细的人力资源规划，使得该层次上人员空缺减少了 50%，跨区域之间的人员调动也大大减少。另外，从内部选拔任职者的时间也减少了 50%，并且保证了人选的质量，合格人选的漏选率大大降低，人员配备的过程得到了改进。人力资源的规划还使得公司的招聘、培训、员工职业生涯规划与发展等各项业务得到改进，节约了人力成本。

苏澳公司取得的上述成绩，不仅得益于人力资源规划的制定，还得益于人力资源规划的实施与评价。在每个季度，高层管理人员会同人事咨询专家共同对上述四名人力资源部管理人员的工作进行检查评价，这个过程按照标准方式进行，即这四名人力资源部管理人员均要针对以下 14 个方面做出书面报告：各职能部门现有人员、人员状况、主要职位空缺及候选人、其他职位空缺及候选人、多余人员数量、自然减员、人员调入、人员调出、内部变动率、招聘人数、劳动力其他来源、工作中的问题与难点、组织问题，以及其他方面（如预算情况、职业生涯考察、方针政策的贯彻执行等）。同时，他们必须指出上述 14 个方面与预测的差距，并讨论可能的纠正措施。通过这样的检查，人力资源部一般能够对下个季度在各职能部门应采取的措施达成一致意见。

在检查结束后，这四名人力资源部管理人员则对他们分管的职能部门进行检查。在此过程中，直线经理重新检查重点工作，并根据需要与人事部管理人员共同制定行动方案。当直线经理与人力资源部管理人员发生意见分歧时，往往可通过协商解决。行动方案上报上级主管部门审批。

二、人力资源供给预测

（一）人力资源供给预测的含义及内容

1. 人力资源供给预测的含义

人力资源供给预测是人力资源规划中的核心内容，是指组织运用一定的方法，对组织未来从内部和外部可能获得的人力资源数量、质量和结构进行预测，以满足组织未来发展时期对人员的需求。

2. 人力资源供给预测的内容

人力资源供给预测的内容分为组织内部供给和组织外部供给两个方面。

组织内部供给是指对组织内部人力资源开发和使用状况进行分析后，对未来组织内部所能提供的人力资源状况进行的预测。组织内部供给预测需要考虑的是组织的内部条件，具体包括分析组织内部的部门分布、岗位及工种、员工技术水平及知识水平、年龄构成等人力资源状况；了解目前组织内因伤残、死亡、退休等原因造成的员工自然流失情况；分析工作条件（如作息制度、轮班制度等）的改变和出勤率的变动对人力资源供给的影响；估计组织目前的人力资源供给情况，掌握组织员工的供给来源和渠道；预测将来员工因升降、岗位调整或跳槽等原因导致的流动态势。对这些内部变化做出分析，便于有针对性地采取应对和解决措施。

组织外部供给预测则需要考虑的是组织外部环境的变化，如经济、社会、文化因素对人力资源市场的影响，预测劳动力市场或人才市场对组织员工的供给能力；需要分析国家经济发展的整体状况，掌握国家已出台的相关政策法规、科技的发展情况及人才培养结构的变化；还要分析人口发展趋势、本行业的发展前景，具体分析本地劳动力市场的劳动力结构和模式、组织的聘任条件，了解竞争对手的竞争策略。

（二）人力资源供给预测的方法

在人力资源供给预测的研究中，人力资源内部供给预测是人力资源规划的核心内容。目前国内外有关人力资源供给预测方法的研究主要定位于组织内部人力资源供给预测，有关预测方法的研究在不断改进和创新。而我国在此方面的研究还停留在直接引入国外成果的阶段。尽管有很多学者在各种人力资源管理著作中提出了许多预测方法，但都大同小异。人力资源供给预测方法也可以分为定性预测法和定量预测法。定性预测法包括德尔菲法和替换单法，定量预测法包括马尔科夫模型和目标规划法。

1. 定性预测法

（1）德尔菲法。

德尔菲法是一种依靠管理者或专家主观判读的预测方法。在人力资源规划中，此方法既可用于人力资源需求预测，也可用于人力资源供给预测。这种方法具有方便、可信的优点，并且在资料不完备、用其他方法难以完成的情况下能够成功进行预测。关于德尔菲法的具体过程，可参见人力资源需求预测部分。

（2）替换单法。

替换单法又叫作替换图法、接续计划法或人员接替法。该方法是根据组织人力资源的现状分布及对员工潜力评估的情况，对组织实现人力资源供给和接替。在组织现有人员分布状况、未来理想人员分布和流失率已知的条件下，由空缺的待补充职位的晋升量和人员补充量即可知人力资源供给量。这种方法主要适用于组织中管理人员的供给预测工作。组织内部的人员调动必然会使管理层职位出现空缺，而对管理层空缺职位的补充往往都是从下一级员工中提拔的。因此，在职位空缺前用替换单法制订出人员接续计划，就起到了未雨绸缪的作用。很多国外大型企业都是采用这种人力资源供给预测方法的。替换单法最早应用于人力资源供给预测，后来也应用于人力资源需求预测。

应用此方法时，首先要确定需要接续的职位；其次要确定可能接替的人选，并对这些人选进行评估，判断其是否达到提升要求；最后要根据评估结果，对接替的人选进行必要的培训。

2. 定量预测法

（1）马尔科夫模型。

马尔科夫模型是用来预测具有等时间间距（如一年）的时刻点上各类人员的分布状况，即运用历年数据推算出各个工作岗位汇总人员变动概率，找出过去人力资源变动的规律，从而推测出未来人员变动情况的一种方法。其基本假设是组织中员工流动方向与概率基本不变。马尔科夫模型实际上是通过建立一种转换概率矩阵，运用统计技术预测未来人力资源变化的一种方法，它在假设组织中员工流动的方向与概率基本保持不变的基础上，收集处理大量具体数据，找出组织内部过去人员流动的规律，从而推测未来组织中人力资源的变动趋势。具体步骤如图 2-4 所示。

第一步：根据历史数据推算出各类人员的转移率，计算转移概率的转移矩阵

↓

第二步：统计初始时刻点的各类人员的分布状况

↓

第三步：建立马尔柯夫模型，预测未来各类人员的供给情况

图 2-4　马尔科夫模型预测的具体步骤

这种方法目前广泛应用于组织的人力资源供给预测，可以为组织提供精确的数量信息，有利于组织做出有效决策。

举个例子，表 2-3 就是利用马尔科夫模型预测企业 A、B、C、D 四种工作的人员供给情况时所用到的矩阵。该矩阵左方是目前这四种工作各有多少人，通过中间的人员变动可能性矩阵，计算得到了矩阵的右方在将来某一时刻这四种工作各需要多少人的预测结果。

表 2-3　某企业的人力资源供给的马尔科夫矩阵

现在的雇佣人数（T—0 时期）	变动可能性矩阵（T—2 时期）						雇佣人数预测（T+1 时期）
			A（350 人）			D	
300		A	70%（245 人）		10%	—	300×70%+275×10%=238
150		B	20%（70 人）	%		—	300×20%+150×80%=180
275		C	—		%	—	275×60%=165
360	T—1 时期	D	—		%	90%	275×10%+360×90%=352
		离开	10%（35 人）	%	%	10%	离开组织人数：300×10%+150×20%+275×20%+360×10%=151

注：中间的变动矩阵是从过去的某一时期（T—2）到过去的另一时间（T—1）人员变动可能性的数据。

例如：对工作A来说，T－2时期A有350人，到了T－1时期，只有245人留在原岗位，70人提升到B，35人离开了组织。因此，可以计算出：

工作A留任率＝245÷350×100％＝70％

工作A提升率＝70÷350×100％＝20％

工作A离任率＝35÷350×100％＝10％

用同样的方法可以得到矩阵中其他的百分比。应当注意，这里计算的变动率只是从T－2时期到T－1时期的人员变动。在实际运用中，常常是分多个时期收集人员变动率数据，然后以它们的平均值作为人员变动率数值，用以预测未来的人员流动情况。这样可以使人员变动率更加准确可靠。

得到人员变动率后，就可以分别对这四种工作在T＋1时期的人员数做出预测了。

对A来说，T－0时期有300人，留下的人数为：300×70％＝210（人）。

由C到A的有：275×10％＝28（人）。

因此，预测T＋1时期A工作共有：210＋28＝238（人）。

很明显，和目前的300人相比少了62人。经过相似的计算，也可以得到其他工作在T＋1时期的预测人数。

（2）目标规划法。

目标规划法是一种容易理解的、具有高度适应性的预测方法。该方法指出员工在预定目标下为最大化其所得是如何进行分配的。目标规划法是一种多目标规划技术，其基本思想源于西蒙的目标满意概念，即每一个目标都是一个要达到的标靶或目标值，然后使距离这些目标的偏差最小化。当类似的目标同时存在时，决策者可确定一个应该采用的优先顺序。

上述四种人力资源供给预测方法各有优劣，使用德尔菲法和替换单法简单易行，但是预测结果具有强烈的主观性和模糊性，准确性较差。马尔科夫模型和目标规划法能够为组织提供精确的数据，准确性高，但是在运用时必须调配广泛的资源，以找到公式所需的全部参数，因此实时性较差。在实际应用中，组织可以根据自身规模的大小、周围环境的条件及规划预测重点的不同，赋予四种方法不同的权重，既可选择最适合自己的一种预测方法，也可将几种预测方法建立成一个组合系统进行预测。

（三）人力资源供给预测的程序

人力资源供给预测的程序如下：

（1）进行人力资源盘点，了解组织人力资源分布现状。根据组织的职务调整策略和历史员工的调整数据统计需要调整的员工比例。

（2）向各部门的人事主管了解可能出现的人事变动，包括员工自然流失和人员流动情况。

（3）将需要调整的人员比例及人事变动情况进行汇总，得出组织内部人力资源供给总量预测。

（4）分析影响外部人员人力资源供给的地域性因素，包括组织所在地域的人力资源整体现状、供求现状，组织本身能够为员工提供的薪酬、福利对人才的吸引程度。

（5）通过对影响组织外部人力资源供给地域性及全国性因素的分析预测组织外部人力资源供给总量。

（6）汇总组织内部及外部人力资源供给预测总量，得出组织的人力资源供给预测结果。

任务三　人力资源规划编制

在竞争日益激烈的今天，人力资源逐渐成为组织最富有竞争力的核心要素，人力资源部门在组织中的地位日益突出。其原因在于人力资源规划工作与组织战略发展目标的实现是联系在一起的，人力资源规划为组织发展目标的实现提供人力资源方面的保障。

微课

编制人力资源规划

一、人力资源规划编制的原则

（一）全面性

人力资源规划要全面地考虑公司各个部门人力资源情况及人力资源的发展、培训及需求等情况。

（二）客观公正性

制定人力资源规划时，要对各个部门的实际情况和人力资源情况进行客观、公正的评价和考量。

（三）协作性

制定人力资源规划需要各个部门密切配合，人力资源部要协调好各部门的关系和工作。

（四）发展性

组织在制定人力资源规划时要考虑长远的发展方向，以组织获得可持续发展的生命力为目标，协调好各方关系，为组织培养、再造所需人才。

（五）动态性

组织的人力资源规划并非一成不变。当组织的内外部环境发生变化时，组织的战略目标也会随之进行调整，这时人力资源规划也要相应地进行修改和完善，保持与组织整体发展状况的动态相适应。

二、人力资源规划编制的流程

（一）组织内外部环境信息收集分析阶段

组织内外部环境信息收集分析阶段的主要任务是调查、收集涉及组织战略决策和经营环境的各种必要信息，为下一步制定人力资源规划提供可靠的依据和支持。组织的内部环境包括企业结构、文化、员工储备等，组织的外部环境包括宏观环境、行业环境等。这一阶段要结合组织的战略目标对组织的内部环境进行分析，掌握产品结构、消费者结构、产品的市场占有率等组织自身因素，以及劳动力的市场结构、择业心理、相关政策等社会因素。

（二）组织人力资源存量及预测分析阶段

(1) 人力资源管理部门要采用科学的分析方法对组织现有的人力资源进行盘点，对组织中的各类人力资源数量、质量、结构、人力潜力及利用情况、流动比率进行统计，分析当前组织内部人力资源的利用情况，收集组织现有的职位信息。

(2) 结合组织内部环境状况，如组织内部的生产设施状况、技术水平、产品结构及产品的销售额和利润等各项经营活动，对组织未来的职位信息做出人力资源需求预测。根据职位的要求详细规定任职所必需的技能职责及评价绩效的标准。职位信息还要包括该职位的职业生涯道路在整个组织中所处的位置及该职位在组织中所能持续的时间，也就是组织需要该职位的时间。

(3) 制定人力资源供给分析预测，包括内部人力资源供给预测，即根据现有人力资源及可能的变动情况确定未来组织能供给的人员数量及质量，以及受地区性和全国性因素的影响，外部人力资源可能供给人员情况的预测。这一阶段的工作是整个人力资源规划能否成功的关键，为组织人力资源规划的制定提供了依据和保障。

（三）人力资源总体规划的制定与分析阶段

对人力资源进行需求预测和供给预测后，就可以制定人力资源总体规划了。

在前两个阶段的基础上，结合人力资源需求预测和供给预测的数据，对组织人力资源数量、质量和结构进行比较，便可以确定组织未来人力资源的剩余或缺口，然后再采取相应的措施进行调整，这就是组织的人力资源总体规划。人力资源的总体规划主要包括组织的人力资源规划目标、与人力资源有关的各项政策和策略、组织内外部人力资源需求与供给的预测及组织在规划期内人力资源的净需求等几个部分。

对人力资源供需进行比较后，如果出现供不应求的情况，就应当采取有效的措施和方法，弥补人力资源的不足。例如：制定调动员工积极性的方案挖掘员工的潜能，对员工采取培训、晋升、工作再设计等措施。如果出现了供大于求的情况，也要采取有力的措施避免加重组织的负担。例如：可扩大组织的业务量；对多余的员工进行再就业培训，帮助他们走上新的工作岗位；对员工进行培训，提高其素质、技能和知识水平；不再续签工作合同，让部分老员工提前退休及辞退；鼓励员工辞职等。如果出现的是人力资源供求相等的情况，则不需要采取重大的人力资源调整措施。该阶段的主要工作内容如图 2-5 所示。

（四）人力资源具体规划的制定阶段

这个阶段的工作任务是根据上一阶段所确定的人力资源净需求的情况，制订一系列有针对性的、具体的人力资源计划方案，包括人员招聘计划、人员流动调配计划、管理体制调整计划、员工素质提高计划、薪酬调整计划、员工退休解聘计划等，通过制订这些计划或方案并有效实施，可以保证组织未来的人力资源状况能够符合组织的战略发展需要。

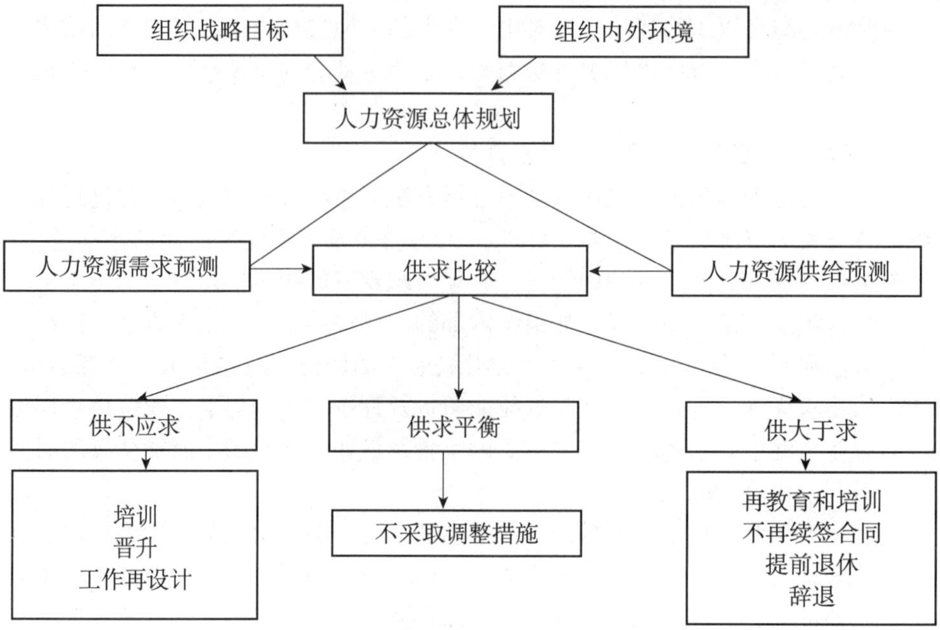

图 2-5 人力资源总体规划的制定与分析

（五）人力资源规划的控制与调整阶段

由于组织所处的环境是一个动态的环境，组织会随之不断修正战略目标，因此人力资源规划在实施过程中也就必须相应地进行变更或修订，各项具体的人力资源规划政策制定出来后要付诸实施，离不开组织内部的各个部门的通力合作。在实施过程中，要建立科学的评价和控制体系，客观、公正地对人力资源规划进行评估，广泛征求各个部门领导者的意见，根据评估结果及时反馈信息，对人力资源战略和规划做出适当的调整，不断完善整个组织的人力资源规划体系以适应环境的变化。

直通职场

某电气集团的人力资源规划

某电气集团（以下简称集团）经过多年的发展，规模不断壮大，经济总量持续攀升，综合实力明显增强，股东权益、职工收入、社会贡献协调增长，集团得到了长足发展，已经发展成以成套输配电、电能传输为主业，电力电子和自动化为辅业，集新能源、环保和船舶配套为一体的综合性企业集团。

集团人力资源管理工作原由党委办负责，管理中心于 2017 年 7 月成立，人力资源管理工作由管理中心下的人力资源部负责。人力资源部有三位工作人员，部长助理主要负责招聘、薪酬管理，一科员负责培训，另一科员负责社保与劳动关系。2020 年，集团意识到战略规划对未来发展的重要指导意义，委托某战略规划项目组为其制定 2020—2025 年战略规划。

该项目组在人力资源管理诊断的基础上，认为原人力资源管理存在三大核心问题：现有人员与企业发展所需人员相匹配问题，即人员结构性失衡，且缺乏预警机制；制度建立与管理执行相统一问题，即制度缺失，执行力弱；员工职业发展与企业发展相适应问题，即未关注员工与企业长远和谐的发展。针对这三大问题，该项目组为集团制定了三大人力资源规划，即人力资源获取规划，包括组织重构、人才库建立、招聘吸引；人力资源保留规划，包括绩效考核、薪酬管理；人力资源发展规划，包括职业生涯规划、培训与开发、长期激励。

人力资源规划的总目标是为整个集团的顺利运行及战略目标实现提供保障，提升人力资源利用效率，保证人力资本的持续增值，达到员工与企业共同和谐发展的最终目标。

任务四　人力资源数字化规划

人力资源规划制定完毕后，在实施人力资源规划的时候，就需要建立一个完善的人力资源数字化管理系统。有效的人力资源信息管理系统有利于组织更好地执行人力资源规划。

一、人力资源管理信息系统的概念

人力资源管理信息系统是指组织利用计算机和其他先进技术，融合科学的管理方法，对人力资源工作方面的信息进行处理，辅助人力资源管理人员完成信息管理、完善工作职能的应用系统，包括收集、保存、分析和报告。一个有效的人力资源管理信息系统应当能够提供及时、准确、完善的信息，这对于做出人力资源决策是非常关键的。

二、人力资源管理信息系统的作用

人力资源管理信息系统为组织提供了一个收集、存储和处理信息的平台，可以保证组织及时、有效地实现人力资源管理决策及组织的整体战略目标，其作用具体表现在以下两个方面。

（一）为组织建立人力资源数据中心

人力资源管理信息系统可以为组织建立系统的人事档案，由计算机程序来进行人事数据的保存、分析和计算工作；可以对组织的现有人力资源状况进行分析；可以对未来人力资源的需求状况进行预测，能够及时、准确地掌握组织内部员工数量、结构、人工成本、培训支出等相关信息，确保员工数据信息的真实完整性；可以在人事档案中对人力资源管理的某些概念进行说明，如晋升人选的确定、工作调动、教育培训、工作奖励计划、现有组织结构分析等；还可以及时地在网络上了解市场上人力资源的最新动向，对外发布组织所需人才及职位需求等信息，提高招聘效率，节省组织的人力、财力，有利于改善组织人力资源管理的效率，使组织的人力资源开发、管理工作更加科学有效。

（二）提高组织人力资源管理的水平，为组织高层管理者做出决策提供帮助

人力资源管理信息系统的建设必然会要求组织制定适合于本组织员工的绩效考核、薪酬和福利管理等一系列指标，使组织的人力资源计划和控制管理定量化。该系统所提供的数据能够为组织的管理者进行管理决策时提供准确、可信的数据，使组织的人力资源管理工作更加科学、规范。

总之，建立人力资源管理信息系统是人力资源管理中的一项基础工作，它能提供详尽的人力资源信息和资料、备选方案，并对方案进行优化和判断，从而提高决策者的决策能力，使组织的决策和管理更加科学。

三、人力资源管理信息系统的建立

建立人力资源管理信息系统的流程具体包括以下四个步骤：

（1）建立组织的人力资源管理信息平台，通过计算机和网络技术构建组织的人力资源信息数据库，配备所需的各种硬件设备和软件设备。

（2）建立人力资源收集、保存、分析、报告等各个子系统，确定每个子系统的具体方法。

（3）将收集来的各种信息输入人力资源数据库，并进行分类。

（4）运用人力资源管理信息系统和数据库进行各项人力资源规划工作，对组织的人力资源状况进行准确判断和预测。

岗证融通：职业技能训练

训练目标

学会建立人力资源需求预测表。

训练内容

分若干学习小组，每组 5～6 人，根据所学知识，以某企业人力资源的需求预测为例，进行小组调研讨论，完成表 2-4、表 2-5 的填写。

训练评价

（1）对人力资源需求预测方法的掌握情况。（40 分）

（2）小组讨论表 2-4 和表 2-5 具体内容并填写。（60 分）

（3）教师进行考核评价（见表 2-6）。

表 2-4　现实人力资源需求预测表

日期：　　年　月　日

部门	目前编制	人员配置情况			人员需求	备注
		超编	缺编	不符合岗位要求		
总经理办公室						
财务部						
市场拓展部						
运营部						
工程部						
人力资源部						
行政部						
项目中心						
合计						

表 2-5　企业人力资源需求预测表

日期：　　年　月　日

职系	当年		第二年		第三年	
管理职系	现实人数		期初人数		期初人数	
	现实需求		需增加岗位和人数		需增加岗位和人数	
	总需求		流失人数预测		流失人数预测	
			总需求		总需求	
项目职系	现实人数		期初人数		期初人数	
	现实需求		需增加岗位和人数		需增加岗位和人数	
	总需求		流失人数预测		流失人数预测	
			总需求		总需求	
技术职系	现实人数		期初人数		期初人数	
	现实需求		需增加岗位和人数		需增加岗位和人数	
	总需求		流失人数预测		流失人数预测	
			总需求		总需求	
总计	现实人数		期初人数		期初人数	
	现实需求		需增加岗位和人数		需增加岗位和人数	
	总需求		流失人数预测		流失人数预测	
			总需求		总需求	

表 2-6 考核评价

评价指标	指标描述	权重	具体评价				评价得分	权重得分
			优秀 90～100 分	良好 80～89 分	一般 70～79 分	较差 60～69 分		
完成度	考查训练任务完成情况是否符合训练要求	40%	按照训练要求及标准完成人力资源预测表，汇报展示全面	基本上按照训练要求及标准完成人力资源预测表，汇报展示基本全面	基本上按照训练要求及标准完成人力资源预测表，个别数据存在错误，汇报展示不全面	未能按照训练要求及标准完成人力资源预测表，数据存在明显错误，汇报展示不全面		
团队配合	考查团队合作能力	30%	团队成员积极参与训练任务，分工协作，配合默契	团队成员基本上都能积极参与训练任务，分工协作，配合默契	部分成员参与训练任务，有分工，配合较默契	部分成员参与训练任务不深入，分工不明确，配合不默契		
语言表达和礼仪	考查语言表达能力和汇报的礼貌礼仪	30%	普通话标准，声音洪亮，表达流利，富有情感，语言精练，使用文明用语	普通话较标准，声音洪亮，表达流利，条理基本清楚，使用文明用语	讲普通话，表达基本流利，使用文明用语，表现逊色	不讲普通话，陈述卡顿严重，没有使用文明用语		
评分合计								

项目三
组织文化管理

学习目标

知识目标

1. 理解组织文化的含义、类型。
2. 了解组织文化理论的产生与发展以及组织文化的结构与功能。
3. 掌握组织文化的形成、维系与传承过程，明了组织文化的变革。

能力目标

1. 能够增强对组织文化的认同感，理解和认同组织的文化价值观。
2. 能够培养组织内的文化创新能力，能够在面对外部和内部环境变化时主动寻求和实施变革，以适应新的挑战和机遇。

素养目标

1. 学习正确的人生观、价值观、人才观，不断提升专业素养、思想素养和道德品质。
2. 培养积极向上、爱岗敬业、乐于奉献、诚信守法的价值取向，有较强的社会责任感和良好的职业道德。

学习导图

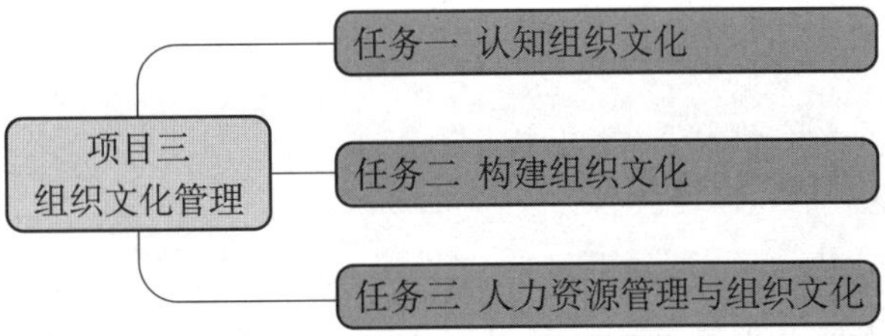

案例导入

华为：专注的攻城者

华为于1987年在中国深圳正式注册成立。短短几十年，华为已经成长发展为全球领先的信息与通信技术（ICT）解决方案供应商。华为专注于ICT领域，坚持稳健经营、持续创新、开放合作，在电信运营商、企业、终端和云计算等领域构筑了端到端的解决方案优势，为运营商客户、企业客户和消费者提供有竞争力的ICT解决方案、产品和服务，并致力于研究未来信息社会，构建更美好的全联接世界。

华为能有今天的骄人成绩与其独特的企业文化密不可分。什么是华为的企业文化？简要来说主要体现在四个方面：一是民族文化、政治文化企业化。华为把中国共产党的最低纲领分解为可操作的标准，来约束和发展企业中高层管理者，以中高层管理者的行为带动全体员工进步。在号召员工向雷锋、焦裕禄学习的同时，奉行绝不让“雷锋”吃亏的原则，坚持以物质文明来形成千百个“雷锋”成长且源远流长的政策。二是双重利益驱动。坚持为祖国昌盛、为民族振兴、为家庭幸福而努力奋斗的双重利益驱动原则。三是同甘共苦，荣辱与共。团结协作、集体奋斗是华为企业文化之魂。成功是集体努力的结果，失败是集体的责任，不将成绩归于个人，也不把失败视为个人的责任；一律同甘苦，除工作上的差异外，华为人在工作和生活中上下平等，不平等的部分用工资形式体现。四是《华为基本法》所总结的七条核心价值观。因此，人们把华为的企业文化总结为四个特点：一是远大的追求、求实的作风；二是尊重个性、集体奋斗；三是结成利益共同体；四是公平竞争、合理分配。

分析提示

企业文化被称作第二只“看不见的手”，成为许多企业走向成功的强大动力和制胜法宝。经济全球化、知识经济和可持续发展，已经成为当今人类社会发展的三大主题。随着人类观念、时代背景的变化和以信息化为基础的新经济的产生，企业文化也在发生着潜移默化的变化。无论是基本的价值观念，还是具体的行为准则，新经济时代的企业都在很大程度上不同于以往工业经济中的传统企业。

任务一　认知组织文化

一、组织文化的含义与类型

（一）组织文化的含义

组织文化形式多样、内涵丰富，学界迄今尚未对组织文化的界定达成共识，组织文化的概念呈现多元化的态势。其中，影响比较大的观点有以下几种。

埃德加·沙因认为，组织文化是一个特定的组织在处理外部适应和内部整合问题中所学习到的，由组织自身所发明和创造并且发展起来的一些基本的假定类型。他认为组织的价值观、共享的信念、团体规范都是组织文化的反映而不是其实质。组织文化的本质是一个团体的成员共同拥有的更深层次的基本假设，这些假设被人们认为是理所当然的，且无意识地发挥着作用，价值观只是文化的表现形式。

斯蒂芬·P. 罗宾斯认为，组织文化是组织成员所共有的一套意义共享的体系，使组织独具特色，区别于其他组织，包含以下维度：关注细节、成果导向、员工导向、团队导向、进取性、稳定性以及对创新和风险的承受力等。

特伦斯·迪尔和艾伦·肯尼迪在《企业文化：现代企业的精神支柱》一书中将组织文化描述成一种集意义、信仰、价值观、核心价值观于一体的存在，是一个企业所信奉的价值观。

威廉·大内指出，企业文化是企业传统、风气以及价值观的综合体现，意味着一个企业的价值观，诸如进取、保守或灵活，构成了企业员工的活动、意见和行为的规范，同时也是指导企业制定员工或顾客政策的宗旨。

中国的许多学者认为，组织文化应有广义与狭义之分。就广义而言，组织文化是组织中物质文化和精神文化的总和；从狭义上讲，组织文化是组织所创造的精神财富，包括组织传统、价值观、组织精神、道德规范、行为准则等，其中价值观是组织文化的核心。

综上所述，组织文化是一个组织在长期的生产经营中形成的独特的价值观念、道德规范、风俗、传统、习俗及与此相联系的生产观念的总和及其在组织活动中的外在表现。组织文化应包含以下三个要点：

第一，组织文化的内容及形式非常丰富，其核心是价值观。

第二，组织文化使一个组织独具特色，区别于其他组织，但同时为组织的多数成员所共同认可。

第三，组织文化是一个组织在长期的生存和发展过程中沉淀下来的，一旦形成便不容易发生变化，具有很强的稳定性。

（二）组织文化的类型

按照不同的分类标准，组织文化可以划分为两类四种不同的文化类型：主文化与亚文化，强文化与弱文化。

1. 主文化与亚文化

主文化是指一个组织中为绝大多数地域、部门和员工所认同的价值观和行为方式。当我们谈到组织文化时，一般就是指组织文化的主文化。正是这种宏观层面的主文化使组织具有独特的个性。

亚文化是指某些特定地域、部门或群体的员工所共同发展并认同的、反映群体特色的价值观和行为方式。不同地域、部门或群体的员工可能会发展出不同的亚文化。

在组织中，主文化与亚文化有着各自产生和发展的轨迹，二者之间存在相互依存和相互制约的关系。组织内的亚文化本身就是主文化的一个部分，它在主文化中孕育和成长，在遗传主文化特质的同时又不断变异，而主文化总是力图遏制亚文化的变异趋势，因此主文化和亚文化的冲突就变得不可避免。冲突的结果不外乎融合、并存与取代三种情形。

2. 强文化与弱文化

虽然所有的组织都有自己的文化，但是并非所有的文化对组织成员都产生同等程度的影响。按照组织文化对其成员影响力的大小，组织文化可分为强文化和弱文化。

强文化是指组织的核心价值观为组织成员强烈认同并广泛共享的文化，组织成员的活动受核心价值观的指导并围绕它进行。一般来说，接受组织的核心价值观的成员越多，对核心价值观的信念就越坚定，组织的文化就越强。相反，弱文化的一个明显特征就是处于这种文化中的组织成员分不清楚什么是重要的、什么是不重要的，因而不能就什么是核心价值观取得一致的意见。

对于同一个组织来说，强文化和弱文化是可以并存的。强文化会对员工的行为产生巨大影响，因为这种高度的认同感会在组织内部创造一种有力的行为控制气氛，使组织成员对组织目标及运作方式取得高度一致的看法，从而在组织中造就高度的内聚力、忠诚感和组织承诺。如果一个组织表现出弱文化的特征，组织成员就无法达到行动一致。20 世纪 90 年代初，把组织文化划分为强文化和弱文化的观点日趋流行。这种观点认为，强文化对组织成员行为的影响更大，并与降低组织成员的流动率有着更直接的联系，而且越来越多的证据表明，强文化与组织的绩效是紧密关联的。

二、组织文化理论的产生与发展

组织文化理论始于美国的管理学者对日本企业管理实践的总结和研究，并通过对美日两国的企业管理模式进行比较，得出了一系列有关组织文化理论和实践的研究成果。

1979 年，佩蒂格鲁在《关于组织文化研究》中正式提出“组织文化”的概念。它犹如一根导火索，引燃了组织心理学有史以来影响最广泛的一场“运动”。随后连续出版的几本著作——日裔美国学者威廉·大内的《Z 理论》(1981)、理查德·帕斯卡尔和安东尼·阿索斯的《日本企业管理艺术》(1981)、特伦斯·迪尔和艾伦·肯尼迪的《企业文化：企业生活中的礼仪与仪式》(1982)、汤姆·彼得斯和罗伯特·沃特曼的《追求卓越》(1982)，奏响了这场“运动”的最强音，被称为组织文化的新潮四重奏。

自 20 世纪 90 年代以来，随着科学技术特别是信息技术的不断发展，以及经济全球化的日益发展，组织文化理论得到进一步发展。这主要体现为：(1) 知识型组织文化的发展。由于组织的竞争优势越来越依赖于知识及知识管理，而且知识型员工的比例不断增加，因此需要改变僵化的、缺乏生气的组织氛围，进而形成一种与知识型员工特征相一致的新兴的知识型文化。这种文化以鼓励学习、创新、信任和自主为核心，通过培育员工价值观和建立心理契约来凝聚人心，激发知识型员工的士气和潜能。(2) 跨文化或多元化的发展。随着网络组织和虚拟组织等战略性动态联盟日益增多，在国外直接投资的跨国公司 (Multinational Corporations，MNC)、合资公司和外商独资公司等的不断发展，以及企业间的兼并日益频繁，跨文化或多元化管理成为组织文化理论发展的又一重点。

总之，组织文化研究从最初的比较研究及经验总结阶段，发展到现在的理论创新阶段，研究领域更加广泛、逻辑性更加严密、学术色彩更加浓厚、成果更加丰富与成熟。组织文化管理因此被一些学者认为是继经验管理与科学管理之后的管理学发展的又一新阶段。

三、组织文化的结构

关于组织文化的结构，国内外学者提出了许多观点，但最经典的是组织文化结构二层次论（冰山模型）、沙因的组织文化结构三层次论（睡莲模型）以及在此基础上形成的国内目前认可度较高的组织文化的四层次结构。

（一）冰山模型

组织文化研究者将组织文化比喻为大海中的冰山。如图 3－1 所示，冰山模型将组织文化分为显现的、可以观察到的层次和隐藏的、无法观察到的层次，这两个层次各自的内涵如下。

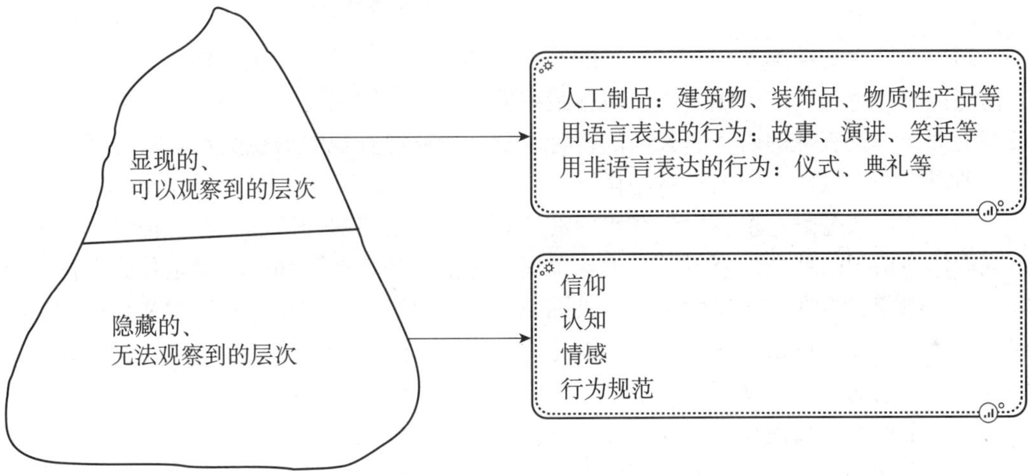

图 3－1 冰山模型

1. 显现的、可以观察到的层次

这一层被喻为显现出来的冰山一角，它位于总体文化的表层，主要包括团体的人工制品（如建筑物、装饰品、物质性产品等）、用语言表达的行为（如故事、演讲及笑话等）、用非语言表达的行为（如仪式、典礼等）。这些可观察到的文化符号都是文化基本假设的展现或表达工具，而非文化实体本身的构成要素。

2. 隐藏的、无法观察到的层次

这一层是指那些位于底层的基本假设，它是组织文化的本质，如信仰、认知、情感和行为规范等。这些基本假设虽然是文化的真正内容，但它们是为人们所默许且无法被直接观察到的。

（二）睡莲模型

沙因将组织文化分为三个层次，也就是“睡莲模型”，如图 3－2 所示。

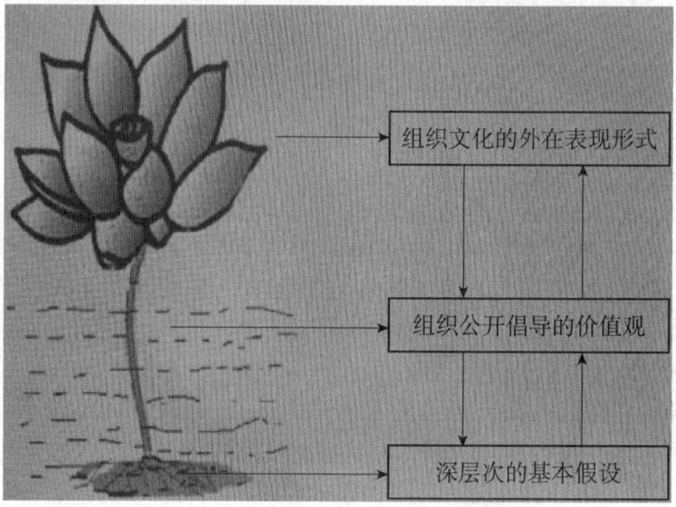

图 3-2　组织文化结构的睡莲模型

第一个层次如同睡莲浮在水面上的花朵和莲叶。它是组织文化的外在表现形式，是人们能接触和感知到的组织文化，包括组织的结构和各种制度、程序等。它通过组织成员的书面或口头表达的语言、公开的行为、物品摆放等直观的信息交流表现出来，人们可以通过它们形成对组织最直接的认识。

第二个层次是睡莲垂直生长在水中的枝和梗。它是组织公开倡导的价值观，这些价值观渗透在组织的使命、愿景、行为规范里，并把“是什么”和“应当是什么”区分开来。它是组织成员在生产经营活动、人际交往活动中产生的文化，是组织文化的中间连接层次，人们或许可以透过“水面”看见这一层次，但它始终是模糊的，也是容易被忽视的部分，它的健康程度直接关系到上一层次和下一层次之间的传递。

第三个层次是睡莲扎在土壤中的根系。它包括各种被视为理所当然的、下意识的信念、观念和知觉，是对某一特定情境中适宜行为与反应的无意识的基本假设。它是最深层次的，虽然不为人们所关注，却是组织文化中最重要的基础。这种潜在的、实际上对人的行为起指导作用的假设，告诉群体成员应怎样观察、思考和感受事物。作为“根系”，它为组织文化提供了源源不断的营养和牢固的支持。

如同水面上的花朵和枝叶、水中的枝和梗以及根系构成睡莲这一有机体一样，这三个层面的要素经过整合，形成了有机统一的组织文化。

（三）四层次结构

目前，国内被广泛接受和引用的是组织文化的四层次结构，即潜层（精神层）、中间层（制度层）、幔层（行为层）和显现层（物质层），如图 3-3 所示。

1. 潜层（精神层）

潜层（精神层）主要是指组织的领导和员工共同信守的基本信念、价值标准、职业道德及精神风貌等，是组织文化的核心和灵魂，也是形成组织文化制度层和行为层的基础。组织文化中有没有精神层是衡量一个组织是否形成了自己的组织文化的主要标志和标准。它主要包括组织经营哲学、组织精神、组织风气以及组织目标等。

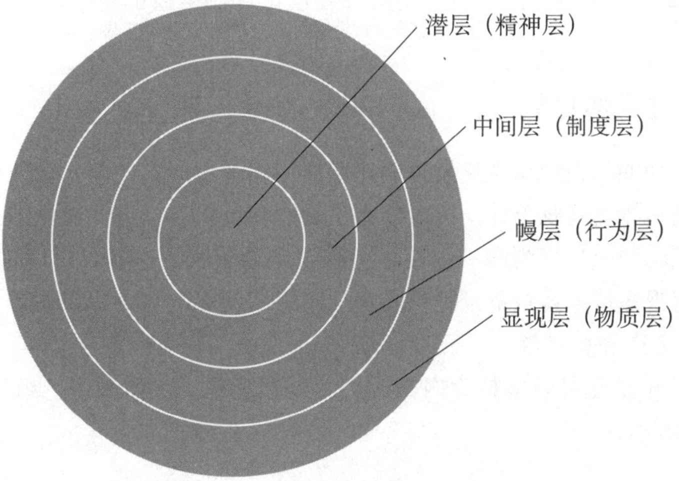

图 3-3　组织文化的四层次结构

2. 中间层（制度层）

中间层（制度层）主要是指对组织和成员的行为产生规范性、约束性影响的部分，是具有组织特色的各种规章制度、道德规范和员工行为准则的总和。它集中体现了组织文化的物质层和精神层对组织及成员行为的要求。制度层规定了组织成员在共同的生产经营活动中应当遵守的行为准则，主要包括组织的领导体制、组织机构和管理制度三个方面。

3. 幔层（行为层）

幔层（行为层）是组织中员工在生产经营、学习娱乐等活动过程中产生的文化。它包括组织经营活动、公共关系活动、人际关系活动、文娱体育活动中产生的文化现象。组织行为文化是组织精神、价值观的动态体现。从组织行为的主体来划分，组织行为又可分为领导者行为、英雄人物行为和员工行为。

4. 显现层（物质层）

显现层（物质层）是一种组织创造的以物质形态为主要研究对象的表层组织文化，是形成组织文化精神层和制度层的条件。它主要包括以下五个方面：

（1）组织名称、标识、标准字、标准色。

（2）组织外貌，如自然环境、建筑风格、办公室等场所的设计和布置方式、绿化美化情况、环境的治理等。

（3）组织的徽、旗、歌、服、花。

（4）组织纪念品。

（5）组织的文化传播网络，如自办的报刊、有线广播、闭路电视、计算机网络、宣传栏（宣传册）、广告牌及招贴画等。

组织文化的四个层次是紧密联系的。物质层是组织文化的外在表现和载体，是制度层和精神层的物质基础；行为层是组织文化的浅层，是精神层的动态体现和折射，同时又受制度层和物质层的影响和制约；制度层是中介层，集中体现了组织文化对员工和组织行为的要求，约束和规范着物质层及精神层的建设，没有严格的规章制度，组织文化建设就无从谈起；精神层是核心层，是形成物质层和制度层的思想基础，也是组织文化的核心和灵魂。

四、组织文化的功能

组织文化的功能是指组织文化发挥的作用对组织的生产、经营、管理等活动产生的影响。组织文化的功能具有双重性，可以分为正功能和负功能。组织文化的正功能能够提高组织承诺，增强组织成员行为的一致性，引导组织的成长、进步，进而提升组织的效能。但同时也不能忽视在特定背景下，组织文化会对组织发展产生束缚和限制等负面效应。

（一）组织文化的正功能

组织文化的正功能可以概括为内塑成员、外塑形象。具体来说，组织文化具有以下五个方面的正功能：

1. 导向功能

组织文化能对组织整体和组织的每个成员的价值取向和行为取向起引导作用。通过外显的层面（如企业的文化设施、技术教育和娱乐培训等）和内隐的层面（如组织的价值标准、道德规范、行为准则和生活观念等），组织文化可以使组织成员的思想、价值观、行为与组织的目标保持一致，从而确保组织目标的实现。正因为如此，许多组织都通过文化的导向功能来塑造新进成员的行为。

2. 凝聚功能

组织文化是一种黏合剂，它通过为组织成员提供言行举止的恰当标准，把整个组织聚合起来。组织文化把成员的个人目标融入组织的目标，通过共享的价值观、行为准则和道德规范使成员固守在组织之内，并紧密地联系在一起。一旦组织成员对组织产生了强烈的认同感，组织就成为一个具有共同的价值观念、精神状态和理想追求的统一体。此时的成员会更加忠诚，组织也具有更强的凝聚力和向心力。组织文化的凝聚功能还反映在组织文化的排他性上。对外排斥可以使个体凝聚在群体中，形成命运共同体。

3. 约束功能

组织文化对组织成员的思想、心理和行为具有约束和规范作用。组织文化的约束不是一种制度化的硬约束，而是一种软约束，这种约束产生于组织的文化氛围、群体行为准则和道德规范。无形的、非正式的、非强制性的行为准则会对员工形成强大的心理约束，使员工进行自我控制，这种无形约束比有形约束的力量更强大。组织可以发挥文化的这一功能来减少那些起消极作用的“破坏分子”，从而维持组织的良好秩序。

4. 激励功能

组织文化的激励功能，是指通过以人为中心的“软性”管理，强调尊重人、相信人，发挥情感因素在企业管理中的作用，最大限度地开发人的潜能，激发组织成员的积极性和创造性。传统的激励方法本质上是依靠外在的强制力量，组织文化的激励则会使员工从内心深处自觉产生献身精神。经营大师松下幸之助曾经说，真正激励人们百分百投入的动力，不是金钱等组织提供的外部条件，使人们忘记痛苦不断前行的，是其内在的组织信仰。组织可以发挥文化的这一功能，促使适当的组织成员充当“活性因子”，以增强组织的活力。

5. 辐射功能

组织文化塑造着组织的形象，良好的组织形象是组织成功的重要条件和标志。组织形象包括两个方面：一是内部形象，它可以激发员工对本组织的自豪感、责任感和崇尚心理；二是外部形象，它能够更深刻地反映该组织文化的特点及内涵。所以，组织文化的建立和组织形象的树立，除了对本组织产生很大影响，还对社会公众、本地区乃至国内外组织产生一定的影响，在提高组织知名度的同时，还会构成社会文化的一部分，如可口可乐、麦当劳已经成为美国生活方式和美国文化的象征，全聚德、同仁堂则成了中国民族文化的一部分。因此，组织文化具有强大的辐射功能。

直通职场

海尔集团组织文化

海尔集团是世界第四大白色家电制造商，也是中国电子信息百强企业之首，旗下拥有 240 多家法人单位，在全球 30 多个国家建立了本土化的设计中心、制造基地和贸易公司。全球员工总数超过 5 万人，重点发展科技、工业、贸易、金融四大支柱产业。2023 年，海尔集团全球营业额为 3 718 亿元。然而在 40 年前，海尔还是一个名不见经传的小厂。海尔靠什么取得了如此辉煌的成绩呢？最重要的是海尔优秀的组织文化。海尔文化具有移山填海般的魔力，被海尔兼并的企业能起死回生，主要不是靠资金和设备，而是靠海尔文化。

（二）组织文化的负功能

组织文化在一定条件下存在消极影响，即它可能成为组织变革和发展的潜在障碍，主要体现在以下三个方面：

1. 变革的障碍

许多强势文化促成了企业的成功，但当环境发生变化、组织需要变革时，既有的组织文化就可能产生观念的惰性，阻碍变革的实施。当组织的共同价值观和进一步提高组织效率的要求不相协调的时候，这种组织文化就成了组织的束缚。当组织处于一个变动相当剧烈的环境中时，很可能出现这样的情况：以往成功的经验就是现在通往成功道路上的障碍。

2. 多样化的障碍

对于较大的组织，尤其是跨国企业，管理者希望保持组织文化上的多元化以适应外部环境的多样化。这时候，强调观念、行为规范等一致的强文化就会对员工施加较大的压力，在它的作用下，员工的适应及趋同行为可能会使其丧失多样化。

3. 兼并和收购的障碍

近年来，收购者在进行企业兼并时已经越来越多地考虑组织间文化的相容性。如戴姆勒奔驰公司和克莱斯勒公司合并后，由于两家公司文化的兼容性差，存在较大的差异和抵触，因此合并的结果是克莱斯勒公司的市值下降，市场份额减少，从最盈利的汽车公司变成输家。

任务二　构建组织文化

微课

中华优秀传统文化代代相传——谈人力资源管理与企业文化

一、组织文化的形成

日本学者河野丰弘经过对 100 家公司的问卷调查，提出了组织文化形成的过程，如图 3－4 所示。他认为，组织创始人的经营理念是组织文化的构成要素、指导原则，也是必备的核心文化。同时，组织的人力资源政策、经营策略也会对组织文化的形成产生重要的影响。组织文化通常是在一定的生产经营环境中，为适应和促进组织的生存和发展，由少数人倡导和实践，经过较长时间的传播和规范整合而形成的。

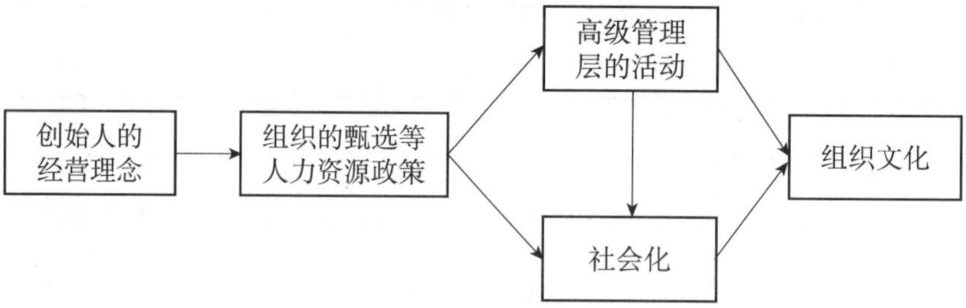

图 3－4　组织文化形成的过程

（一）创始人

组织文化通常开始于创始人。因为组织发展之初，人数尚少，其创始人拥有最大的影响力。创始人主要通过以下三种途径影响组织文化的形成。

（1）创始人仅仅聘用和留住那些与自己的想法和感受一致的成员。

（2）创始人对成员的思维方式和感受方式进行灌输和社会化。

（3）创始人把自己的行为作为角色榜样，鼓励成员认同这些信念、价值观和假设，并将其进一步内化为他们的想法和感受。

通过这三种途径，组织的早期成员耳濡目染，认同并接纳了创始人的信念和想法，后来陆续进入的成员，或是迎合创始人的想法，或是因意见不合而陆续离开。于是组织中处处可见创始人的个人影响力，创始人的整个人格特点也就根植于组织文化之中。

（二）制度化

组织文化的制度化，是将组织先进的价值观和经营理念等转变为具有可操作性的管理制度的过程。也就是组织根据自身的发展需要，以组织文化为指导，不断修正和完善管理制度，以不断创新的管理制度来保证组织文化的践行。

制度化是组织文化形成的一个不可或缺的步骤，而且是较深层次的步骤，它是组织文化形成的前奏。这是因为组织在进行文化建设的过程中，必然会产生一系列的文化成果，如质量文化、服务文化等，这些成果需要以制度的方式巩固下来，而且组织创始人的价值观和信念需要通过制度化的过程传承得更久远，也更易为组织成员所接受并内化。

当组织文化开始制度化，组织本身就有了生命力，它可以独立于组织的创建者和任何组织成员之外。在经历了持久的制度化后，组织文化就有了恒久性，通用电气、IBM、索尼和柯达等历史悠久的大公司大多如此。

（三）从制度到习惯

组织文化形成的关键在于让文化经历从理念到行动、从抽象到具体、从口头到书面的过程，得到组织成员的理解和认同，并转化为组织成员的日常工作行为，形成组织成员的习惯。对于组织高层管理者来说，能否让员工认同组织文化，并转化为自己的工作行为，是组织文化成败的关键。

要使组织文化转化为组织成员的习惯，使之自觉遵守，可从以下四个方面着手：

1. 对组织成员进行培训，让他们认识和接受组织文化

通过专门的培训，让组织成员知道什么是组织文化、组织文化有什么作用、组织为何及如何实施文化塑造与变革、新的组织文化对员工有什么新要求，认识组织现有文化状态与目标文化的差距。

2. 组织高层领导者信守组织的价值信念，并身体力行

组织的高层领导者既是组织文化的塑造者，又是破坏者。高层领导者的一言一行都对组织文化的形成起着重要的作用。要使组织成员相信并愿意去实践组织文化，高层领导者必须身体力行。

3. 树立榜样典型引导

发挥榜样的作用是建设组织文化的一种重要而有效的方法。把组织中那些最能体现组织文化中核心价值观念的个人和集体树为典型，进行宣传并采取适当的激励方法，有利于优秀组织文化的形成和发展。

> **微课**
>
> 人本管理在企业管理中的应用

4. 让员工参与组织文化建设

一方面，组织要广泛征求员工的意见，让员工认同组织文化，这样才能让他们参与进来，共同探讨组织文化；另一方面，组织要把理念转化为行动，与员工的日常工作结合起来，进而内化为日常的工作行为习惯。

二、组织文化的维系与传承

组织文化不是在某一时刻产生的，而是组织在长期的经营和管理中连续维系和传承的产物。在维系和传承的过程中，组织文化的精髓得到沉淀，形成组织所独有的鲜明的文化传统；同时，原有文化中不合时宜的成分被抛弃以及新的适应环境的文化成分的增

加也使组织文化本身变得更加丰满。

（一）组织文化的维系

组织文化建立之后，组织内部就可以通过一些管理措施，如向员工提供一系列相似的经历来维系组织文化。组织也可以采取一些策略使聘用的员工与组织文化相适应，对那些支持和拥护组织文化的员工给予奖励，而对那些反对组织文化的员工进行惩罚，从而强化组织文化。在组织文化的维系过程中，以下三个方面起到重要作用：

1. 甄选

甄选是指选拔适合组织工作的人并加以聘用。在甄选的过程中，组织决策者会努力使所聘用的成员与组织的需要相匹配，这其中包括所聘用成员的价值观与组织价值观基本一致，或至少与组织价值观的大部分相一致。那些可能对组织的核心价值观构成威胁的候选人员很难被组织录用。

甄选的过程也为应聘者提供了一些组织的信息，当应聘者发现自己的价值观与招聘方的组织价值观存在冲突时，他们也会自动退出候选人之列。可见，甄选是一种双向选择的过程，可以筛选掉那些可能对组织的价值观构成攻击和威胁的人，从而起到维系组织文化的作用。

2. 最高管理层的活动

组织高层管理人员的言行举止对组织文化的维系也会产生重要的影响。他们的模范行为是一种无声的号召，对员工起着重要的示范作用。因此，要维护组织的共同价值观，高层管理人员应该率先垂范，首先使自己成为这种价值观的化身，在平时的具体工作中体现出组织的价值观及所倡导的精神风貌。

3. 社会化

就组织录用的新成员而言，为了防止他们干扰组织已有的观念和习惯，组织要帮助新成员适应组织文化，这种适应过程称为成员的社会化。在这个过程中，最关键的阶段是新成员刚刚进入组织的时期，组织会努力把外来者塑造成符合组织要求的合格的成员。那些不服从者或反叛者往往很难在组织里生存或发展。通过社会化，新成员能够适应组织文化的要求，组织也能达到维系组织文化的目的。

新成员的社会化过程包括三个阶段，即原有状态阶段、碰撞阶段和调整阶段。为了使新成员能够通过社会化过程更好地学习和认同组织文化，并获得在组织中活动所必需的行为、态度、知识和技能，组织会主动设计、建立和实施特定的社会化新成员的策略。

（二）组织文化的传承

1. 组织对文化的灌输和强化

（1）树立模范或英雄人物，进行典型引导。

通过这种方法，组织成员可以准确把握和了解组织文化高度抽象概括的结果，实现组织文化的人格化、直观化。特伦斯·迪尔和艾伦·肯尼迪在《企业文化——现代企业的精神支柱》一书中将英雄楷模作为组织文化的构成要素之一，他们认为没有英雄的文化是难以维系和传承的。把组织中最能体现组织所尊崇的核心价值观念的个人和集体树为典型，进行宣传、表彰，并加以适当的激励，有利于组织文化的传承。如大庆油田对王进喜的宣传，使得“铁人精神”在大庆一直传承至今。

（2）对组织文化进行反复宣传和强化。

组织文化是坚持宣传、不断实践和强化的结果。组织文化实质上是一个以新的思想观念及行为战胜旧的思想观念及行为的过程，因此，新的思想观念必须经过广泛宣传、反复灌输才能逐步被员工接受。例如：日本经过几十年的宣传灌输，终于形成了企业员工乃至全民族的危机意识和拼命竞争的精神。

（3）通过组织领导者的示范进行强化。

组织领导者的意识、行为、工作作风以及要求本身就代表着他们对组织文化的领悟。组织领导者的言传身教是一种很好的组织文化传承方式。

（4）健全规章制度，规范组织行为。

组织应制定相应的行为规范和管理制度，在实践中不断强化，努力转变员工的思想观念及行为模式，建立起新的组织文化。

（5）对组织成员进行教育和培训。

加强培训，不断提高企业员工的基本素质，是传承组织文化的基本保证。例如：要求每一个从事新职位工作的年轻人，都必须首先接受职业道德、经营思想、集体意识、自我修养的集训，进行语言、待人接物的礼节教育，考试合格后才能上岗工作。

（6）设计仪式，组织群体活动。

优秀的组织文化中必然有一些特殊的仪式，这些仪式表达和强化了组织文化中的核心价值观。组织可以通过一些恰当的仪式或群体活动加深组织成员对组织核心价值观的理解和认同，从而实现组织文化的传承。

2. 成员对组织文化的学习

组织文化需要组织的成员进行传承，组织成员可以通过以下途径来学习和领悟组织文化。

（1）故事。

故事大多是与组织的创业者、重大经营事件联系在一起的。适当的故事表达可以起到一般空洞的思想工作无法替代的作用，同时也可以为组织的有关措施贯彻提供一定的解释和支持。而且，故事使公司的基本价值保持长久活力，为全体员工提供了一种共享的理念。

（2）仪式。

仪式是一系列活动的重复，能够表达并强化组织的核心价值观。仪式的作用是告诉每个人，什么目标最重要、哪些人最重要、哪些人无足轻重。许多公司都有自己的仪式，并以此强化组织成员对组织文化的理解。例如：台塑集团董事长王永庆每年在集团企业员工运动大会上，都带领主管们做长距离的跑步，他所示范的是一种平民的、刻苦的运动，强烈地表达了作为工业人的心态和行事风格。

（3）物质象征。

物质象征如公司的布局、高级管理者的额外津贴、员工的衣着以及办公室的大小等，向组织的成员传递这样的信息：谁是组织的重要人物、高级管理者期望得到什么程度上的公平以及哪些行为是适当的。在某种意义上，仪式、典礼和故事也是一种象征，象征着组织更深刻的价值观。物质象征很有力量，它使组织成员注意到某些具体的事物、行为及其意义。例如：加州大学伯克利分校给获得诺贝尔奖的教授颁发特别的停车证，拥有此停车证，就有了在校园内随意停车的特权。

（4）语言。

随着时间的推移，很多组织和组织内部的工作部门往往创造了自己所特有的名词，用来描绘与工作有关的设备、办公用品、关键人物和产品等。新成员在经过组织的社会化之后，开始把那些起初令他们困惑的缩略语、行话变成他们工作语言的一部分。一旦这些术语为组织成员所掌握，它们就成了组织成员所共有的特征，会把特定文化或亚文化中的成员联系在一起。许多组织及其内部的工作部门把这些语言当作识别该组织文化或组织亚文化的手段。通过学习这些语言，组织成员表达了自己对该文化的认可和接纳，同时，这样做也有利于文化的维系和传承。除了口头语言，组织还可以通过一些书面语言，如组织的公开宣言、宗旨等表达组织的核心价值观，来强化和传承组织文化。

组织文化从创建到形成是一个长期的过程，需要组织不断采取措施进行维系和传承。随着环境的改变，组织要实现可持续发展，必须适时对自己的文化进行调整，甚至变革。

三、组织文化的变革

组织文化的变革是指由组织文化特质的改变所引起的组织文化整体结构的变化。组织文化的变革是组织生存发展的必然要求，但是组织文化具有相对稳定和持久性。一种文化需要相当长的时间才能形成，而一旦形成，它又常常成为牢固的和难以改变的，尤其是在强文化的组织里，成员已经融入这种组织，这一特性往往导致组织文化的变革遭遇相当大的阻力。

（一）组织文化变革的条件

哪些有利条件可以促进组织文化的变革？经验表明，文化变革最可能在具备如下全部或绝大部分条件的情境下发生。

1. 大规模危机出现

这可以成为动摇现状的一个“震源”，促使人们对现有文化的适应性产生怀疑。例如：发生令人吃惊的财务亏损、失去一个重要的顾客，或者竞争对手的一次重大的技术突破，等等。

2. 领导职位易人

新的高层领导可能被认为对危机具有更强的反应能力，而新领导往往会给组织带来一种不同的价值观。高层领导可能是首席执行官，也可能是资深经理。

3. 组织新而小

新建立的组织，其文化的渗透力较弱，管理当局也更容易传播它的新价值观。

4. 组织文化弱

一种组织文化越是广泛渗透并在成员中形成对总价值观的高度认同，就越难得到改变；相反，较弱的文化比较强的文化具有更大的可变性。

（二）组织文化变革策略

如果条件适宜，管理者应当推行组织文化变革，以解冻根深蒂固的现有文化。为了使变革获得成功，组织文化变革需要有一个全面、协调的策略。

1. 重视组织文化分析与诊断

这里包括进行文化审核以评估现有的文化，将现有文化与预期文化进行比较，评价差距，以确定哪些文化要素特别需要加以变革。

2. 识别危机，因势利导

危机并不是组织的所有成员都能注意到的，因此，管理者有必要使员工更清楚地认识到组织的危机及生存威胁，并在此基础上引导所有相关成员从思想观念及行为方式等方面做出共同努力，适时推进组织文化变革。

3. 任命新的高层管理人员

这可能预示着一场重大的变革正在发生，新的领导人可能展现一种新的角色模式，并产生一套新的行为标准。不过，新任领导人需要尽快将新观念注入组织中，并将关键管理职位的人员调换成忠于新观念的人。例如：李·艾柯卡接手濒临倒闭的克莱斯勒汽车公司后，对该公司进行了大刀阔斧的改革，终于获得了成功，这在很大程度上归功于他能够对原公司的大批高层经理人员进行迅速调整。

4. 实施组织重组或重新设计

伴随着人事调整，组织还需设立一些新部门，以及将原有的某些部门合并或取消，以显示领导者将组织文化变革坚持到底、将组织引入新方向的决心。

5. 创造出新的故事和仪式

新任领导者应该尽快创造出新的故事和仪式取代原有的故事和仪式，以便更好地向员工传播组织的主体价值观。否则，新任领导者只能与原有的组织文化“为伍”，一旦两者不匹配，就会导致组织文化变革的“大门”关闭。

6. 改革绩效评价与奖励制度

这样可以对采纳组织所期望的新价值观的员工形成有力的支持。例如：奖励那些认同并遵守新价值体系与行为规范的员工，惩罚那些不认同新价值体系与行为规范的员工，有利于快速有效地确立起新的组织文化与消除旧的不利于组织发展的组织文化。

值得注意的是，组织成员并不会轻易地放弃他们已经深刻理解，并在过去使他们做出良好业绩的原有的价值观与行为习惯。因此，变革在一开始的进度可能会很缓慢，管理者需要有足够的耐心。在变革过程中，管理者必须始终如一地保持不变的警惕性，以防止组织及员工返回到旧的、熟悉的实践和习惯上。

任务三 人力资源管理与组织文化

组织文化在很大程度上要与人力资源管理相结合，因为只有这样，才能将抽象的组

微课

企业文化与人力资源管理

织文化的核心价值观与具体的管理行为相结合，使之真正得到员工的认同，并由员工的行为传达到外界，形成在企业内外部获得广泛认同的组织文化，成功树立起组织的内外部形象。

一、组织文化与人力资源管理的相互作用

组织文化与人力资源管理两者相互影响、相互促进。组织文化规范和引导人力资源管理，人力资源管理又反作用于组织文化的维系。

（一）组织文化对人力资源管理的作用

一般而言，组织文化能够围绕组织目标，对组织成员的行为动机起到明确的导向作用，对组织成员的行为方式形成内在的规范作用，对组织成员的群体发生强烈的凝聚作用，对组织成员的心理产生持久而深刻的激励作用，对组织成员的形象塑造具有良好的辐射作用。通过这些作用，能够培养组织成员对组织基本价值追求的高度忠诚，从而解决组织生存与发展中至关重要的内在精神动力问题，并且可以使人力资源管理自动化、人力资源开发深刻化，并最终由组织文化这只“无形的手”引导和激励人力资源发挥和释放出巨大的能量，满足组织的要求。

国内外学者从 20 世纪 80 年代开始就对组织文化与人力资源管理之间的关系进行研究，多数研究结果表明，组织文化对人力资源管理具有直接影响与促进作用，其中有代表性的研究成果包括：

1. 组织文化直接影响人力资源战略

例如：奎因、蒂契、迪维纳等管理学家研究了企业文化与企业人力资源战略之间的关系，他们在划分企业文化类型的基础上，提出不同类型的企业文化应该有相应的人力资源战略与之相匹配。

2. 组织文化直接影响组织绩效

良好的组织文化有利于提高组织绩效。例如：威廉·大内、迪尔、肯尼迪、帕斯卡尔、阿索斯、彼得斯和沃特曼等管理学家研究了企业文化和企业绩效之间的关系，提出了企业文化对企业绩效具有明显的正向效果。

3. 组织文化直接影响薪酬系统

这是指不同类型的组织文化应该具有不同的薪酬系统设计。

（二）人力资源管理活动对组织文化维系的影响

组织文化一旦形成，管理者就会采取一些措施来维系文化，其中人力资源管理是强化组织文化的关键因素。这主要表现为：

1. 员工甄选维系着组织文化

组织通过选拔那些符合核心价值观要求的员工，确保新员工的价值观与组织的价值观相互融合，使其不会对组织文化产生冲突或抵触，以保持组织文化的稳定性。

2. 员工培训维系着组织文化

组织通过培训让员工了解组织文化，促使他们在学习组织文化的基础上将之内化于

自己的日常行为中，进而维系组织文化。

3. 绩效评价和薪酬管理维系着组织文化

组织通过制定相应的绩效评价和奖励标准，并在其中融入组织文化因素，以形成组织要求成员遵守的一套行为规范，从而维系组织文化。

二、基于组织文化的人力资源管理的主要职能

由于组织文化与人力资源管理之间存在密切的互动关系，两者无法割裂，因此将组织文化融入人力资源管理过程是现代人力资源管理的必然要求。脱离了组织文化的人力资源管理必将失败。下面重点从人力资源管理的四大主要职能出发，分析应如何基于组织文化来开展人力资源管理活动。

（一）员工招聘

文化与价值观的认同是招聘员工的首要条件。组织在对候选人进行面试时，应有目的地考查候选人是否符合核心价值观的要求，比如通过提出有关诚信与团队精神等问题可以有效地了解候选人的价值观取向，最终确定录用那些与组织价值观相近的候选人，淘汰那些与组织价值观不一致的候选人。此外，招聘方也应该向应聘者简要介绍组织的基本价值观、行为规范，使应聘者能够基本了解应聘部门的目标、任务与宗旨，以便应聘者一旦发现自己的价值观与组织的价值观相冲突，就可以自动退出应聘。

成功组织的经验表明，组织在招聘人才时应对应聘者进行三个方面的测试：

(1) 知识和技能（考查有无能力）。

(2) 动机和态度（考查有无意愿）。

(3) 工作偏好（考查价值观是否契合）。

凡是通过这三方面测试的应聘者在录用后都会有较高的业绩水平，其中第三项就是从组织文化的角度出发，选择与组织现有价值观相适应的人员。此外，一些成功的组织甚至并不看重应聘者目前可以为组织做些什么，而是关注其可塑性大小。只要应聘者与组织有相同的价值观，管理者便相信其能尽快适应组织的规范，出色地完成工作任务。实践证明，这种选用标准也是成功招聘的原因之一。

（二）员工培训

员工进入一个新的组织后，只有迅速掌握该组织文化中的核心思想和价值观念，并认同多数人赞同的信条，才能在组织中发挥作用。因此，组织在对新进人员进行培训时，一般都要对他们进行核心价值观和组织原则等内容的灌输，以帮助他们理解和掌握组织文化，增强对核心价值观的认同。除了重视新员工培训，组织还应定期开展组织文化方面的培训或研讨，让现有在职员工深化对核心价值观的认识，激发他们参与组织文化建设的积极性；对于中高层管理者，则应定期开展组织文化创新和变革方面的培训，为其主持文化变革与创新提供理论框架和技术支持。

培训实施者应该将组织文化的要求贯穿于整个培训开发工作，改变刻板生硬的灌输模式，采取一些灵活生动的方式，如利用非正式活动、非正式群体、管理游戏、管理竞赛等方式，将组织价值观在这些活动中不经意地传达给员工，潜移默化地影响员工的行

为。总之，让组织的使命、核心价值观与各种文化要素深深渗透进员工的内心，以起到统一目标、凝聚力量、规范管理的作用，进而提高人力资源培训的效率和效果。

直通职场

组织文化管理

在传统的人力资源开发管理中，企业经营者的重点在于人力资源外在要素量的管理，具体包括人员的录用、调配、考核、报酬、职位升迁和教育培训等。而在现代的人力资源管理观念中，企业以此为基础，进而上升到人力资源内在素质的培养管理，还包括员工群体的心理意识、价值观念、传统风气和行为方式等的培训和管理等。总之，现在人员开发管理已不再局限于传统的人事管理和人员培训，而将人力资源开发引入视野，即在将人力资源视为“第一资源”理念的引导下，将人力资源开发作为主要的基本内容。人力资源开发的含义：一是对人力资源的充分发掘和利用，二是对人力资源的培养和发展。正是由于“人力资源开发”的导入，人力资源管理由传统变为现代。

组织文化管理是摒弃了传统企业管理的弊端，汲取了传统企业管理的精华而发展起来的现代企业管理模式。传统的管理方式注重的是其中的战略、结构与体制，而组织文化管理则不满足于此，它在注重“硬件”要素的同时，更加看重和强调人员技能、作风这些“软件”要素，并且主张“硬件”要素与“软件”要素协调统一。它所宣扬的宗旨是“以人为中心的管理”及“以人为目的的管理”。在组织文化管理者视角中的人，在企业内部是员工群体，是企业团体的价值观念与精神追求；在企业外部则是广大的顾客、消费者和社会公众，是消费公众的需求和满意度。可以说，在企业经营管理的坐标系中，组织文化管理将人的地位、价值与人文精神提升到了前所未有的高度。

（三）绩效管理

组织必须将绩效管理的各项举措与组织文化相比较，审视二者是否协调，如果二者难以相互匹配，就需要对绩效管理进行适当的调整和完善。因为绩效管理只有与组织文化相协调，才能得到组织成员的真正认可和有效执行。如果强制推行与组织文化不相协调的管理举措，不仅难以取得令人满意的管理效果，而且有可能使沉淀多年的组织文化受到严重的损害。

要与组织文化相匹配，绩效管理至少应该注意以下几点：

1. 依照组织文化开展绩效评价

例如：拥有较强合作文化的组织，绩效评价的内容也应该强调团队绩效，而非个人绩效；拥有冒险及创新文化的组织，绩效评价的重点则应放在评价创新的努力上，而不是以成败论英雄，这样才不至于降低员工创新的热情和积极性。

2. 将员工是否遵守组织核心价值观和组织原则等作为考核的要点之一

例如：如果组织文化强调诚信的重要性，就应该考核员工在取得绩效的过程中是否遵循了诚信原则。即便有些员工的绩效是高的，但如果是通过欺骗的手段获得的，即违背了诚信原则，也应该被制止或给予惩罚。通过对员工是否遵守核心价值观与组织原则的考核，可以督促员工用正确的方式去获得业绩，从而实现组织的长期利益最大化。

3. 塑造高绩效文化

其具体措施包括：创造公平考核的环境，营造主动沟通的氛围；强调责任感与团队合作精神；重视考核结果的应用，而且做到奖惩分明；重视发展性考核，为员工提供必要的学习培训机会，使员工不断提高素质。

4. 审查绩效管理制度是否与组织文化相协调

如果两者不相容，则应重新从本组织的实际出发制定相应的制度。

（四）薪酬管理

薪酬系统要与组织文化相匹配，具体的组织文化具有相应的薪酬系统设计及策略。美国著名咨询公司合益集团（Hay Group）将组织文化划分为四种：职能型文化、流程型文化、时间型文化和网络型文化。每种文化都要求具有相应的薪酬管理体系，由内部公平性、外部竞争性、薪酬等级、可变薪酬以及福利等加以支持，主要体现为：

1. 在职能型文化中

职位及其内容往往是依据职能、等级性线条组织起来的，组织的管理层级分明，权力和责任的链条清晰，决策职能和执行职能被严格区分开来。这种组织非常强调个人的专业化，组织中的成功人士是那些专业技术人员，他们能够很好地自我约束，遵守纪律和命令，对专业、保障性以及秩序看得比较重。由于职能型组织强调的是稳定性、常规性、可靠性、资源以及专业化，因此它所需要的薪酬体系必须能够达到以下几个方面的要求：能够吸引和留住员工，长期提供薪酬保障，认可在不同工作和责任之间存在的价值差距。

2. 在流程型文化中

工作是围绕履行对客户的责任以及持续不断地改进质量所需要的流程来设计的，其目的是满足客户的需要，并实现对质量的持续改进。组织战略的重点首先是客户满意度，其次是对客户承诺履行的可靠性、运作和操作水平以及灵活性。流程型文化注重客户意见，因此，只有在需要吸引新人加盟时，薪酬在外部市场上的竞争性才会受到重视，而且组织会大面积地实施奖金制度对绩效进行奖励。

3. 在时间型文化中

组织的战略重点首先是灵活性、活跃性，其次是技术和客户的需要，最后才是可靠性和质量。由于强调灵活性和速度而不是长期的要求，因此时间型文化对于内部公平性强调得很少。但是由于它们需要在正确的时间让正确的人承担正确的角色，因此对于与外部市场的比较更敏感。此外，与流程型文化相近，时间型文化下的组织一样强调采用奖金制度，不过它所需要的奖金制度通常是短期的（一年或者更短），而且要求实施宽带薪酬与之相适应。

4. 在网络型文化中

组织往往是围绕新的产品、市场或者经营领域的开发设计出来的，其重点并不在于具体的工作设计或者与组织结构相适应的问题，而是在于人们能否有效地共同完成工作，强调联盟和冒险，因此很少关注薪酬的内部公平性。倡导每个人的报酬都取决于各自对于某特定项目的贡献，进而将更多的注意力放在竞争性的市场工资率上，或者根据个人情况实施高浮动性的基本薪酬。此外，由于组织和员工之间的关系可能只维持几个星期或者几个月，因此福利无论在存在的时间还是范围上都是非常有限的。

岗证融通：职业技能训练

训练目标

培养学生对组织文化的认识，了解组织文化与人力资源管理的关系。

训练内容

学生以学习小组为单位选择一家知名企业，剖析组织文化在人力资源管理中的作用。

（1）5 人组成一个小组，对某一知名企业的组织文化进行分析。

（2）每个小组派一名代表在课堂上交流、讨论。

训练评价

（1）对组织文化分析是否全面、合理。（40 分）

（2）团队合作能力。（30 分）

（3）语言表达和礼仪。（30 分）

（4）教师进行考核评价（见表 3-1）。

表 3-1　考核评价

评价指标	指标描述	权重	具体评价				评价得分	权重得分
			优秀 90～100 分	良好 80～89 分	一般 70～79 分	较差 60～69 分		
完成度	考查训练任务完成情况是否符合训练要求	40%	按照训练要求完成对企业组织文化的分析，明确阐述组织文化在人力资源管理中的作用	基本上按照训练要求完成对企业组织文化的分析，明确阐述组织文化在人力资源管理中的作用	能够按照训练要求完成对企业组织文化的分析，分析不够透彻，不能明确阐述组织文化在人力资源管理中的作用	未能按照训练要求完成对企业组织文化的分析，不能清晰阐述组织文化在人力资源管理中的作用		
团队配合	考查团队合作能力	30%	团队成员积极参与训练任务，分工协作，配合默契	团队成员基本上能积极参与训练任务，分工协作，配合默契	部分成员参与训练任务，有分工，配合较默契	部分成员参与训练任务不深入，分工不明确，配合不默契		

续表

评价指标	指标描述	权重	具体评价				评价得分	权重得分
			优秀 90～100 分	良好 80～89 分	一般 70～79 分	较差 60～69 分		
语言表达和礼仪	考查语言表达能力和汇报的礼貌礼仪	30%	普通话标准，声音洪亮，表达流利，富有情感，语言精练，条理清晰	普通话较标准，声音洪亮，表达流利，条理基本清晰	讲普通话，表达基本流利，使用文明用语，条理不够清晰	普通话不标准，陈述卡顿严重，思路混乱		
评分合计								

项目四
工作分析

学习目标

知识目标

1. 了解工作分析的含义、工作分析在人力资源管理中的作用。
2. 熟悉工作分析的流程、工作分析的方法。
3. 掌握工作说明书的主要内容和编写工作说明书的流程。

能力目标

1. 能够运用工作分析的方法，按照工作分析流程进行企业各类岗位的工作分析。
2. 能够熟练阅读岗位工作说明书，并编写企业各类岗位工作说明书。

素养目标

1. 培养良好的职业素养，具备较高的职业道德。
2. 培养热爱劳动、求真务实的品质，在工作分析中养成良好的工作习惯。

学习导图

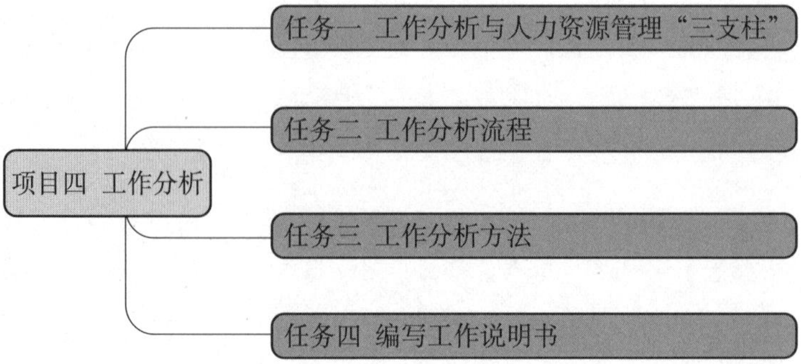

案例导入

一次特殊的度假

一位非常成功的商人来到一个偏僻的山村度假，遇到一个敦厚的少年。商人看到少年非常淳朴，是一个可造之才，于是决定带他出去闯闯。

商人问少年想不想将来成为领导，少年说不想，因为他不知道什么是领导。

商人耐心解释什么是领导，并循循善诱，说了许多当领导的好处，比如可以坐在明亮的大办公室里工作，还可以坐高级轿车去餐厅吃饭。

少年心动，随商人离开了小山村。

少年来到了城市，刚开始只是打短工，他看到了很多的灯红酒绿，也看到了城市中劳动人民的平凡与艰辛。

一年之后，少年找到商人，说自己想当领导，商人问少年什么是领导，少年朗朗而答："领导就是要分析信息、进行决策、制订计划、组织资源、领导员工、监督执行、协调内部、联系外界、处理突发事件……"少年足足说了半个小时。商人认为少年已经很清楚一个领导的工作内容，便将一个子公司交给少年经营管理。

然而不到一年，子公司就不得不停业整顿。商人质问少年，你不是知道应该做些什么吗？少年吞吞吐吐地说："我只知道要做什么，但我不知道如何去做呀！"商人顿时醒悟，要将一个无知少年变成一个成功的领导，除了要让他知道领导是什么，还得让他知道领导要做什么以及如何去做。

分析提示

故事中的商人好比是管理者，少年好比是员工，当员工只知道自己应该做的工作，却不知道如何做时，其是不能很好地完成工作的。整个故事反映出人力资源管理中的工作分析工作，工作分析的目的是不但要让员工知道应该完成的工作内容有哪些，还要让员工知道如何完成这些工作。只有这样，员工才能明白自己的工作在整个企业中的地位，明确自己的工作职责，以便更好地完成工作。

任务一　工作分析与人力资源管理"三支柱"

一、理解工作分析

在人力资源管理中，工作分析是一项重要的基础性工作。科学的工作分析，能够诊断出组织在人力资源管理的具体环节中存在哪些问题，根据工作分析的结果进行及时调整，保证人力资源管理各个环节的有序运行。

工作分析又称为职位分析、岗位分析或职务分析，是指对组织中各类岗位的性质、职责权限、岗位关系、劳动条件和环境以及从事各岗位的员工所应具备的任职资格条件进行系统的研究，并制定工作说明书的过程。

微课

如何理解工作分析？

（一）岗位的性质

分析组织中各类岗位是什么性质的岗位，如是管理岗、技术岗还是工勤岗，先对各类岗位进行定性分析，再分析不同性质岗位的具体工作任务。分析岗位的性质，将组织中的所有岗位进行归类，可以做好工作任务的科学合理安排。

（二）职责权限

在分析各类岗位的性质、任务的基础上，进一步具体明确不同性质岗位的工作职责以及该岗位有哪些权限。通过分析岗位的职责权限使任职者清楚自己的工作职责以及权力应在哪些权限范围内行使，防止出现权责不对应的问题。

（三）岗位关系

在明确岗位的性质、职责权限的基础上，各岗位的任职者应明确自己所在的岗位在工作中会与哪些岗位有业务上的来往、联系和沟通，清楚本岗位与其他岗位之间的关系。只有分析好这种岗位关系，才能在管理中有效地做好事前控制，减少交往沟通过程中的障碍，提高工作效率。

（四）劳动条件和环境

分析各类岗位的具体工作条件和劳动环境，如分析工作条件是否舒适、宽敞，劳动温度、湿度是否适宜等，人力资源管理者根据分析结果有效地履行义务，为劳动者做好劳动保护。

（五）任职资格条件

分析各类岗位需要的人力资源的条件，如是专科毕业还是本科毕业，是否需要工作经验，是否具备相应的职业资格等。通过分析岗位的任职资格条件，人力资源管理者会对各类岗位人员情况有所了解，为组织的招聘与配置奠定基础。

微课

工作分析

但只分析还不够，分析只是一个过程，还需要形成一个结果，这个结果就是工作说明书。因此，工作分析既包括动态的工作分析过程，又包括静态的分析结果，组织对人力资源管理者的要求是既会进行工作分析，又会制定工作说明书。

工作分析关键是运用 6W1H 法完成对组织各类岗位的分析。6 个“W”：What—做什么？Why—为什么做？Who—谁来做？Whom—为谁做？When—什么时间做？Where—在哪里做？1 个“H”：How—如何做？如图 4－1 所示。

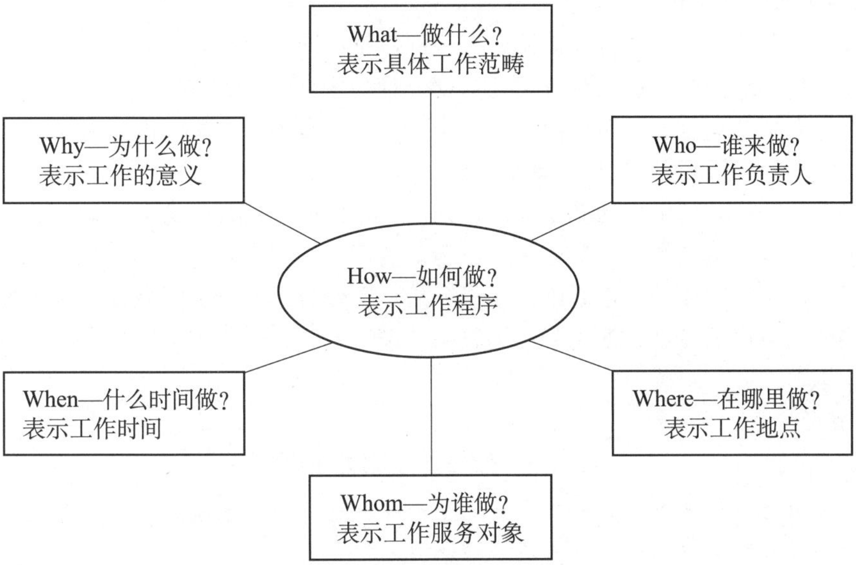

图4－1　工作分析6W1H法

二、工作分析是人力资源管理的重要基石

（一）为编制人力资源规划提供科学依据

人力资源规划包括人员补充计划、配备计划、使用计划、退休解聘计划、接替和提升计划、培训开发计划和职业生涯计划等，组织中所有人力资源规划编制的依据是工作分析。人力资源管理者可以通过工作分析明确各类岗位人员的数量、质量、结构和人员分布情况，并根据企业发展规划制定科学的人力资源规划。

（二）为员工的招聘与配置提供客观标准

通过工作分析获得的信息可以明确各类岗位人员的任职资格条件。当组织某类岗位面临人员短缺需要进行招聘时，人力资源管理部门根据工作说明书中该岗位人员的任职资格条件撰写招聘信息并进行发布。人力资源管理部门通过笔试、面试、心理测验等方式，对应聘者进行有效的质量控制。当组织员工面临轮岗、调岗时，人力资源管理部门还可以根据工作说明书对轮岗、调岗人员的任职资格条件进行确认，高效率完成轮岗、调岗人员配置。

（三）为实施培训与开发计划提供有效信息

实施培训与开发计划应进行培训需求分析、确定培训对象、确定培训内容、选择培训方法、评价培训效果等活动过程。培训需求分析是首要环节，无论是组织需求、工作需求还是个人需求分析都以工作分析提供的信息为依据，开展不同层次的培训。

（四）为绩效考核提供评价标准

工作分析的信息为企业确定各类岗位工作的执行标准、评价标准提供参考，为企业进行绩效考核提供依据，使考核及评价更加合理、准确、具体、客观，有利于调动员工的积极性。

（五）为制定员工薪资待遇提供客观依据

岗位评价是薪酬管理的重要依据，岗位评价是在岗位分析的基础上，采用一定的方法对各类岗位需承担的责任大小、工作强度、难易程度、所需资格条件等进行评价，根据评价结果对各类岗位的相对价值做出评定，并与工资报酬有机结合起来。

（六）为和谐劳动关系的建立奠定基础

我国劳动争议处理机构的受案范围包括因休息休假、培训、劳动保护、劳动报酬等发生的争议，这些争议的发生显然是由于劳动关系主体双方对劳动关系客体界定不准确造成的，劳动关系客体的界定基础是工作分析，工作分析科学、合理在一定程度上可以避免一些劳动争议的发生，促进劳动关系的和谐运行。

直通职场

这个清扫工作该由谁来做

宏伟公司是一家刚成立的开发生产电子产品的新公司。然而，开业不足两个月，公司就在内部员工职责权限划分上出现了问题。

先是组装车间。一名包装工不小心把大量液体洒在操作台周围的地板上，正在一旁的包装组长见状立即走上前要求这名工人将地板打扫干净。不料，这名工人回绝道："我的职责是包装产品，你应该让勤杂工处理这样的工作。况且，我的工作职责中没有打扫卫生。"组长无奈，只好去找勤杂工，但勤杂工不在，因为勤杂工要在正班工人下班后才开始清理车间。于是，包装组长只好自己动手，将地板打扫干净。

第二天，包装组长向车间主任请求处分该包装工，得到了同意。谁料人力资源部却不予支持，反而警告车间主任越权。车间主任感到不解，并向主管生产的副经理李静反映了情况，请求得到支持。包装组长开始满腹委屈，他反问："难道我就该什么都负责？我的职责也没要求我做清扫工作呀！"

李静觉得自己的车间主任受了委屈，就向刘总经理反映了这一问题，要求刘总经理警告人力资源部不要过多干涉车间内部事务，否则，生产运作会受到不利影响。但刘总经理却说："我只管战略性的重大事务，内部的分工和沟通，你们自己去协商。"

尽管李静感到很吃惊，但还是表示理解总经理的指示，并且与人力资源部经理张杰进行协商，张杰的态度也很积极，马上让秘书拿来工作说明书和李静一起分析。包装工的工作说明书规定：包装工以包装工作为中心职责，负责保持工作平台以及周围设备处于可操作状态。勤杂工的工作说明书规定：勤杂工负责打扫车间，整理物品，保持车间内外的整洁有序，为了不影响生产，工作时间为生产休息时间。包装组长的工作说明书规定：包装组长负责使班组的生产有序、高效运行，并协调内部工作关系。车间主任的工作说明书规定：车间主任负责本车间生产任务的完成，并且可以采取相应的措施对员工加以激励。人力资源部门的职责包括员工的招聘、选拔、培训、考评、辞退、奖惩和工资福利等。

因为员工奖惩权归属于人力资源部，所以，人力资源部坚持认为生产部门对员工的处分是越权。生产部门则认为，对员工的奖惩应由自己决定，否则难以对员工进行有效管理，包装组长更是感到委屈，并声称要辞职。协商陷入了僵局。

根据工作说明书，这个清扫工作应该由谁来做？由此可以看出，企业工作说明书上的职责内容不明确很显然是由于工作分析导致的。工作分析是人力资源管理工作中非常重要的一环。在实际工作中，企业一定要重视工作分析工作，将工作分析做到科学化、合理化，这样才能保证企业人力资源管理各方面工作正常运行。

三、工作分析实施应注意的问题

（一）目标明确

工作分析是人力资源管理各项工作内容的重要基础，工作分析的目的不同，其侧重点也不同。在进行工作分析前，要明确工作分析的目的，保证工作分析具有明确的导向，提高工作分析的效率。

（二）宣传到位

在明确工作分析目标的基础上，工作分析前的宣传工作显得尤为重要。工作分析容易让员工产生认识上的偏差和恐惧心理，认为工作分析会造成辞退大量的人员及删减大量的岗位，几乎每个人都被分配到更多的工作，工作分析只是走走形式，起不到实质的作用等。针对这些认识偏差，人力资源管理部门在整个工作分析计划实施前，应通过企业宣传栏和内部邮箱等形式，向员工介绍工作分析的目的、意义、基本情况，并向员工征集意见，保证工作分析的实际效果。

（三）广泛参与

工作分析不仅是人力资源管理部门的工作，还需要组织高层领导者的大力支持，更需要组织内各职能部门管理者和员工的积极参与和配合。

（四）动态管理

工作分析形成的工作说明书的内容并不是一成不变的，而是根据组织的发展战略、组织所面临的环境、组织文化等变化不断进行调整，建立对工作分析结果动态管理机制。

四、工作分析在“三支柱”理论中的应用

进入 21 世纪以来，随着我国经济呈现的“新常态”，传统的人力资源管理无法满足企业逐渐差异化的人力资源需求，于是企业纷纷将人力资源管理“三支柱”这一创新型人力资源管理模式作为转型的突破口。

工作分析作为人力资源管理开展工作的过程链条之首，虽然目前还没有在“三支柱”理论中得到具体的应用，但是“三支柱”理论思维分析也体现出其在“三支柱”理论中的职能应用。“三支柱”都会涉及工作分析职能，但侧重点有所不同。COE 侧重工作分析计划的制订，负责审批工作说明书，对员工的岗位工作问询有最终解释权。BP 侧重通过专业职业素养发现工作分析中存在的问题，设计更加合理的、科学的工作分析流程。SSC 侧重工作分析中的基础性工作，对工作分析流程中的事务性环节进行处理。

任务二　工作分析流程

微课

工作分析的流程

工作分析是一项技术性很强的工作，也是一个全面的评价过程。人力资源部门在进行工作分析前需要进行周密的准备，遵循科学的、合理的操作程序。工作分析主要分为准备阶段、计划阶段、调查阶段、分析阶段、描述阶段、运用阶段和控制阶段（见图4-2）。

准备阶段 → 计划阶段 → 调查阶段 → 分析阶段 → 描述阶段 → 运用阶段 → 控制阶段

图4-2　工作分析流程

一、准备阶段

（一）明确工作分析目的

明确工作分析的目的，确定分析的范围、对象和内容，弄清楚应当收集什么资料、解决什么管理问题，对所分析的工作类型、基础资料和工作环境有初步了解。

（二）明确分析对象

确定调查和分析对象的样本，选择调查人员的类型、数量和工作任务种类等。为保证工作分析结果的准确性，选择具有代表性、典型性的工作进行分析。

（三）建立工作分析小组

工作分析小组成员通常由企业的高层领导、工作分析人员、外部的专家组成。外部的专家具有丰富的分析经验和专门的分析技术，能够对工作分析过程给予客观、公正、科学的评价。一旦小组成员确定后，就应赋予他们进行分析活动的权限，以保证分析工作协调进行。

（四）培训工作分析人员

为保证工作分析的效果，请外部专家对本企业参加工作分析的小组成员进行业务上的培训，掌握专业的工作分析程序和方法，设计科学合理的调查问卷，编写规范的岗位说明书。

（五）宣传工作分析目的

工作分析前向有关人员解释和宣传分析的目的、作用和意义，获得信息提供者的理解，并与其建立起友好的合作关系，使他们对工作分析有良好的心理准备，保证在工作分析过程中给予大力的支持，这样才能获得真实、可靠的信息。

（六）企业在实施工作分析时准备不充分的情况

1. 缺乏目标导向

在工作分析实施前，要明确工作分析的目的。工作分析的目的不同，其侧重点也不同。工作分析的目的决定了工作分析需要收集的信息类型、方法技术、工作说明书的结构和内容等。在企业实施工作分析的过程中，有时会出现高层领导和工作分析小组成员对工作分析的目的不够明确的情况，他们只是笼统地知道要通过实施工作分析来解决公司现存的问题，却没有明确工作分析的目的，因此可能导致收集的信息针对性不强。

2. 缺乏组织成员

工作分析绝不是人力资源部孤军奋战就能做好的工作，它需要各部门管理人员和员工的积极配合，才能保障工作分析小组及时收集到有效、真实、全面的信息。在企业实施工作分析的过程中，有的高层领导没有在公司内进行动员，没有宣传实施工作分析对公司的意义，只是由人力资源部将工作分析问卷发放到各部门经理手中，同时在公司内部网络上发一份关于开展问卷调查的通知，要求各部门配合人力资源部的工作，很难得到普通员工的重视和配合。

3. 缺乏对相关背景信息的了解

企业实施工作分析的过程中，在收集工作分析信息之前，没有调查组织和职位的相关背景资料，如组织的战略、文化、各项制度和政策、组织机构、工作流程图、原有的工作说明书等。

4. 缺乏对工作分析中可能出现问题的预测

在实施工作分析过程中遇到了许多预料之外的障碍，使工作分析小组成员不知所措。例如：员工仓促填写问卷，敷衍了事；访谈受到员工的抵触等，导致工作分析小组收集不到准确、全面的职位信息。这主要是由于在实施工作分析项目前缺乏对可能出现问题的预测。

5. 缺乏对工作分析人员的培训

在企业实施工作分析起草职位说明书的过程中，人力资源部的员工对收集上来的信息不知道应该如何利用，为完成任务只能东拼西凑一些材料，再结合自己的判断最后定稿，导致说明书只是“一堆垃圾文件”，完全不符合实际情况，无法应用于工作实践。这是因为在实施工作分析前，缺乏对工作分析人员的培训，导致他们在编写工作说明书的过程中无从下手。

直通职场

如何消除工作分析中员工的恐惧心理之一：准备不充分

人力资源专员小吴接到指示，公司将在这个月开展工作分析。人力资源部的每个成员自然成为工作分析小组的成员。作为工作分析小组成员之一，小吴负责销售部门各个岗位的工作分析。他决定先从普通的销售员开始，从下往上分析，销售经理的工作分析放在最后。在实施过程中，小吴发现，普通员工的配合度并不像预期的那样高。工作分析受到各方的质疑，大家态度冷淡，对工作分析持有无所谓态度的人更是不在少数。“工作分析？干吗用的？你们人力资源部还真是吃饱了没事干。”资历深厚的员工直接质疑小吴。“哦，是不是要裁人啦？怎么突然要分析工作了呢？”胆小者支支吾吾，疑心重重，“真抱歉，手头忙，等过一阵再谈吧。”一周下来，小吴精疲力竭，却收获寥寥。

以上所有的状态都是员工对工作分析恐惧的表现。员工产生恐惧的原因主要是工作分析前没有做好宣传工作。在工作分析实施前，企业应做好充分的准备，如成立工作分析小组，向员工介绍工作分析的目的、意义、基本情况，将工作分析的执行步骤、方法告诉大家，让员工做到心中有数，否则不利于后面工作的开展。

二、计划阶段

在前期工作分析准备好后，分析人员就要进行下一步的具体工作——分析活动，运用工作日志法、工作报告法、观察法等选择信息来源，为分析工作提供第一手资料。

（一）书面资料

企业中一般都保存着各类岗位日常工作的记录资料，如员工工作日志、招聘信息、岗位职责、员工手册、组织结构、工艺流程图等，这些资料对工作分析非常有用。

（二）任职者述职报告

企业每年定期举办任职者述职大会，任职者述职报告描述其所做的主要工作以及是如何完成的。述职报告可以作为工作分析的参考资料，但很难保证所有工作都能涉及，且无法保证信息本身的客观性与真实性。

（三）同事的报告

从任职者的上级、下级即同事处获得资料是工作分析的信息来源之一，但同事以报告的形式提供对任职者的评价，很难保证报告内容的客观性。

（四）直接观察

对任职者进行现场观察是工作分析获取信息的最直接的方法。虽然现场观察对任职者的工作会造成一定的影响，但可以获得其他方法所不能提供的信息。

（五）顾客和用户

顾客和用户对任职者的客观评价是工作分析获取较为真实信息的一种途径。工作分析人员积极获取顾客和用户的支持，保证他们做出客观、真实性的评价。

三、调查阶段

在计划阶段获取分析资料的基础上，对所分析岗位的整个工作过程、工作内容和工作环境等方面开展正式的研究和调查，确保收集的数据资料更真实、更客观、更有效。

（一）问卷调查

（1）编制调查问卷和设计调查提纲。主要内容包括工作内容、工作职责、相关知识、工作经验、适岗年龄、所需教育程度、技能训练要求、学习要求、作业姿势、工作环境、作业对身体的影响、心理品质和劳动强度等。

（2）根据工作分析目的，有针对性地调查分析岗位所需要的各种数据资料信息。

（3）重点调查岗位工作内容、工作职责和人员信息。

（4）要求被调查人员对所调查内容的重要程度做出等级评定。

（二）现场调查

工作分析人员到工作场地进行现场调查，了解员工的工作流程，记录关键的工作时间，明确员工工作过程中所需的工具与设备，考察工作的物理环境和社会环境等。

（三）面谈

在对员工进行广泛调查的基础上，工作分析人员与各部门经理和一些员工代表进行面谈，进一步了解有关工作的特征和各种信息，并征求他们的意见，了解改进工作的方向。工作分析人员要做好面谈记录。

四、分析阶段

分析阶段是工作分析的核心阶段，主要任务是对有关工作特征和工作人员特征的调查结果进行整理归类和深入全面的分析。

（一）工作因素分析

对各种工作因素进行分析，主要包括工作名称分析、定员标准分析、岗位等级分析、工作职责分析、工作内容分析、工作权限分析、工作关系分析、工作环境分析、工作规范分析等。

（二）关键因素分析

从工作因素分析中揭示岗位的关键因素，总结出岗位的必需因素，获取关键因素的相关资料，以形成岗位关键因素的描述。

（三）工作解释分析

对所获取的关键因素相关资料进行组织、解释，使之形成规范的可供使用的条文。

（四）形成工作说明

将组织、解释后的关键因素相关资料进行加工整理，分门别类地编入工作分析说明书有关项目。

五、描述阶段

将工作分析所获得的资料以书面形式进行描述，表达工作分析的结果。这一阶段主要解决工作说明书撰写问题。在分析阶段的基础上，形成对分析岗位的工作名称、工作概要、工作内容、工作职责、工作环境及工作条件等规范的文字表达，完成对工作描述和工作规范的说明。

六、运用阶段

运用阶段是对工作分析结果的使用，此阶段是对工作分析的实践检验，经过实践检验的工作分析才能发挥其应有的作用，才能不断适应外部环境的变化，不断完善工作分析的应用效果。

（一）培训使用者

工作分析的使用者在很大程度上影响分析程序运行的准确性、运行速度及效率。培训工作分析的使用者可以增强管理活动的科学性和规范性，提高工作分析的应用效果。

（二）制定管理制度

工作分析与人力资源管理其他内容紧密联系。分析结束后，组织应根据分析形成的工作说明书制定相应的人力资源管理制度，如招聘管理办法、绩效考核标准、培训计划等，发挥工作分析在人力资源管理中重要的基础性作用。

直通职场

如何消除工作分析中员工的恐惧心理之二："事后大地震"

人力资源经理小王刚从某外企跳槽到一家民营企业，发现民营企业管理有些混乱，员工职责不清，工作流程也不科学。她打算进行工作分析，重新安排组织架构。领导表示同意，还很配合地做了宣传和动员。

小王和工作分析小组的成员积极筹备一番后开始行动。不料，员工的反应和态度出乎意料地不配合，纷纷表示："我们部门可是最忙的部门了，我一个人就要干 3 个人的活。""我每天都要加班到 9 点以后才回去，你们可别再给我加工作量了。"小王对此现象感到很疑惑。经多方了解后小王才知道，她的前任做过工作分析，还根据分析结果调整了大量的岗位，删减了大量的人员，而且几乎每个人都被分配到更多的活。有了前车之鉴，大家忙不迭地夸大自己的工作量，生怕工作分析把自己"分析掉了"。

所以，当小王再次进行工作分析时，员工自然是如临大敌且不配合。因此，当工作分析结束后，最好按照分析结果有步骤地、慢慢地进行调整，让员工认识到工作分析对于组织和员工发展的意义。

七、控制阶段

控制活动贯穿于工作分析的始终。组织的生产经营活动不断变化，直接或间接地引起组织分工协作体制发生相应的调整，进而引起各类岗位工作的相应变化。编写工作说明书是一个不断调整的过程，定期或不定期对工作说明书进行适当的修改，通常一年至少要修改一次。

任务三　工作分析方法

工作分析是一项复杂而又重要的基础工作，科学地运用相关方法和技术进行工作分析，对于工作分析结果的客观性和真实性具有重要的作用。工作分析的方法主要有观察法、访谈法、问卷调查法、工作日志法、工作实践法、关键事件法。

一、观察法

观察法是指工作分析人员通过感官或利用其他工具对岗位活动进行现场观察，以获取岗位各种因素信息的方法。工作分析人员通过对被分析者进行系统观察，收集岗位工作时间、工作内容、工作关系、工作环境等信息，并以文字和图表的形式加以记录。运用观察法获取信息可以用事先预备好的观察表（见表 4－1）边观察边核对项目，对有出入的项目及时进行修改、完善。在运用观察表时，应事先对该工作有所了解，这样制定的观察表才比较实用。

表 4－1 工作分析观察表

编号： 观察者： 观察时间：

任职者姓名		性别		年龄	
所在部门		岗位名称		工作地点	
工作时间					
工作任务					
产品名称					
生产线类型					
生产工序					
岗位在工序中的作用及其重要性					
工作姿势					
体力负荷					
任职资格					

（一）优点

工作分析人员可以深入工作现场对岗位活动进行直接观察，能够比较全面和深入地了解岗位工作情况，成本低、经济实用且易操作。

（二）缺点

1. 岗位适用范围有限

观察法主要适用于大量的周期短和重复性较强的工作岗位，不适用于工作循环周期长且主要是脑力劳动的工作岗位，如对工程师、设计师、律师等岗位的工作分析就不适合运用观察法。

2. 难以获得合作

非作业人员刻意观察任职者的工作过程容易使任职者产生被监视的感觉，从而产生抗拒心理，不支持观察者，故意不按照常规流程完成业务操作，导致观察结果不真实。

二、访谈法

访谈法又称面谈法，是指工作分析人员与岗位任职者、对岗位工作较熟悉的直接主管人员、与该岗位工作联系较密切的工作人员以及任职者的下属按照事先拟定好的访谈提纲进行交流和讨论的方法。访谈法是目前在国内企业中运用最广泛、最成熟且最有效的工作分析方法，是唯一适用于各类岗位工作的分析方法。

（一）优点

工作分析人员运用访谈法既可以获得标准化的工作信息，又可以获得非标准化的工作信息；既可以获得体力劳动的工作信息，又可以获得脑力劳动的工作信息；还可以获取其他方法无法获取的信息，如工作经验、任职资格等。

（二）缺点

1. 导致信息失真

被访谈者对访谈的动机往往持怀疑态度，出于自身利益的考虑，往往回答问题时有所保留，或夸大自己工作的重要性、复杂性，信息有可能会被扭曲。访谈法一般不能单独用于信息收集，需要与其他方法结合使用。

2. 成本较高

工作分析人员固有的价值观、态度等都会影响被访谈者，一些含糊不清的问题会影响信息收集的质量，训练访谈人员会增加费用支出。

（三）访谈法的运用

访谈法在实际的具体运用中可以从访谈准备、进入访谈、提问、记录和整理资料四个方面进行，具体运用如下：

1. 访谈准备

访谈前的准备工作是很重要的，需要准备的内容也有很多，其中主要的准备工作是确定访谈对象和访谈方法。

确定的访谈对象要具有代表性、典型性，人数要适当。访谈方法包括结构化访谈法和非结构化访谈法，为保证访谈的效率和信度，一般采用结构化访谈法。结构化访谈法又称标准化访谈法，是指访谈者根据事先拟定的一系列访谈问题向被访谈者进行提问，其内容应涵盖所有的工作要素。非结构化访谈法又称非标准化访谈法，是指访谈者事先无须拟定一系列的访谈问题，而是围绕一个或几个与工作内容相关的问题进行提问，具有较强的灵活性。

2. 进入访谈

工作分析人员在进入访谈时，首先要有一个指导性的发言，说明访谈的目的及对管理、任职者的意义，让被访谈者明确访谈意图，以便在访谈中消除对方的戒备心理。

3. 提问

提问是访谈法操作的关键，提问时应该注意语气、语调和提问的方式。如果是非结构化访谈，访谈者提的问题应该与工作分析的目的相关，不应该超出任职者的知识和经验范围，更不应该涉及任职者的隐私。如果是结构化访谈，访谈者提问时表达要清楚，不要带有暗示性和倾向性的语言，更要避免在被访谈者回答完问题后发表个人观点和看法。

4. 记录和整理资料

在访谈法实施过程中，由访谈员记录访谈的信息资料，访谈记录尽量采取当场记录的方式。访谈结束后应整理访谈所得的信息资料，并在整理的基础上进行系统分析，撰写工作说明书、岗位规范等人力资源管理的规章制度。

直通职场

工作分析访谈提纲实例

1. 公司目前的组织结构形式、部门设置存在什么问题？有什么改进建议？

2. 所在部门的主要工作任务和职责是什么？是否清晰明确？

3. 所在部门拥有哪些职权及可支配的资源？与工作任务和职责相比，职权的配备是否适当？为什么？

4. 部门内部的职责、权限如何划分？工作人员经常做些什么？平时工作任务是如何确定的？

5. 部门内部及外部的工作关系及业务联系有哪些？如何运作？

6. 通常接受哪些方面的指令？通过何种方式下达？

7. 部门之间的沟通多采用什么方式？是否顺畅？

8. 涉及部门内部及外部的业务运作中有哪些不畅或阻碍？

9. 工作中最难处理的问题是什么？

10. 影响和制约本部门工作顺利进行的主要因素有哪些？

11. 上级如何评价本部门的工作业绩？部门如何考核和评价员工的工作绩效？

12. 描述您所在职位的主要业务流程。

13. 您职位的业务流程有哪些？现有流程在效率和反应速度等方面有何不足？

14. 流程优化的手段有删除、简化、整合、自动化四种，针对上述不足，您认为应该进行何种流程优化？预期达到的效果有哪些？

15. 如果有表单，那么这些表单流经哪些职位？在哪些职位上容易出现停滞？如何改进？

16. 本职位存在的价值是什么？什么样的资格才能胜任？

三、问卷调查法

问卷调查法是指根据工作分析的目的事先设计一套调查问卷，由被调查者填写，再将问卷加以汇总，从中找出有代表性的回答，形成对工作分析的描述信息的方法。问卷调查法是工作分析中最常用的一种方法。

（一）问卷调查法的类型

1. 一般工作分析问卷法

这种方法适用于各种工作岗位，问卷内容具有普遍性。下面是一份一般工作分析问卷：

一般工作分析问卷（部分）

（1）职务名称________

（2）比较适合任此职的性别是________

A. 男性　B. 女性　C. 男女均可

（3）最适合任此职的年龄是________

A. 20岁以下　B. 21～30岁　C. 31～40岁　D. 41～50岁

E. 51岁以上

（4）能胜任此职的文化程度是________

A. 初中以下　B. 高中、中专　C. 大专　D. 本科

E. 研究生以上

(5) 此职的工作地点在________
A. 本地市区　B. 本地郊区　C. 外地市区　D. 外地郊区
E. 其他
(6) 此职的工作主要在________（指 75%以上时间）
A. 室内　B. 室外　C. 室内外各占一半
(7) 此职的工作信息主要来源是________
A. 书面材料（文件、报告、杂志、各种材料等）
B. 数字材料（数据、图表等材料）
C. 图片材料（设计图、照片、照片、地图等）
D. 模型装置（模型、模式、模板等）
E. 视觉显示（数字显示、信号灯、仪器等）
F. 测量装置（气压表、气温表等各种表具）
G. 人员（消费者、客户、顾客等）

2. 指定工作分析问卷法

这种方法适用于每一种指定的工作的问卷调查，问卷内容具有特殊性，即一张调查问卷只适用于一种工作的问卷分析。下面是一份推销员工作分析问卷：

推销员工作分析问卷（部分）

请说明以下职责在你工作中的重要性（最重要的打 10 分，最不重要的打 0 分），标在右侧的横线上。
(1) 和客户保持联系________
(2) 接待好每一个客户________
(3) 详细介绍产品的性能________
(4) 正确记住各种产品的价格________
(5) 拒绝客户不正当的送礼________
(6) 掌握必要的销售知识________
(7) 善于微笑________
(8) 送产品上门________
(9) 参加在职培训________
(10) 把客户有关质量问题反馈给有关部门________
(11) 准备好各种推销工具________
(12) 每天拜访预定的客户________
(13) 在各种场合推销本企业产品________
(14) 口齿清楚________
(15) 思路清晰________
(16) 向经理汇报工作________
(17) 每天总结自己的工作________

(18) 每天锻炼身体________

(19) 和同事保持良好的关系________

(20) 自己设计一些小型的促销活动________

(21) 不怕吃苦________

(二)优点

问卷调查法的优点是：费用低、速度快、不受调查人数限制、调查范围广，尤其适用于对大量工作人员进行工作分析；被调查者不受别人干扰，可以有充足的时间发表意见，信息可靠性强；调查结果可以借助计算机进行量化处理。

(三)缺点

1. 问卷设计难度大

问卷调查法的关键是问卷设计，问卷主要有开放式和封闭式两种形式。开放式问卷由被调查者自由回答问卷所提的问题；封闭式问卷由调查者事先设计好答案，由被调查者选择确定。无论是哪种形式的问卷，要求都比较高，被调查者需要花费较多的时间和精力。

2. 问卷回收难度大

问卷调查要求被调查者客观、真实地回答问题，但被调查者往往对调查问卷产生厌烦，草草回答问题，不积极配合，甚至不能全部完成问卷问题，不按时上交问卷，很难达到获取客观、真实信息的目的。

直通职场

某公司工作分析调查问卷

某公司工作分析调查问卷如表 4-2 所示。

表 4-2 某公司工作分析调查问卷

一、基本信息	
姓名：	填写日期： 年 月 日
职务名称：	职务编号：
所属部门：	部门经理：
二、调查信息	
1. 请准确、简洁地列举你的常规性工作内容（若多于 4 条可以附纸填写，下同） (1) (3)	 (2) (4)
2. 请准确、简洁地描述你的临时性工作内容（如果有工作日志，请附后）	
3. 请详尽地列举你有决策权的工作项目 (1) (3)	 (2) (4)
4. 请详尽地列举你没有决策权的工作项目 (1) (3)	 (2) (4)

续表

5. 请简明地描述你的上级是如何监督你的工作的
6. 你的哪些工作是不被你的直接上级监督的
7. 请详细地描述在工作中需要接触到哪些职务的其他员工，并说明接触的原因
8. 请简明地列举在档案留存的文件和资料中有哪些是你编写的 (1)　　　　　　　　　　(2) (3)　　　　　　　　　　(4)
9. 请列举工作中需要用到的主要办公设备和用品
10. 请描述你在人事和财务方面的权限范围
11. 你认为胜任这个职务需要几年的相关工作经验（在你认为对的项目上打钩） 不需要　1年　2年　3年　4年　5年及以上　不好估计
12. 你认为胜任这个职务需要什么样的文化程度（同上） 初中　高中　大专　本科　硕士及以上　不好估计
13. 你认为一位没有相关工作经验的大专学历的人员，需要多长时间的培训可以胜任工作（同上） 不需要培训　3天以内　15天以内　1个月以内　3个月以内　半年以内　半年以上　不好估计
14. 你认为什么样的性格和能力的人能更好地胜任该职务
15. 你认为具备什么样心理素质的人能更好地胜任该职务
16. 你认为具备什么样知识的人能更好地胜任该职务
17. 请描述该职务的工作环境，并分析什么样的工作环境更适合该职务工作
18. 请列举你直接领导的下属的职务、姓名和工作内容
19. 你对该职务的评价
20. 你认为如何才能更好地完成工作
21. 请将该表没有列出但你认为有必要的内容写在下面
注意事项： 1. 填写人应保证以上填写的内容真实、客观，并且没有故意的隐瞒。 2. 该问卷的内容将作为职务分析的重要依据，如果填写人在填写时发现有遗漏、错误或其他需要说明的情况，请立即与人力资源部职务分析小组联系。 填写人签字：　　　　　　　　　　职务分析负责人签字：

四、工作日志法

工作日志法是指任职者按照工作日志的形式，详细记录自己的工作内容和工作过程，经过工作分析人员的归纳、提炼，获取所需岗位工作信息的一种工作分析方法。工作日志又称为工作活动记录表。

表4-3是对某公司的业务员运用工作日志法进行工作分析的应用实例：

表 4-3　某公司业务员工作日志

姓名		所在部门		日期	
序号	客户姓名	单位名称	拜访内容	联系电话	拜访结果
1					
2					
3					
4					
5					
⋮					
明日预订计划					
自我总结					
备注					

（一）优点

工作日志是员工在一段时间内对自己工作中所做的一切系统活动的记录，记录成本低、信息可靠性高。如果内容记录得很详细，经常会获得一些其他方法无法获得的细节信息。

（二）缺点

1. 记录信息偏差

如果无法对员工的记录过程进行有效的监控，员工也许不能真实地记录工作活动，导致员工填写的内容详细化程度与实际工作存在偏差。

2. 适用范围较小

工作日志法只适用于工作循环周期较短、工作状态较稳定的职位，不适用于工作循环周期较长、工作状态不断变化的职位，如销售岗位就不适合运用该方法进行分析。

五、工作实践法

工作实践法是指工作分析人员直接参加所要分析的工作活动，亲自体验整个工作的过程，从中获取工作分析所需的第一手资料的一种工作分析方法。

（一）优点

工作分析人员通过亲自实践，细致、深入地体验、了解和分析某种工作的心理因素及工作所需的各种心理品质和行为模型。这种方法可以克服有些访谈对象不善于表达的缺点，适用于短期内可以掌握的、比较简单的工作。

（二）缺点

现代组织中许多工作高度专业化，分析人员往往不具备从事某项工作的知识和技能，无法亲自参与，因此，这种方法相对来说有一定的局限性，需要进行大量训练和危险的工作不适合使用该法进行分析。

六、关键事件法

关键事件法也称为典型事例法，是由第二次世界大战中军队开发的关键事件技术（Critical Incident Technique，CIT）发展而来的。关键事件就是使工作成功或失败的事件，或者是对工作特别有效或无效的行为。关键事件法是指通过对完成岗位工作的关键事件进行收集、归纳、分析，从而达到对整个工作进行分析的方法。

下面是对某公司的物流主管运用关键事件法进行工作分析的应用实例：

安妮是公司的物流主管，负责将客户从海外运过来的货进行清关、报关，并把货提出来，然后按照客户的需求运到相应处，确保整个物流的顺利进行。

这家公司很小，共有 20 名员工，只有安妮一人负责这项工作。物流工作除了她再没人懂了。在刚进行完 1 月份考评后，2 月份发生了一件事情：安妮 80 多岁的祖母在半夜里病逝了。她从小由祖母养大，祖母的病逝使她很悲伤。她为了料理祖母的后事，人很憔悴，也生病了。碰巧第二天，客户有一批货从美国进来，并要求清关后当天 6 点钟前准时运到，而且这是一个很大的客户。安妮是怎么做的呢？她把家里的丧事放在一边，第二天早上 9 点准时出现在办公室。她的经理和同事都发现，她的脸色铁青，精神也不好，一问才知道家里出了事。但是，这个小女孩什么话也没说，一直做着进出口报关、清关的手续，把货从海关提出来，并且在下午 5 点就把这批货发出去了，及时运到了客户那里。然后，她就下班走了。可公司是 6 点下班，她提前走了，回去处理祖母的丧事了。

这是一个关键性事件。如果这件事情她的部门经理没有发现，不记下来，或者人力资源部也没有发现，那在其他员工的眼里，6 点下班，她 5 点就走了，会被认为是早退。但是，如果部门经理善于观察，发现了这件事情，问清楚是怎么回事，会发现这是一件能反映安妮优秀工作品质的事情。

如果安妮的祖母没有去世，那么帮助客户快速办理货物是一个物流主管正常的工作，是不会被记下来的。但这一天，她置个人的事情于不顾，首先考虑公司的利益。为了不让客户受损失，她克服了种种困难出现在办公室，提前完成了任务。这是一件要加分的事情，部门经理应当把这件事情记录下来。

当时的情境是：安妮的祖母头一天晚上病逝了。

当时的目标是：第二天把一批货完整、准时地运到客户那里。

当时的行动是：她置家里的事情于不顾，准时出现在办公室，提前 1 个小时把货发出去了。

当时的结果是：客户及时收到了货，没有损害公司的信誉。

（一）优点

关键事件法直接描述人们在工作中的具体活动，揭示工作的动态性，反映任职者特别有效和特别无效的工作行为，有利于获取影响员工工作绩效的关键因素，这种收集资料的方法适用于大多数岗位的工作分析。

（二）缺点

1. 耗费时间长

关键事件法需要耗费大量的时间收集、归纳、分类，在时间上对于工作分析人员是一种挑战。

2. 岗位分析不全面

关键事件法描述的是特别有效或特别无效的行为，不能对工作提供一种完整的描述，无法描述工作职责、工作任务、工作条件和任职资格条件的情况，不能完成全面的岗位分析。

任务四　编写工作说明书

工作分析的结果就是形成工作说明书，员工依据工作说明书了解他们的工作任务，明确工作职责和工作范围，清楚组织对他们的期望值，按照组织规定的标准完成本职工作。

一、理解工作说明书

（一）工作说明书简介

工作说明书是组织对各类岗位的性质特征、工作任务、职责权限、岗位关系、劳动条件和环境，以及本岗位人员任职的资格条件等事项所做的统一规定，是以标准的格式对岗位的工作特征及任职资格条件进行规范化的描述性文件。

根据工作说明书所说明的对象不同，工作说明书可以分为以下三类：

（1）岗位工作说明书，即以岗位为对象所编写的工作说明书。

（2）部门工作说明书，即以某一部门或单位为对象所编写的工作说明书。

（3）公司工作说明书，即以公司为对象所编写的工作说明书。

（二）编写工作说明书的好处

1. 实现组织优化

在编写工作说明书之前，企业经过一个完整的工作分析流程，对部门职责、岗位职责进行分析和规划，明确部门设置是否相互重叠、人员配置是否冗余、职责范围是否清晰、工作流程是否顺畅，从根本上发现并解决组织方面存在的问题，使组织结构更加合理、部门设置更加科学、人员配备更加有效。

2. 达成共同理解

一份好的工作说明书使员工了解组织的目标、自己在组织中的作用以及相应的职责和权限。尤其是当新员工在上岗前拿到一份详尽的职位说明书时，不但给他留下良好的公司管理印象，还有助于他尽快了解工作的全貌，顺利进入角色。员工和主管共同签字的工作说明书，既意味着双方对工作内容达成共同的理解，也意味着一种对工作目标和规范的共同承诺。

3. 提供重要依据

工作说明书是组织进行人员招聘、制订培训计划和个人发展计划、进行职位评估以及各部门制定绩效管理标准的重要依据。

（三）编写工作说明书容易出现的问题

1. 只重结果，不重过程

编写工作说明书的过程实质上是主管和下属双向交流的一种沟通方式。但有的组织人力资源部为应付工作草率编写，未能在工作分析过程中与下属进行有效的交流，采取的问卷调查法、访谈法等获取信息资料的方法只是走走形式，收集的信息资料不足以支撑工作说明书的编写，导致编写的工作说明书变成可有可无的摆设。

2. “一劳永逸”现象严重

很多组织存在工作说明书编写后若干年内不会修订的现象，这种现象在一些传统行业里很常见。随着组织所面临环境的变化，组织结构的调整、人事的变化、部门职能的变化都会相应地导致岗位工作内容发生变化，工作说明书如果不能适应这种变化及时修订，就会很快过时。在传统行业里，工作说明书一般也需要每一到两年修订一次。

3. 忽视一线经理的编写职责

在编写工作说明书的过程中，人力资源部只是提供一种格式和方法，对一线部门所编写的工作说明书进行审核，真正的编写者是一线经理。一线经理应经常审视下属的工作内容、工作要求、组织关系等是否发生变化，如果发生变化应更新工作说明书。而有的组织将编写工作说明书的工作安排人力资源部完成，这在一定程度上偏离了编写工作说明书的本意。

4. 编写内容不规范

有的组织在编写工作说明书时将职位等级、工作的复杂性、管理责任的大小评价也纳入其中，使工作说明书过于复杂。还有的组织在编写工作说明书时过于简单，内容仅仅局限在工作职责方面，这种工作说明书是不能够发挥其应有的职能的。这两种工作说明书显然是不规范的，在实际运用中应加以取缔。

直通职场

华达公司的职位分析

华达公司新上任的人力资源部王经理在了解了董事长的意图、掌握了公司的基本情况后，决定从职位分析入手建立职位管理体系。

他在阅读了国内目前流行的基本职位分析书籍之后，从中选取了一份职位分析问卷，作为收集职位信息的工具。然后，人力资源部将问卷发放到各个部门经理手中，同时在公司的内部网上发了一份关于开展问卷调查的通知，要求各部门配合人力资源部做好问卷调查。

但是问卷下发到各部门之后一直搁置在各部门经理手中，并没有发下去，很多部门直到人力资源部开始催收时才把问卷发到每个人手中。同时，由于工作很忙，很多人在拿到问卷之后并没有仔细思考，就草草填写了事。还有很多人由于在外地出差，或者任务缠身，自己无法填写，而由同事代笔。此外，据一些比较重视这次调查的员工反映，大家都不了解这次问卷调查的意图，也不理解问卷中那些陌生的管理术语，比如何为职责、何为工作目的。很多人想就疑难问题向人力资源部咨询，可是不知道具体该找谁。因此，他们在回答问卷时只能凭借自己个人的理解，无法把握填写的规范和标准。

一个星期之后，人力资源部收回了问卷。他们发现，问卷调查的效果不太理想，一部分问卷填写不全，一部分问卷答非所问，还有一部分问卷根本没有收上来。辛苦组织的调查并没有发挥它应有的价值。

与此同时，人力资源部也着手选取一些职位进行访谈。但在试着谈了几个职位的任职者后，发现访谈的效果也不好。因为在人力资源部，能够与部门经理访谈的只有人力资源部经理一人，同时，由于经理们都很忙，双方要聚在一起实在不容易。结果，两个星期过去了，只访谈了两个部门经理。

人力资源部的几位主管负责对经理级以下的人员进行访谈。访谈中出现的情况出人意料。在大部分时间里，都是被访谈人发牢骚，指责公司的管理有问题，抱怨自己的待遇不公等。而在谈到与职位分析相关的内容时，被访谈人往往言辞闪烁、顾左右而言他，似乎对人力资源部的这次访谈不太信任。访谈结束之后，访谈人都反映对该职位的认识仍很模糊。这样持续了两个星期，访谈了大概 13 个职位。王经理认为时间不能拖延下去，因此决定进入项目的下一个阶段——撰写职位说明书。

可是，各职位的信息收集得还不完全。怎么办呢？无奈之下，人力资源部不得不另觅他途。他们通过各种途径从其他公司收集了许多职位说明书，试图以此作为参照，结合问卷和访谈收集到一些信息来撰写职位说明书。

在撰写阶段，人力资源部成立了几个小组，每个小组负责起草某一部门的职位说明书，各组要在两个星期内完成任务。在起草职位说明书的过程中，人力资源部的员工都颇感为难，一方面不了解别的部门的工作，问卷和访谈提供的信息又不准确；另一方面，大家缺乏撰写职位说明书的经验，因此写起来都感觉很费劲。规定的时间快到了，很多人为了编稿，不得不急急忙忙东拼西凑了一些材料，再结合自己的判断成稿。

最后，职位说明书终于出台了。人力资源部将成稿的职位说明书下发到各部门，同时下发了一份文件，要求各部门按照新的职位说明书来界定工作范围，并按照其中规定的任职条件来进行人员的招聘、选拔和任用。这一做法引起了其他部门的强烈反对，很多直线部门的管理人员甚至公开指责人力资源部，说人力资源部的职位说明书是一堆垃圾文件，完全不符合实际情况。

于是，人力资源部专门与相关部门召开了一次会议来推动职位说明书的应用。人力资源部经理本来想通过这次会议说服各部门支持这一项目，结果却恰恰相反，在会上，人力资源部遭到了各部门的一致批评。同时，人力资源部由于对其他部门不了解，对于其他部门所提的很多问题也无法进行解释和反驳，因此，会议的最终结论是，人力资源部重新编写职位说明书。后来，经过多次重写与修改，职位说明书始终无法令人满意。最后，职位分析项目不了了之。

人力资源部的员工在经历了这一失败的项目后，对职位分析彻底丧失了信心。他们开始认为，职位分析只不过是“雾里看花，水中望月”的东西，说起来挺好，实际上却没有什么用处，而且职位分析只能针对西方国家那些管理先进的大公司，在中国的企业中根本就行不通。原来雄心勃勃的人力资源部经理也变得灰心丧气，但他一直对这次失败耿耿于怀，对项目失败的原因也百思不得其解。

华达公司在编写职位说明书前，运用了问卷调查法和访谈法收集资料信息，但整个问卷调查和访谈流于形式，并没有收到预期的效果，无奈之下，人力资源部通过各种途径从其他公司中收集了许多职位说明书，以此作为参照完成编稿。显然，这种职位说明书是不符合公司实际情况的，导致职位说明书下发后不能发挥应有的作用。

二、工作说明书的内容

（一）工作描述

工作描述又称工作说明，是指明确指出某一岗位的工作内容、工作条件等信息的文件。文件的信息是准确的，具体说明这一岗位工作的物质特点和环境特点。

1. 工作标识

工作标识是用来区别组织中不同岗位之间的标志，包括工作名称、岗位编码、定员标准、所属部门、直接上级、岗位等级、分析日期等。其中，工作名称是指所在工作岗位的名称，是工作标识中最重要的项目。一个好的工作名称能够恰当地表现岗位工作的主要内容，并可以将该岗位与其他岗位区别开，使阅读者一看就大概知道该岗位是干什么的。岗位编码又称工作编码、岗位编号等。设置岗位编码便于迅速查找工作岗位的信息，能够区分各个岗位的所属部门，反映岗位的上下级关系。如某职业编码为 HR-02-05，其中 HR 表示人力资源部，02 表示主管级，05 表示人力资源部员工的顺序号。

2. 工作概要

工作概要也称工作目的，是用简短的语言对工作内容进行高度概括和简要描述，表达本岗位存在的价值和理由。撰写工作概要可以采用“工作行动＋工作对象＋工作目的”模式，常用的动词有：全面负责、主管、支持、提升、确保、实现、达到等。例如：人力资源部经理的工作概要可以描述为“支持制订和实施公司的人力资源计划和人力资源管理制度，推动、提升公司的人员招聘、培训、绩效管理、薪酬管理等工作，塑造一支结构合理、高效的人力资源队伍，为实现公司的经营战略目标提供充足的人力资源保障”；办公室主任的工作概要可以描述为“全面负责公司行政和党委的日常事务管理，协助公司领导处理各方面工作，主管公司会务、外事接待、信息工作，为领导决策提供依据，为企业创造良好的外部环境，保证公司管理体系的平稳运行”。

3. 工作职责

工作职责是工作描述的主体，是指组织中的岗位需要承担哪些具体的工作责任和任务，需要达到什么样的效果。工作职责是对工作概要的细化，是对工作内容的概括与提炼。

4. 工作内容

工作内容是工作职责的具体化，即对本岗位所要从事的主要工作事项做出的说明，说明本岗位应该做什么工作、如何做、应该达到什么样的标准等。

5. 工作权限

工作权限是根据权、责、利对等的原则，组织赋予该岗位任职者的决策范围、层级与控制力度。工作权限的设定，可以帮助任职者明确工作职责的边界，提升职业化意识，防止工作中出现相互推诿的现象。工作权限必须与工作责任相匹配，权力过大或过小都不能起到应有的制约和监督作用。

6. 业绩标准

业绩标准是在工作职责确定的基础上，对每项工作任务完成情况的规定。业绩标准有两种：一种是正向业绩标准，即从正面的角度考察该任务是否完成以及完成的效果，如目标完成率、计划执行质量、准确性、及时性等；另一种是反向业绩标准，即从反面的角度考察任务的完成效果，如差错率、失误率、客户投诉率等。

7. 工作关系

工作关系是说明本岗位工作与组织内部和外部其他工作之间的横向关系和与其他工作之间存在的监督与被监督的纵向关系，以确定本岗位在组织中的位置，主要包括：该项工作监督谁、受谁监督，该项工作可晋升的岗位、可转换的岗位以及可迁移至此的岗位，该项工作与哪些部门或外部单位和个人发生联系等。

8. 工作条件和工作环境

工作条件一般是指执行工作的条件，主要包括任职者的工作场所、使用的办公设备和原材料、工具等。工作环境包括物理环境和社会环境，物理环境即工作地点的温度、湿度、光线、噪声、安全条件、地理位置、在室内或室外等；社会环境是指工作的人际因素，包括工作群体中的人数、完成工作所要求的人际交往的数量和程度、各部门之间的关系、工作地点内外的文化设施以及社会风俗的影响程度等。

直通职场

工作描述范例

某公司网站管理岗位工作描述如表 4-4 所示。

表 4-4　某公司网站管理岗位工作描述

发布日期：××年×月×日

工作名称	网站管理	岗位编号	02-05-007
直接上级	新闻中心主任	直接下级	无
分析人	××	批准人	×××
工作概要：在新闻中心主任的领导下，开展公司“思想政治工作超市”网站的信息发布、设计维护、升级改造和日常管理等工作。			
工作职责：			绩效考核指标
1. 编制网站宣传工作计划			计划执行率
2. 开展网站的设计维护、版面更新以及硬件设备的升级改造等工作			新闻更新频率
3. 从事网站的信息发布管理工作，对有价值的相关信息进行反馈并督办处理			调查报告主管满意度
4. 按照公司规定做好与之链接的二级单位网站的设计指导和信息沟通交流工作			沟通计划完成率
5. 开展对网站服务器、数据库的安全检查、杀毒维护和资料备份等工作			安全天数、故障率

续表

6. 通讯员网络建设和通讯员队伍培训	培训计划执行率
7. 新闻各类稿件有发布权、核实权、审定权，对本部管理制度有建议权	出现不健康内容次数
工作关系图：	
工作环境： 工作地点：办公室占80%，出差占20% 工作危险性：□无　□基本无危险　□比较危险　□非常危险 职业病：□无职业病的可能　□有职业病的可能	

（二）工作规范

工作规范又称任职资格，是指任职者胜任该项工作所必须具备的知识、工作经验、工作技能、生理要求和心理品质要求等方面的最低资格要求。工作规范与工作描述的内涵不同，工作描述是针对岗位工作的性质而言的，而工作规范则是对人的要求。工作规范的主要内容如下：

1. 知识

（1）学历要求。

学历要求是指胜任岗位所需要的最低学历，如高中、中专、大专、本科、硕士研究生、博士研究生等，学历代表任职者受教育的年限，是从事该岗位所应具备的基础条件。

（2）基础知识。

基础知识是指与工作相关的基础性理论知识，一般为一级或二级学科。不同的工作性质需要不同的基础知识。如人力资源部经理应该掌握的基础知识有管理学、心理学、法学、经济学等的知识。

（3）专业知识。

专业知识是指岗位的核心知识，体现岗位之间的本质区别。如人力资源部经理需要的专业知识包括工作分析、人员测评、工作评价等，而财务部经理需要的专业知识包括财务核算、报表编制、资金预算等。

2. 工作经验

工作经验可以采用社会工作经验和组织内工作经历相结合的方法来度量。社会工作经验是指任职者所有的工作经验，包括一般工作经验、相关工作经验、专业工作经验和管理经验四类。组织内工作经历是指用本组织内部的工作经历来表示岗位的工作经验要求，一般适用于从内部选拔中、高层管理者。

3. 工作技能

工作技能是指与工作相关的工具、技术和方法的运用，包括两类：一类是通用技能，如公文处理技能、计算机操作技能、外语技能等；另一类是专业技能，如会计人员必须有会计从业资格证书，医生要有相应级别的医师资格证书和医师执业证书等。

4. 生理要求

生理要求主要包括任职者的健康状况、身高、性别、体重、运动的灵活性、感觉器官的灵敏度等。如宾馆的门卫岗位一般要求性别是男性，且身高不低于175厘米、身体强壮等。

5. 心理品质要求

心理品质要求不仅包括任职者的观察能力、记忆能力、理解能力、学习能力、解决问题的能力、创造能力、语言表达能力、决策能力、沟通能力、领导能力、组织能力等，还包括性格、气质、兴趣爱好、态度、事业心、合作性等。

直通职场

工作规范范例

某公司招聘专员岗位工作规范如表4-5所示。

表4-5 某公司招聘专员岗位工作规范

岗位名称	招聘专员	编号	001
部门	人力资源部	职务	招聘专员
分析人员		分析日期	
1. 体格要求 (1) 年龄：25～40岁；性别不限 (2) 身高：女性1.55～1.70米　男性1.60～1.85米 (3) 体重：与身高成比例，在合理的范围内即可 (4) 视力：必须能够看清计算机屏幕、数据报告和其他文件 (5) 听力：必须能够与同事、员工和顾客交流，参加各种会议和准备公司信息 (6) 健康状况：无残疾、无传染病 (7) 外貌：无畸形，出众更佳 (8) 声音：普通话发音标准，语音和语速正常			
2. 知识和技能要求 (1) 学历要求：人力资源管理专业、心理学专业或相关专业本科及以上 (2) 工作经验：3年以上国有大型企业工作经验 (3) 专业背景要求：从事人力资源招聘工作2年以上 (4) 英语水平：国家六级 (5) 计算机：熟练使用Office办公软件			
3. 特殊才能要求 (1) 语言表达能力：能够准确地与主管交流工作情况；能够遵循人力资源的规划和预测；能够准确、清晰、生动地向应聘者介绍企业情况；能够准确、巧妙地解答应聘者提出的各种问题 (2) 文字表达能力：能够准确、快速地将希望表达的内容用文字表达出来，对文字描述很敏感 (3) 工作认真细心，能认真保管好各类招聘材料 (4) 有较强的公关能力，能准确地把握同行业的招聘情况			
4. 其他要求 (1) 能够随时出差 (2) 不可以请一个月以上的假期			

三、工作说明书的编写流程、编写要求

（一）编写流程

1. 岗位分析

工作分析人员根据组织架构进行岗位梳理和工作分析。分析组织中现有的各种管理制度等资料信息，采用问卷调查、岗位工作报告、员工日志、访谈等方法，对组织中各类岗位的性质、工作任务、工作职责等进行较为全面的了解。

2. 岗位调查

开展工作分析的调查活动，尽可能全面获取各类岗位的相关信息，丰富信息资料内容。

3. 信息处理

借助统计、计算机等手段和工具对所获取的信息资料进行分类整理，并加以详细分析，使信息更加条理化、清晰化。

4. 形成草稿

根据工作分析所收集的信息，初步拟定工作说明书的草稿。

5. 意见征询

召集整个工作分析过程中所涉及的人员，向他们分发工作说明书草稿，对其完整性、准确性、合理性进行讨论，并详细记录讨论意见。

6. 审查草稿

根据讨论结果，对工作说明书草稿进行初步的审查与修改。

7. 审批实施

人力资源部提炼总结后，报组织高层管理者进行审批后实施。

（二）编写要求

（1）内容可依据工作分析的目的进行调整，可繁可简；

（2）可以用表格形式表示，也可采用叙述形式表示；

（3）需个人填写的部分，应运用规范术语，字迹要清晰；

（4）使用浅显易懂的文字，语言要明确，不要模棱两可；

（5）运用统一的格式，注意整体的协调，做到美观大方。

直通职场

工作说明书范例

工作说明书范例如表 4－6 所示。

表 4－6　工作说明书范例

岗位名称	安全保卫中心副经理	所属部门	后勤保障部	编制日期	
直接上级	后勤保障部主管	岗位定编		编制人	
工作概要： 在后勤保障部领导下负责公司区域内的安全保卫和消防管理工作，贯彻执行有关消防、安全的法律、法规，根据公司实际情况制订各类安全操作制度及应急预案，处理安全事件，排查安全隐患，积极配合公安机关的工作等。					

续表

<table>
<tr><td colspan="3">工作职责：在后勤保障部的领导下，对公司安全工作负全面责任。</td></tr>
<tr><td colspan="3">工作内容：
1. 贯彻执行国家法律、法规以及有关安全保卫方面的规章制度和方针政策。
2. 负责拟定年度安全、消防工作计划，组织实施日常消防、安全管理。
3. 负责制订安全保卫中心的工作计划，并对部门的工作落实情况进行监督和检查。
4. 负责制定、修改、实施公司安全防范工作制度并督促落实。
5. 负责主持安全保卫中心工作例会，传达贯彻总经理和直属上级领导的指示。
6. 负责组织实施防火检查和火灾隐患的整改工作，并督促落实。
7. 组织开展消防知识技能的宣传教育和培训，定期组织灭火和应急疏散的演习。
8. 负责配合综合事务中心对公司新员工进行消防安全知识和企业安全规定培训，并定期组织安排对公司所有员工进行提高各种安全意识方面的培训和考核。
9. 负责制定重要客人来司、重大节日、大型会议期间的安保方案，并督促执行。
10. 负责对公司治安、保卫工作进行监督、落实。
11. 负责对本部门员工的职责、工作态度、业务能力、行为规范、服务态度进行培训和绩效考核。公司发生重大案件、事故时应积极配合公安部门组织调查处理，并形成书面报告。
12. 受理客人有关公司安全和本部门员工的投诉。
13. 维护公司内部秩序，负责做好公司重大活动期间的交通疏导、人员疏散及现场秩序维护等方面的安全组织工作。
14. 完成上级领导交办的其他工作。</td></tr>
<tr><td colspan="3">工作关系：</td></tr>
<tr><td>内部协调关系</td><td colspan="2">各部门</td></tr>
<tr><td>外部协调关系</td><td colspan="2">公安机关、消防、本区域街道等需配合部门</td></tr>
<tr><td colspan="3">任职资格：</td></tr>
<tr><td>所需学历/专业</td><td colspan="2">本科以上学历/专业不限</td></tr>
<tr><td rowspan="2">必备知识</td><td>专业知识</td><td>知晓国家有关法律法规和各项安全管理规章制度；具有保安工作的理论知识。</td></tr>
<tr><td>计算机要求</td><td>熟练运用常用办公软件。</td></tr>
<tr><td>工作经验</td><td colspan="2">5 年以上安保工作经验，3 年以上安保管理经验。</td></tr>
<tr><td>必备能力</td><td colspan="2">较强的组织领导能力，兼具消防、内保等比较专业的处理能力；具有协调内在关系的能力，人际关系良好，善于沟通与协调政府安全、消防、治安和安全管理部门的关系；能够适应和处理突发事件。</td></tr>
<tr><td>工作态度</td><td colspan="2">踏实肯干，耐心细致，有责任心；
学习能力强，善于分析思考问题；
思路清晰，独立性强，具有团队合作精神。</td></tr>
</table>

岗证融通：职业技能训练

训练目标

（1）培养学生观察工作的意识，具备设计调查问卷和访谈的能力。

（2）使学生认识工作分析的重要性，能够结合工作实际进行工作分析并形成工作说明书。

训练内容

（1）通过实地走访企业，学生运用观察法、问卷调查法和访谈法对企业指定的岗位进行岗位分析。

（2）学生设计工作分析调查问卷和访谈提纲，能够独立进行现场访谈。

训练评价

（1）调查问卷内容是否全面，设计是否合理。(20 分)

（2）访谈提纲内容是否充实，是否符合岗位实际。(30 分)

（3）现场访谈是否能够根据员工具体实际情况进行，是否能够把控整个访谈流程。(30 分)

（4）工作说明书编写内容是否齐全，格式是否规范，语言表达是否清晰、准确，逻辑性是否强。(20 分)

（5）教师进行考核评价（见表 4－7）。

表 4－7　考核评价

评价指标	指标描述	权重	具体评价				评价得分	权重得分
			优秀 90～100 分	良好 80～89 分	一般 70～79 分	较差 60～69 分		
调查问卷完成度	调查问卷内容全面，设计合理	20%	能够全面、合理地设计调查问卷	基本能够全面、合理地设计调查问卷	基本能够全面地设计调查问卷，但合理性欠缺	不能够全面、合理地设计调查问卷		
访谈提纲完成度	访谈提纲内容充实，符合岗位实际	30%	能够完成内容充实的访谈提纲，且符合岗位实际需求	基本能够完成内容充实的访谈提纲，且符合岗位实际需求	基本能够完成内容充实的访谈提纲，在符合岗位实际需求方面欠佳	不能够完成内容充实的访谈提纲，且不符合岗位实际需求		
现场访谈把控度	现场访谈能够根据员工实际情况进行，并能够把控整个访谈流程	30%	能够根据员工实际情况把控整个访谈流程	基本能够根据员工实际情况把控整个访谈流程	基本能够把控整个访谈流程，但有时缺乏根据员工实际情况进行访谈	不能够根据员工实际情况把控整个访谈流程		
工作说明书编写情况	工作说明书编写内容齐全，格式规范，语言表达清晰、准确，逻辑性强	20%	能够编写内容齐全的工作说明书，且语言表达清晰、准确，逻辑性强	基本能够编写内容齐全的工作说明书，且语言表达清晰、准确，逻辑性强	基本能够编写内容齐全的工作说明书，但语言表达欠清晰、准确，逻辑性不是很强	不能够编写内容齐全的工作说明书，且语言表达不够清晰、准确，逻辑性不强		
评分合计								

项目五
招聘与配置

学习目标

知识目标

1. 了解人力资源共享服务下的招聘流程、招聘渠道。
2. 熟悉人力资源共享服务下的人员测试方法。
3. 掌握人力资源共享服务下的人员录用及人力资源的有效配置。

能力目标

1. 能够运用人力资源共享服务下的招聘流程完成招聘工作。
2. 能够进行人力资源共享服务下的人员测试与甄选。

素养目标

1. 培养正确的工作态度和价值观，实现价值引领的目标。
2. 提升政治素养及综合素质，培养较高的思想觉悟和家国情怀。

学习导图

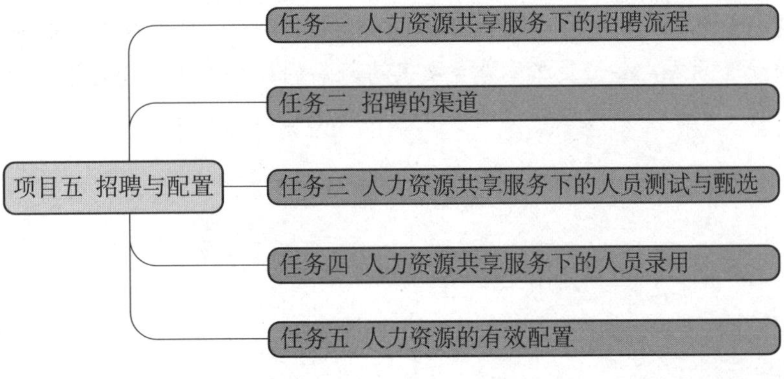

案例导入

格力公司招聘员工的要求

董明珠掌管的格力，员工最多时超过10万人。我们很难想象，面对数量如此之多的员工，她是如何管理的呢？她又是如何让众多的员工听从她的号令的？她说，没有人才，一切归零。那么在她的眼中，什么样的人才算是人才呢？

格力公司董事长董明珠明确告诉面试官，格力严格按照以下三方面招聘，尤其是第一点非常关键。

1. 道德品质

企业招聘员工首先要考虑的是其道德品质，没有人品的人才不能用，道德品质是衡量是否招聘一个员工的非常重要的要素。一个成熟的企业更多的是考虑员工的道德品质，尤其是奉献精神、诚信意识和责任感。员工从踏入公司开始，企业就应该倡导奉献精神、诚信意识和责任感。对于员工而言，只有有了奉献精神，才会有一种自豪感，才会感到幸福。企业领导人要认识到，员工是有一定思想的人，他们追求的是一种境界，他们会因为实现了自身价值而感到快乐。

2. 敬业精神

世界500强企业是非常注重实效和结果的，对这些企业来说，员工具有敬业精神是必不可少的。员工要想适应当前的职场环境，必须具备明确的工作目标和强烈的责任心，带着激情去工作，高标准、高质量地完成本职工作。工作态度决定了一个人的工作效率和工作成果。只有具有良好的工作态度，才能成为一个值得信赖的员工，获得领导和同事的信任。因此，招聘员工要考量一个人是否对工作具有较强的奉献精神，奉献精神决定了一个人的责任心和工作态度。

3. 员工潜力

员工是否具备一定的发展潜力对于企业的发展至关重要。企业在招聘员工时，面试官会通过一些方式来考查求职者的潜力特质，以及在逆境压力下的应激状态。面试官会提问一些开放型的问题，看应聘人员是否善于从认识到开发再到提炼运用，最后形成自己的能力。

分析提示

从格力公司招聘员工时的三点要求可以看出道德品质、敬业精神和员工潜力对于一个公司发展的重要性。格力公司员工最多时超过10万人，管理这么多的员工除了需要运用恰当的管理方法，公司员工本身也要具有较高的综合素质。公司能否招到具有较高综合素质的员工取决于招聘过程中面试官是否严格遵循面试标准。

任务一　人力资源共享服务下的招聘流程

招聘是在组织总体发展战略的指导下，制订人员补充计划，按照一定的程序和方法，寻找并录用具备岗位任职资格条件的求职者补充职位空缺的过程。招聘的关键是吸引求职者对相关岗位产生兴趣并前来应聘。招聘是人力资源管理的首要环节，是实现人力资源管理有效性的重要保证，是一项较为复杂的活动过程。

微课

树立注重品德修养正确的用人观——谈员工招聘

一、确认招聘需求

招聘需求是整个招聘工作的起点。当企业人力资源部无法全面判断企业是否有招聘需求时，招聘需求大多数由业务部门经理提出，需填写人力资源部制定的《招聘需求申请表》（见表5-1）。招聘需求确认一般有两种形式：一是企业已经制定“定岗定员标准”；二是企业没有制定“定岗定员标准”。

微课

招聘管理实施流程

（一）企业已经制定“定岗定员标准”

当业务部门提出招聘需求时，人力资源部根据业务部门提交的《招聘需求申请表》查阅组织的“定岗定员标准”，找到对应的岗位定员标准。如果招聘需求在“定岗定员标准”范围内，人力资源部可以组织开展实施招聘工作；如果招聘需求不在“定岗定员标准”范围内，人力资源部需要结合业务部门情况分析是否是企业经营活动变化导致人员的变动，形成分析结果后上报企业高层进行审批，由高层管理者确认是否需要招聘。

（二）企业没有制定“定岗定员标准”

对于没有制定“定岗定员标准”的企业，当业务部门提出招聘需求时，人力资源部需要根据组织人力资源规划制定的人力资源需求预测情况，与业务部门提交的《招聘需求申请表》进行对比分析，结合业务部门实际情况形成业务部门招聘需求分析报告，并上报企业高层进行审批，由高层管理者确认是否需要招聘。

表5-1　招聘需求申请表

申请日期：

需求职位名称		需求人数		现有人数		需求部门	
申请原因	□离职补缺　□替换人员　□岗位调动 □储备人员　□业务发展扩编　□新增职位						

续表

<table>
<tr><td colspan="6">任职要求</td></tr>
<tr><td colspan="2">项目</td><td>最低要求/底线水平</td><td colspan="2">项目</td><td>最低要求/底线水平</td></tr>
<tr><td rowspan="2">基本期望</td><td>性别</td><td></td><td rowspan="2">工作经验</td><td>行业背景</td><td></td></tr>
<tr><td>年龄</td><td></td><td>工作年限</td><td></td></tr>
<tr><td rowspan="2">教育背景</td><td>学历</td><td></td><td rowspan="2">必备技能</td><td>电脑水平</td><td></td></tr>
<tr><td>专业</td><td></td><td>外语水平</td><td></td></tr>
<tr><td colspan="2">优先条件</td><td colspan="4"></td></tr>
<tr><td colspan="2">其他补充要求</td><td colspan="4"></td></tr>
<tr><td colspan="6">工作要求</td></tr>
<tr><td colspan="6">工作内容具体描述
1.
2.
3.
4.</td></tr>
<tr><td colspan="2">部门负责人
意见</td><td colspan="4">部门负责人：　　　　日期：</td></tr>
<tr><td colspan="2">人力资源管理
部门意见</td><td colspan="4">主任：　　　　日期：</td></tr>
<tr><td colspan="2">总经理意见</td><td colspan="4">总经理：　　　　日期：</td></tr>
</table>

（三）人力资源共享服务下的招聘需求确认

确认招聘需求是人力资源管理“三支柱”中SSC的工作内容。为提高招聘信息发布效率，SSC需要与用人部门确定好招聘需求。

用人部门以邮件形式将招聘需求发送到共享服务平台，SSC收到邮件后，立即与公司人力资源部负责人进行联系，确认招聘需求是否经企业高层管理者审批。审批后SSC要求业务部门负责人填报《招聘需求申请表》。SSC收到《招聘需求申请表》后，与公司用人部门负责人进行联系，进一步理解和明确招聘需求中的各项要求，例如：沟通中发现该职位需要经常出差的特点，应特别注明“接受经常出差”的要求。进行整理确定，做好台账记录，便于管理和跟踪。如果是通过招聘系统管理，要将相应的信息输入招聘系统。

共享服务中心对接的招聘需求部门比较多，为避免反复进行沟通和收集不必要信息，SSC会明确接收的流程、模板、时间等。

招聘需求确认流程如图5-1所示。

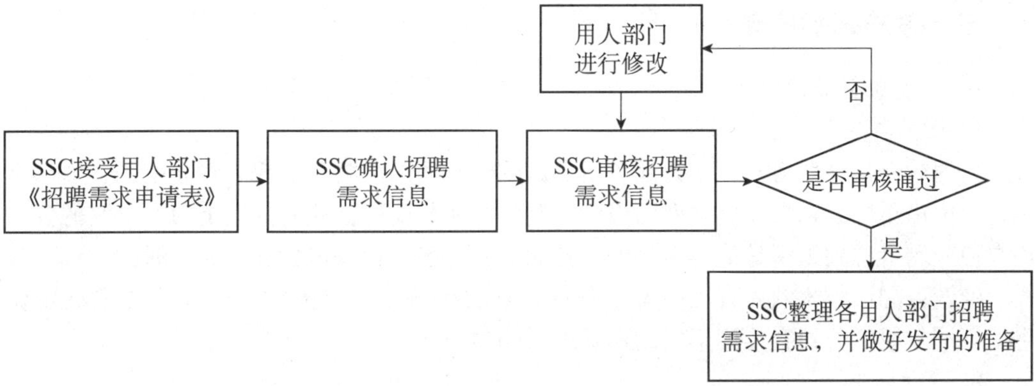

图 5-1　招聘需求确认流程

二、准备招聘方案

招聘方案是组织实施招聘的依据，是开展一系列招聘活动的前期准备。在明确招聘目的和意义的基础上，招聘方案主要包括以下内容：

（1）明确招聘岗位及任职资格要求；

（2）确定招聘信息发布的渠道、时间；

（3）成立招聘工作小组；

（4）确定招聘甄选地点；

（5）安排招聘日程；

（6）进行招聘预算编制。

招聘方案的主要内容如图 5-2 所示。

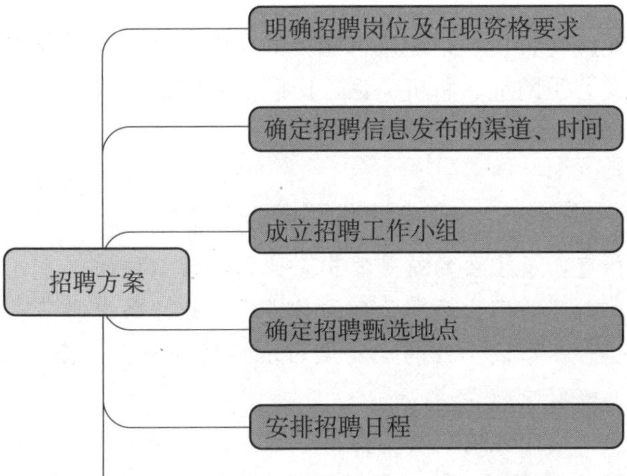

图 5-2　招聘方案的主要内容

三、发布招聘信息

（一）招聘信息的内容

1. 公司简介

公司简介是企业为使社会公众了解自己的经营理念、服务宗旨、营业范围、内部组织、历史沿革以及未来发展，专门设计编制的图文并茂的公关文件。全面、真实的公司简介使应聘者感到组织是值得信赖的。公司简介一般包括公司名称、成立时间、现有规模、经营范围、技术领先程度、客户信誉、获得荣誉、拥有人才及公司未来发展定位等。不同规模的公司会选用不同的形式编写公司简介。

2. 岗位情况

招聘信息中，对招聘岗位情况的介绍主要包括岗位名称、所属部门、岗位职责等。岗位名称根据企业岗位设置，一般采用社会通用名称，如人力资源部岗位名称有人力资源总监、人力资源经理、人事助理、劳动关系专员等。岗位职责可以参考岗位说明书，但以应聘者理解和感兴趣为主，切不可照搬岗位说明书。

3. 岗位任职资格

招聘信息中，必须对应聘者的任职资格提出要求，一般会从年龄、工作时间、工作经历、专业范围、工作经验等方面进行描述。

4. 福利待遇

招聘信息中是否需要写清楚待遇福利，应根据企业的发展定位以及待遇福利是否具有竞争力、吸引力决定。当企业处于初创期时，抱着对人才势在必得的目的，一般采取“领先型”的薪酬策略，这种情况写明福利待遇可以吸引应聘者。但如果企业处于初创期，采取的是“跟随型”的薪酬策略，这种情况就不用写明福利待遇。

5. 联系方式

联系方式能方便应聘者找到企业进行相关的应聘活动。联系方式一般会提供通信地址、电子邮件地址、公司网址、总机电话、应聘的时间范围或截止日期。

直通职场

HR 如何编写招聘信息？

一份好的招聘信息，最重要的就是写出企业需要什么样的人才，对这种人才的资格条件有哪些要求，同时还要写出该职位的工作内容，让应聘者能够清晰地了解企业的需求，并对自己是否适合参加该企业的应聘做出准确的判断。下面是某公司的招聘信息，内容较为全面，容易吸引应聘者。

公司简介：上海××管业有限公司坐落于××经济开发区××工业园区，是一家专业研制、生产三型聚丙烯 PP-R 管、PE-RT 地暖专用管、铝塑 PAP 管、HDPE 给水管、硬聚氯乙烯 PVC-U 给水管等管材、管件的公司。本公司以先进的生产设备、齐全的检测手段、雄厚的技术力量、科学完善的管理体系、优质的进口原料生产“××”牌系列产品。

公司全面通过 ISO 9001：2000 国际质量管理体系认证，所生产的塑料管材管件系列被指定为“国家康居示范工程”选用产品。公司是上海塑料管材制造行业龙头企业、高新技术企业单位，获得“上海名牌”“上海十大畅销品牌”“上海行业领军金奖”等荣誉称号。

“××五洲，××四海”是××人的博大胸怀，××牌产品的质量是赢得市场的根基和保障。公司坚持将高质量的产品、优质的服务、优惠的价格奉献给客户。××管业愿与社会各界携手并进、共同发展、共创管道行业辉煌。

公司地址：××市××路××商务楼×室

电话：××××××××　传真：××××××××

网址：www.××××××. com　邮箱：××××××@163. com

岗位名称：渠道销售 直销销售 业务员 销售员 业务代表 区域主管

岗位描述：××××××××

待遇：底薪+补助+提成=3 000～5 000 元/月，另有多重高额奖励机制（业绩奖、勤劳奖、诚信奖、优秀奖、贡献奖、年终奖），每年 4 次评级晋升加薪机会，欢迎勇于挑战的精英加入！

任职要求：

1. 一年以上工作经验，高中以上学历，20 周岁以上；
2. 敬业、勤奋，热爱销售工作，勇于挑战自我；
3. 语言表达能力强、思维敏捷、性格开朗活泼；
4. 能适应出差，有一定的抗压能力；
5. 有销售工作经验者优先，欢迎优秀应届毕业生加入。

（二）招聘信息发布的时间

在条件允许的情况下，招聘信息要尽早向外界发布，使更多人获得招聘信息，增加应聘人数，以便企业可以尽快发现所需人才，进而缩短招聘进程。

（三）招聘信息发布的范围

信息发布的范围由招聘对象的范围决定。企业根据招聘对象所处的社会层次、招聘岗位的要求与特点向特定人群发布信息，发布的信息覆盖面越广，接收到该信息的人越多，招聘到合适人选的概率越大。

（四）招聘信息发布渠道的选择

企业选择的信息发布渠道有很多，究竟选择哪一种类型的招聘渠道，应根据企业招聘任务的紧迫性、经济条件、操作的方便性等因素确定，没有统一的标准。表 5-2 列出了一些选择招聘渠道时应考虑的因素，供大家在从事招聘工作时参考。

表 5-2　选择招聘渠道时应考虑的因素

招聘渠道	招聘成本	简历收集速度	简历符合度	投入人力
网络招聘	低	快	差	少
报刊招聘	低	快	差	少
现场招聘会	低	快	适中	多

续表

招聘渠道	招聘成本	简历收集速度	简历符合度	投入人力
校园招聘	低	快	适中	多
企业内部推荐	无	慢	适中	无
中介机构	高	快	好	无
猎头公司	高	快	好	无

（五）人力资源共享服务下的招聘信息发布

SSC 需按照业务部门用人需求在不同的信息平台、不同的时间发布相关招聘信息，以确保招聘需求信息尽可能准确地触达潜在候选人。

招聘需求发布的渠道要根据招聘的类型进行选择。如果是内部招聘，可以通过企业网站、内部推荐的渠道进行；如果是外部招聘，可以通过校园招聘、第三方网络招聘、猎头或中介、劳务派遣或服务外包等渠道进行。大部分招聘渠道都是需要付费的，因此渠道的选择一般应根据企业的约定进行。

招聘信息发布后，SSC 还需要及时将发布状态反馈至企业。SSC 应定期跟踪不同的信息平台职位简历投递情况，对于简历投递不理想的岗位应及时采取置顶、扩大发布渠道等措施。对于已经招到的岗位，应及时关闭岗位需求。若岗位信息发布期限截止后，业务部门希望该岗位继续留存，则 SSC 需要将岗位有效期予以延长。同时，SSC 还应当在每月或每季度将不同招聘渠道、不同发布平台的岗位数据分别予以汇总，并发送给相关负责人，作为招聘分析的参考。

在招聘信息发布过程中，SSC 需要注意以下几个问题：

（1）SSC 发布招聘信息时，要注意各企业对招聘公告发布时间、期间、方式的要求，以免发布时机或方式不当，影响招聘质量和结果。

（2）不同的第三方招聘合作网站，其操作流程及具体要求会有所差异，若 SSC 合作的第三方信息平台较多，则应当区分不同平台的差异点。

（3）通常每个职位都会多渠道发布，以增加该职位在人才市场的曝光率，吸引更多应聘者主动投递简历。

四、筛选简历

招聘信息发布后，企业会收到很多简历。面对众多简历该如何筛选？可以用“一分析二看”的办法处理。

（一）“一分析”简历结构

简历的结构在很大程度上反映了应聘者的组织和沟通能力。结构合理的简历一般都比较简练，基本不超过两页。

（二）“二看”客观内容

“一看”应聘者基本信息，包括姓名、性别、民族、年龄、健康状况、政治面貌、学历、受教育经历、培训记录、个人联系方式等，判断应聘者的专业资格和经历是否与空缺岗位相关并符合要求。如不符合要求，就没有必要再浏览其他内容。

“二看”应聘者外在条件，包括工作年限、工作经历、从事工种或岗位、工作业绩、社会活动等。在工作年限方面，专员级别要求 2 年以上同类工作经验，经理级别要求 5 年以上工作经验，部门经理要求 6 年以上工作经验。在工作经历和个人成绩方面，要注意简历的描述是否有条理，是否符合逻辑。例如：一份简历在描述自己的工作经历时，列举了一些著名的单位和一些高级岗位，而他所应聘的却是一个普通岗位；一份简历称自己在许多领域取得很多成绩，获得很多证书，但是分析他的工作经历，很难有这样的条件和机会。这样的简历要引起注意。

最优质的简历是在职业发展路径上呈现曲线上升的趋势，在一个企业做 3～5 年最佳。如果应聘人员在一个企业做了 5 年以上，要考虑其原因，是稳定性好，还是自身能力不够、社会竞争能力弱。警惕跳动频繁的应聘者，特别是在不同行业、专业之间转换的，要分析其职业倾向与定位。对于应聘公司多个岗位的应聘者，也要分析其真实职业定位。

（三）人力资源共享服务下的简历搜寻与筛选

1. 简历搜寻方式

SSC 模式下会更加关注简历搜寻的效率。为从不同信息平台的招聘系统中快速搜寻到适合招聘岗位的简历，我们可以按照下面不同的方式进行搜寻。

（1）整理岗位需求的基本条件。

为精准快速搜寻到用人部门需要的简历，首先就岗位的匹配性进一步了解职位所在的行业、企业规模与职位情况，同时对需求岗位进行分类发布，以增加职位的被搜索率。当自投简历无法满足招聘需求时，需要主动在各类人才网站上进行搜寻。我们可以梳理岗位招聘要求的基本条件，如年龄、专业、行业和工作经验、基本技能等，便于搜寻时使用。

（2）分类搜寻。

我们可以按照“地域＋行业＋职能（职位）”“地域＋行业＋企业名称”等方式进行搜寻，也可以按照关键字进行搜寻（见图 5－3）。

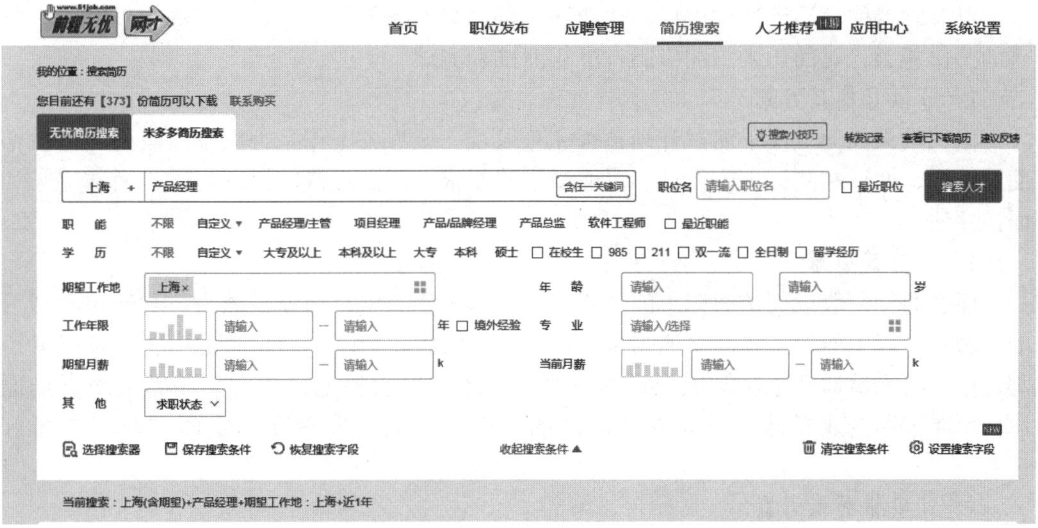

图 5－3　分类搜寻

2. 共享服务下的简历搜寻应注意两个问题

（1）在搜寻简历时，关键词一定要精确。在搜寻到合适的简历后，注意观察其简历更新时间，更新时间越早说明其求职意向越明显。

（2）在对职位不熟悉的情况下，可以通过专业或行业的网站论坛、资深专业人才的博客资源库，横向收集行业信息和行业资讯，纵向重点跟进并了解人才，找到合适的关键词。

3. 简历筛选方法

简历筛选是SSC根据一定的评价标准，对候选人的教育背景、工作经验、目标岗位等信息进行快速判断，并决定其是否通过筛选的过程。由于简历数量多、信息量大，简历质量不同、信息失真等问题存在，因此掌握简历筛选的基本方法就显得非常重要。

（1）筛选前准备。在简历筛选前，SSC首先应对岗位的基本信息进行收集，重点包括岗位所在部门的岗位设置、岗位关键考核指标等，以了解岗位职责。

（2）粗筛简历。在简历粗筛过程中，SSC用关键词从在线简历列表、简历收件箱标题中迅速发现和排除不符合岗位条件的应聘者简历；再根据招聘需求、岗位设置、岗位关键考核指标等，快速从简历中获取关键信息，优先考虑关键指标、简历内容逻辑分析等能力，快速筛选简历，至少选出3～5份简历推荐给业务部门。

（3）细筛简历。在简历细筛过程中，重点看应聘者与岗位需求的能力匹配度、忠诚度、文化匹配度、成长轨迹，是否存在不同平台上的信息存在差异的情况，是否存在不符合常理或逻辑的信息、短暂的工作任期、模糊的字眼以及错别字等。

（4）推荐简历。经过简历的粗筛和细筛，通常推荐3～5份简历，未被推荐的简历应做好记录和归档，以备再次使用。

（5）数据分析。在候选人确定后，SSC应对不同渠道筛选简历的质量、特征、专业方向、数量等进行分析，为后续招聘渠道选择做参考。

五、面试和测试

对应聘者的简历筛选结束后，企业获得符合基本条件的人选，还需进一步确认应聘者的工作能力，对简历入围的应聘者进行面试和测试。

（一）制订面试计划

面试效果如何取决于面试计划是否完善以及面试准备工作是否充分。面试计划包括面试通知、面试和测试内容设计、对面试官的要求、面试接待、组织面试、面试记录和面试评估。

（二）面试通知

面试通知一般以面试通知单的形式发出，内容要完整、清晰、准确。对于招聘现场的应聘者，以书面形式将面试通知单当面交给应聘者；对于网络招聘的应聘者，以电子邮件形式将面试通知单电子版发送给应聘者；还可以直接电话通知应聘者前来参加面试。不能按照企业安排的时间参加面试的，需要与应聘者重新确定面试时间并做好记录。

（三）安排面试考官

人力资源部管理者不可能掌握或精通企业所有岗位的专业知识和技能，面试考官会由各部门熟悉缺员岗位的工作内容及其工作职责的人（部门经理或专业技术人员）担当。

（四）设计面试和测试内容

面试和测试内容一般由企业人力资源部组织企业有关专家，根据岗位工作内容和工作职责的要求一起设计，行业不同、企业不同、岗位不同，则面试和测试内容有所不同，不能照抄别的企业的面试题或测试题。

（五）安排面试场地与面试接待

面试场地一般选择小型会议室，需要干净、整洁、安静，周围无干扰。面试接待工作一般由企业的前台与人力资源部的人员负责，无论应聘者个人职位高低，都要按照规范的礼仪进行接待。

（六）准备面试需要的资料

一般面试需要准备：应聘者填写的应聘登记表、企业的岗位说明书及相关管理规定、面试题目、测试项目、面试记录及面试评价表等。

六、录用

面试和测试结束后，企业要做出录用决定，需要注意录用风险的防范。

微课

招聘流程

（一）录用通知书的制作

录用通知书是具有法律效力的文件，在填写录用通知书时，人力资源部管理者需明确自己的权限，必要时征求企业高层管理者的同意。录用通知书的内容根据企业的需要而定，一般内容及其格式如下：

××××股份有限公司录用通知书

××先生/女士：

我代表××××公司很高兴地通知您，欢迎您加入我们公司________部，任________职位，级别为________。

经与您协商，入职日期定于________年________月________日，试用期为三个月，根据工作表现可以提前转正，但试用期不能短于一个月。您的职责与待遇如下：

1. 工作时间：公司的工作时间为上午8:30至下午5:00。11:30至13:00为午餐及休息时间。

2. 待遇说明：

（1）月薪为________元，其中：________。公司将在您的月工资中按劳动法规定代扣除您的个人所得税的个人缴纳部分及其他国家规定的有关保险等费用；

（2）年终根据公司业绩及制度发放奖金；

（3）公司提供工作午餐或午餐补助；

（4）手机费报销额度为________元；

（5）档案调入公司后，可享受社会养老保险与住房公积金，公司将从工资中代扣个人应缴部分；

(6) 此外，公司还额外为您提供补充养老保险和商业医疗保险。

3. 您有义务对您的薪资内容保密，不将其告知第三方。

4. 聘用解除：试用期间，无论您还是公司（经总经理签字）都可以在任何时间、以任何理由解除聘用关系，但需提前30日通知对方。

5. 办公地点：公司可根据业务要求安排您在公司的其他办公地点或公司下属机构工作。

6. 如您接受本聘书，请签字后送交人力资源部。

我们非常高兴您能加盟××××公司，若有任何疑问，请随时向人力资源部提出。

员工签字：　　　　　　　　　　××××股份有限公司

日期：　　　　　　　　　　　　人力资源总监：×××

（二）录用通知书的发放

在发放录用通知书前，我们需要弄清楚应聘者是处于离职状态还是在职状态。对处于在职状态的应聘者，因其与原用人单位仍然存在劳动关系，录用通知书不宜发放；而对处于离职状态的应聘者，面试通过后即可发放录用通知书。

任务二　招聘的渠道

微课

中小企业招聘管理

招聘信息发布的渠道有很多，既可以在企业内部发布招聘信息，也可以在企业外部发布招聘信息。

一、内部招聘渠道

内部招聘是指企业在出现岗位人员空缺后，从企业内部选择合适的员工来填补这个位置的过程。内部招聘的方法主要有内部提拔、工作轮换、重新聘用和内部公开招募。

（一）内部提拔

内部提拔是指让企业内部符合条件的员工从级别较低的岗位晋升到级别较高的岗位，这种方式一般用于员工晋升。给员工升职的机会，有利于激励员工。

（二）工作轮换

工作轮换是指当企业中出现人员空缺岗位时，将与空缺岗位同层次的员工调去工作的过程。工作轮换往往是两人以上有计划地进行的，一般只在同级之间进行。

（三）重新聘用

重新聘用是指对由于某些原因而不在本企业岗位工作的员工的重聘，这些人员虽已在其他地方工作，但关系还在本企业。重聘这些人员，不仅使他们有再为企业工作的机会，还能减少企业培训等方面的费用。

（四）内部公开招募

内部公开招募是指面向企业全体人员的招募，其做法通常是企业在内部公开空缺岗位，吸引员工来应聘。主要方法有以下三种：

1. 推荐法

推荐法既可用于内部招募，也可用于外部招募，是由企业内部员工根据企业的需要而推荐其熟悉的合适人员，供用人部门和人力资源部门进行选择和考核。由于推荐人对用人部门及被推荐者的情况都比较了解，因此双方很容易了解对方的信息，便于企业做决策。这种方法成功概率很大，但在推荐时比较主观，很容易受到个人因素的影响，可能影响企业内部的员工团结。

2. 布告法

布告法是指用人单位在确定空缺岗位的性质、职责、要求的情况下，将这些信息以布告的形式公布在企业内部的墙报、布告栏、内部刊物、企业网站等多种媒介上，尽可能使全体员工都能获得信息。这种方法比较适用于非管理层人员的招聘，特别适用于普通员工的招聘。布告法为企业员工职业生涯的发展提供更多的机会，使得管理效率更高，以防本企业员工的流失。但布告法时间周期长，可能导致岗位长期空缺，影响企业正常运行。

3. 档案法

档案法是利用现有人员技术档案中的信息来选拔人才。员工档案记录教育、培训、经验、技能、业绩等方面的信息，通过建立人力资源信息系统等各种档案，对员工的个人信息进行动态化和规范化的管理，帮助用人部门与人力资源部门寻找合适的人员补充岗位空缺。档案管理能够做到及时、真实、全面，采用这种方法进行招聘比较经济便捷。

内部招聘具有准确性高、适应较快、激励性强、认同度高、费用较低等优点，但可能引起同事的不满，在组织中造成一些内部矛盾，容易造成“近亲繁殖”，失去选取外部优秀人才的机会。

二、外部招聘渠道

（一）校园招聘

1. 校园招聘的含义

校园招聘即由用人单位的招聘人员通过到学校招聘、参加毕业生交流会等形式直接招聘人员，通常用来选拔具有专业化初级水平的人员。校园招聘的优点是根据企业的需要选择学校、专业，应届毕业生选择面大、可塑性强、素质较高。与具有多年工作经验的人相比，应届毕业生的薪酬较低、可信度高、成功率高。校园招聘的缺点是校园招聘的准备工作很烦琐，费时费力，成本比较高。应届毕业生社会阅历浅、缺乏实践经验，企业需要对其进行相应的培训，并且他们对工作期望值过高。应届毕业生一年内跳槽的概率较高。

2. 人力资源共享服务下的校园招聘

SSC 模式下会更加关注校园招聘流程的效率及候选人体验，并推动招聘线上化、自动化和智能化程度不断提升。

在校园招聘过程中，SSC 需要与学校或相关院系取得联系，征得院校同意后就校园招聘相关工作做好准备，包括校园网站信息发布，确定宣讲会的地点、时间，张贴海报，准备相关物料等，并根据校招议程确定好参与人员以及做好分工。按照确定的宣讲会地点安排好宣讲会议程，在宣讲会结束后，既可以通过与学生交流现场收集简历，也可以在招聘系统线上收集简历。在时间允许的情况下，可安排应聘学生现场填写《职位申请表》，并组织笔试、面试，对通过面试的候选人应立即通知签约，锁定候选人。

（二）网络招聘

互联网给人们的生产、生活等方面带来了革命性的变化，使企业的招聘方式发生了深刻的变化，网络招聘已成为普遍使用的一种招聘手段。越来越多的人才招聘网络平台应运而生，承担起人才服务的各种职能。大多数企业都在人才网站进行注册，成为会员，由人才网站为其提供服务，如发布人才招聘信息、查阅人才简历、提供中介服务等。企业也可以在自己的网站上发布需求信息，这种方式的成本更低，但影响力有限。网络招聘具有成本低、方便快捷、选择幅度大、不受时间和地点的限制等优点，但也具有求职者良莠不齐、人员甄选难度大、网络招聘人才层次受限等缺点。

（三）中介机构招聘

作为一种专业的中介机构，专业人力资源服务机构为各用人单位提供专业的人力资源服务，其中，为用人单位代理招聘是其主要业务之一。专业人力资源服务机构作为一种新兴行业，一般建有人才资料库，用人单位可以很方便地在资料库中查询条件基本相符的人员资料，具有针对性强、效率高、公平性高等优势。但中介机构招聘也存在对招聘需求理解不清晰、招聘不精准、招聘费用高等缺点。

（四）现场招聘会招聘

现场招聘会较为正规，大部分招聘会具有特定的主题，如“应届毕业生专场”“研究生学历人才专场”“IT 类人才专场”等。通过对毕业时间、学历层次、知识结构等的区分，企业可以很方便地选择合适的专场进行招聘。

现场招聘会的组织机构一般会先对应聘者的资格进行审核，节省了企业初次筛选简历的时间成本，简历的有效性较高，招聘费用较低。但现场招聘存在地域性局限，一般只能吸引到所在城市及周边地区的应聘者。

（五）猎头公司招聘

猎头公司也称高级管理人员代理招募机构，是为组织搜寻高层管理人才和关键技术岗位人才的组织。猎头公司一般都建立有自己的人才库，对用人单位及其人力资源需求有详细的了解，对求职者的信息掌握得较为全面，在供需匹配上较为慎重，成功率较高。优质高效的人才是猎头公司最重要的资源之一。猎头公司服务费相对较高，收费通常能达到所推荐人才年薪的 25%～35%。

任务三　人力资源共享服务下的人员测试与甄选

一、面试

面试是人员招聘中最重要的环节。面试是指组织和应聘者直接见面，通过面谈、观察、提问等方式了解应聘者的业务知识水平、工作经验、求职动机、沟通能力等素质活动的过程。面试可以比较全面地考查应聘者的综合素质，加强双方的交流，提高招聘的匹配率。

（一）面试的类型

1. 结构化面试与非结构化面试

结构化面试是指面试题目、评分方法、评分标准、实施程序、考官构成等方面都有统一明确规定的面试。结构化面试对于应聘者的客观条件相同，具有一定的客观公正性，但不够灵活，不能充分调整提问，了解应聘者某些方面的信息。

非结构化面试是对与面试有关的因素不做任何限定，由面试官根据情况随时提问，鼓励应聘者多谈，根据应聘者对问题的反应进一步提问，以考查应聘者是否具备某一职务的任职条件。非结构化面试类似于人们日常的非正式交谈，对面试官的个人素质要求极高，否则很难保证非结构化面试的效果。

2. 压力性面试与非压力性面试

压力性面试是指让应聘者接受一定的刺激，如回答挑衅性的、刁难性的问题，将应聘者置于一种人为的紧张气氛中，考查应聘者的应变能力、自我控制能力等。典型的压力性面试是以面试官穷追不舍的方式连续就某事向应聘者提问。

非压力性面试是指在没有压力的情景下考查应聘者有关方面的素质，主要是询问应聘者过去工作方面的情况。

3. 单独面试与集体面试

单独面试是指面试官与应聘者一对一的单独面谈，这是最普遍的一种面试方式，这种方式能让面试双方较深入地交流。单独面试分为两种类型：一种是由一个面试官负责整个面试过程，这种面试大多用在规模较小的单位录用职位较低的人员；另一种是由多位面试官分工负责面试的整个过程，但每次只有一位面试官与一位应聘者面谈。

集体面试是指由多位面试官对应聘者进行面试。这种面试中并非每一位面试官都要提问，但每一位面试官都要根据面试情况对应聘者进行打分。这种面试主要用于考查应聘者的人际沟通能力、口头表达能力等。

（二）面试的组织流程

1. 面试前的准备

面试前的准备主要包括与面试官沟通确定面试的目标、准备面试材料、设计面试问题、选择面试类型、确定面试时间和地点、通知面试者等。

2. 面试场地布置

（1）面试环境安静。面试地点最好不要选择在面试官平时的办公室，容易产生干扰。注意周边环境，不要有太大的噪声。

（2）双方位置适宜。面试中常见的位置安排有两种：一种是圆桌会议的形式，多个面试官面对一个应聘者；另一种是一对一形式，桌子按一定方式排列，面试官与应聘者相对而坐，距离较近，可以缓解紧张的氛围。面试中的位置安排如图 5-4 所示。

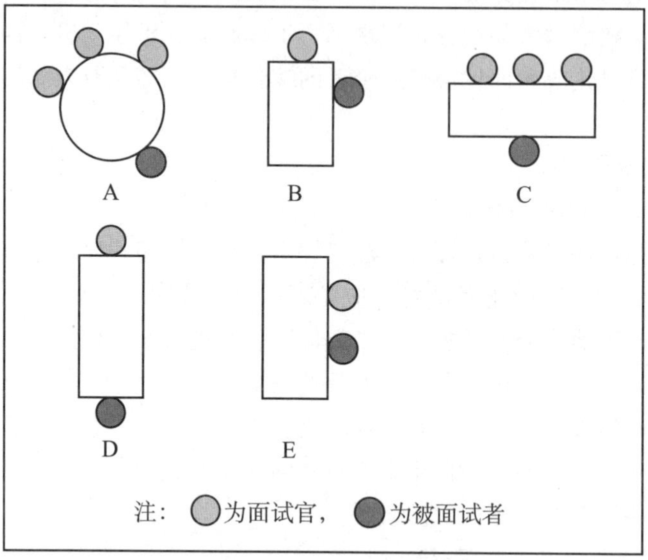

图 5-4　面试中的位置安排

（3）环境颜色布置。颜色会影响人的情绪和行为。在面试过程中，周围物品的颜色应当协调，给人一种舒适感。

（4）适宜的光线和温度。适宜的光线和温度能让应聘者感觉舒适，缓解紧张和焦虑情绪。

3. 面试开始

面试开始时，面试官让应聘者放松心情，慢慢进入面试状态。

（1）创造友好氛围。为缓解应聘者面试开始前的紧张情绪，面试官可以问一些简单的问题，如“路上堵车吗?”“从哪过来的啊?”等，让应聘者放松心情。

（2）导入面试。紧张的氛围消除后，面试官可以提问应聘者一些比较熟悉的基本问题，如让应聘者介绍一下自己的学习经历、工作经历等，进一步缓解应聘者的紧张情绪。

4. 面试实施

面试实施是正式面试的开始，是通过谈话与观察对应聘者能否胜任拟聘岗位进行探询与判断的关键阶段。面试官应采用灵活的提问方式，着重收集关于应聘者是否具有胜任应聘岗位的信息，包括应聘者过去的工作能力、工作业绩和工作经验，交流时还应注意应聘者的行为与反应。面试官提问题要先易后难，尽量营造和谐的面试氛围。

（1）开放式提问。开放式提问是让应聘者自由地发表自己的意见，面试官以此获取信息，同时还避免被动。这种提问方式可以缓解面试的紧张气氛，消除应聘者的心理压力，使应聘者充分展现自己的水平。

（2）封闭式提问。封闭式提问是让应聘者对某一问题做出明确的答复。这种提问方式表示面试官不想让应聘者就某一问题继续谈论下去，不想让对方过多发表意见。例如：你做过办公室文秘工作吗？一般用“是”或“否”回答。

（3）假设式提问。假设式提问是鼓励应聘者从不同角度思考问题，发挥应聘者的想象能力，以探求应聘者的态度或观点。在这种提问中，面试官为应聘者假设一种情况，让应聘者在这种情况下做出反应，回答提出的问题，考查应聘者的工作经验、应变能力、解决问题的能力等。例如：如果你是办公室主任，办公室秘书模仿你的字迹签字，派单位车将其父母送到医院，你将如何处理这件事情？

（4）连串式提问。连串式提问是指面试官向应聘者提出一连串的问题，要求应聘者逐个回答。这种提问方式主要考查应聘者的记忆能力、归纳能力、反应能力等。

（5）举例式提问。举例式提问是指让应聘者列举符合应聘职务要求的、与其过去从事工作相关的事例，从中总结和评价应聘者的相应能力。

5. 面试结束

面试结束时，面试官还需要做好以下两个方面的工作：一是检查确认，面试官进一步检查自己是否遗漏了某些有关应聘者必须具备的素质和能力方面的问题；二是给予应聘者机会，面试官应给应聘者一个机会，询问应聘者是否有问题要问，是否有加以补充和修正之处。不管录用与否，面试均应在友好的气氛中结束。

6. 面试评价

面试结束后，面试官根据面试记录表对应聘者进行面试评价，可以采用评语式和评分式两种评价方式。评语式评价是对应聘者的不同侧面进行深入评价，反映每个应聘者的特征，但应聘者之间不能进行横向比较。评分式评价是对每个应聘者相同的方面进行评价。一般情况下，将评语式评价和评分式评价相结合做出录用决策。

（三）人力资源共享服务下的面试组织

SSC 模式下会更加关注面试组织的效率及候选人的体验。

1. 面试邀约准备

根据岗位要求，简历经过初筛后共有××份简历符合要求。经和人力资源部沟通后拟定面试时间、地点、面试官、所携带材料等信息，SSC 立即通知候选人参加面试。

2. 电话邀约

根据候选人面试安排清单，SSC 通过电话与候选人逐个沟通，邀请面试。在电话沟通的过程中，SSC 要做好相应的准备，如介绍清楚企业的基本情况和岗位情况，提高面试邀约成功率。

面试邀请话术示例：

(1) 你好，请问你是×××吗？(确认对方身份)

(2) 我是×××公司××部门的招聘专员，我叫×××。(让对方知道你是谁)

(3) 现在和你通话方便吗？(确保对方有时间和你说话)

(4) 我们在×××渠道上收到你应聘我们公司×××部门××职位的简历。(让对方知道你是怎么知道他的信息的，现在大家的警惕性都很高，不要贸然让人家过来面试)

(5) 我们在对你的简历初审后，决定邀请你参加我们的面试。(暗示公司决定面试是经过慎重考虑的，但是不要说“觉得你符合我们的要求”之类的话)

(6) 面试时间安排在×××，地点在×××，你看你方便吗？(让对方觉得来面试的时间地点是由他自己认可的，而不是你强行安排的)

(7) 如果需要的话，你可以记一下面试的时间地点，我可以再重复一遍。

(8) 你到公司后可以找前台××小姐，她会引导你到我们人事部，也可以直接要求找我，我的名字是×××。(让人家知道到公司来该找谁)

(9) 你有什么问题需要问我吗？

(10) 如果你时间上有变更，请打我的电话，或给我发短信，我会尽力为你安排下一场面试。(是否安排下一场那是你的事，不过至少知道有人不会过来了，最好能给对方提供一个手机号码，这样对方取消面试时可以通知到你)

3. 发送邀请函

根据和候选人沟通情况，SSC针对可以参加面试的候选人制作面试邀请短信和邮件，并将其正式发送给候选人。

4. 面试邀约总结

SSC记录每位候选人面试确认的情况，并对拒绝面试的候选人的拒绝原因进行记录，将面试确认结果及时反馈给面试官。

5. 面试准备

准备面试材料，包括应聘登记表、求职简历表、面试评价表，与面试官沟通候选人的基本情况。

6. 布置面试场地

面试场地应选择环境安静的小型会议室或洽谈室，有利于营造舒适、适宜、宽松的氛围。正式面试场地最好选择在环境安静的会议室。

7. 开始面试

面试开始时，面试官应该与应聘者握手、微笑，以简单的寒暄、轻松幽默的言语开场，消除应聘者紧张的情绪。一般可以按下面流程进行：

(1) 向应聘者介绍自己及公司，语言要简洁易懂。

(2) 应聘者自我介绍，3～5分钟。

(3) 面试官可以从一些开放性的问题问起，比如过去的主要工作职责有哪些、部门架构设置如何等，让应聘者比较轻松地回答这些问题，同时对应聘者的语言表达能力和逻辑思维能力也有一个初步考查，然后过渡到其他结构化面试指定问题上。同时，面试官也可以根据现场情况进行重点追问。

8. 结束面试

面试结束时，面试官可以询问应聘者是否还有什么问题要问，在友好的氛围中结束面试。由面试官对应聘者进行综合评价，填写面试评价表。

9. 面试结果

对面试记录表进行整理、汇总，确定应聘者是否被录用或进入下一轮面试，并把面试结果告知用人部门及应聘者。

10. 面试跟踪

收集、整理面试合格人员（确定录用的人员）的资料，以便后续建立员工档案。将面试不合格的人员资料归总存档，存入公司人才库。

二、知识技能测试

知识技能测试是指对应聘者是否具备应聘岗位的知识和技能进行的测试，一般采取笔试、口试、现场操作等形式。

笔试是使用频率非常高的一种人才测试选拔方法，不但省时、成本低、效率高，而且对求职者的知识、技术、能力的考查信度和效度也较高。但笔试不能全面考查求职者的工作态度、品德修养和其他一些隐性能力。

三、心理测试

心理测试是在控制的情境下，向应聘者提供一组标准化的刺激，以所引起的反应作为代表行为的样本，从而对其个人的行为做出评价的方法。

（一）性格测试

性格测试是指对应聘者的基本性格如内外向、稳定性和动机等进行的测试，常用的性格测试是投射测试。测试者向应聘者展示模棱两可的刺激物，如有墨迹或有阴影的图片，不给任何提示、说明或要求，要求应聘者对图片做出解释或反应。由于图片是模棱两可的，应聘者的解释必须来自内心的投射，在解释过程中将自己生活中的情感、态度投射进图片。这种测试技术可以探知个体内在隐藏的行为或潜意识的态度和动机，了解应聘者的性格特征，帮助测试者预测哪位应聘者能胜任工作。常用的投射测试包括罗夏克墨迹测验、句子完成式量表测验等。

（二）能力测试

1. 心智能力测试

心智能力测试包括智力测试和特殊思维能力测试。智力测试主要测量应聘者的学习能力和适应环境能力，包括观察能力、记忆能力、思维能力和想象能力等。智力的高低在某种意义上代表人的能力的高低，人的能力的高低意味着他们能够担任职位的高低。智力的高低通常用智商（IQ）表示，平常者智商为 90～109，优秀者智商为 120～139，非常优秀者智商在 140 以上，智力缺陷者智商在 69 以下。常用的智力测试包括韦氏成人智力量表、韦斯曼人员分类测验等。

特殊思维能力测试包括逻辑归纳能力测试、语言能力测试、运算能力测试、推理判断能力测试，反映应聘者对工作的特殊能力倾向。

2. 体能测试

体能测试包括运动测试和身体能力测试。运动测试用于测量一个人的力量、灵活性及协调性，包括手指灵活度、手腕运动速度、手臂运动速度。身体能力测试包括力量和耐力测验，常用来衡量日常生产活动和某些办公室工作能力。

（三）职业兴趣测试

职业兴趣反映人们对具有不同特点的各种职业的偏好程度及从事这种职业的愿望。一个人职业上的成功，不仅受其能力的制约，还与其兴趣和爱好有密切的关系。一个人更有可能将他们有兴趣的工作做好，职业兴趣作为职业素质的一个方面，往往是一个人职业成功的重要条件。职业兴趣测试通常采用职业兴趣测验量表或问卷进行，较常用的测试有美国心理学家霍兰德的《职业兴趣量表》和《职业倾向量表》，以及《自我职业选择测验量表》（SDS）等，其中以霍兰德的《职业倾向量表》应用最为广泛。

直通职场

霍兰德的职业兴趣测验

霍兰德将职业兴趣分为六类：现实型、研究型、艺术型、社会型、管理型和常规型，这六种类型分别代表六种不同的人格特质，同时，每一种职业兴趣类型对应不同的职业（见表5-3）。霍兰德的职业兴趣测验能够帮助个人了解哪种类型的工作对自己来说比较合适。

表5-3　霍兰德的六种职业兴趣与相应的职业

职业兴趣类型	人格特质	相应的职业
现实型	身体强健，不善言辞，办事稳健，注重实效	技术员、编程人员、服装设计人员、家电维修人员、机械维护人员等
研究型	勤于思考，价值观与态度不保守，擅长分析，追求精确	研究员、实验员、数据采集员、艺术作品编辑等
艺术型	富有想象力，创造力、表现力较强，不喜欢具体的事务性机械工作	摄影师、时装艺术大师、作家、节目主持人、化妆师等
社会型	善于与人交往，富有责任感，擅长言辞，处事机敏，语言表达能力较强	教师、护士、医生、记者、律师、交警、环卫人员等
管理型	喜欢影响他人，乐于从事群体性的社会工作，积极进取，自信	企业经理、大堂经理、领班、船长等
常规型	较循规蹈矩，遵守规章，数理能力较强，讲究秩序与自制	出纳员、档案管理员、包装员、售票员、接待员等

你愿意从事表5-4中的活动吗？请选择“是”或“否”。

表 5-4　从事活动

现实型活动	选项	艺术型活动	选项
1. 装配、修理电器或玩具	是/否	1. 素描/制图或绘画	是/否
2. 修理自行车	是/否	2. 参加话剧、戏曲表演	是/否
3. 用木头做东西	是/否	3. 设计家具、布置室内	是/否
4. 开汽车或摩托车	是/否	4. 练习乐器/参加乐队	是/否
5. 用机器做东西	是/否	5. 欣赏音乐或戏剧	是/否

（四）职业价值观测试

企业价值观与员工价值观是相互联系、相互影响的，一个企业能否带领员工实现企业的战略目标，往往受员工价值取向的影响。有些应聘者由于某些特殊原因应聘了与其职业价值观不相符合的岗位，不仅对自身产生了不良的影响，对于企业的发展也是非常不利的。对应聘者进行职业价值观测试，可以了解应聘者应聘该岗位的价值取向，作为录用应聘者的补充性依据。常用的职业价值观测试包括罗克奇价值观调查表、莫里斯生活方式问卷等。

四、情景模拟测试

情景模拟测试也称评价中心测试，是当代管理中识别有才能的管理者最有效的测试方法之一，是通过把应聘者置于相对隔离的一系列模拟工作情景中，以团队作业的方式，采用多种测评技术和方法，观察和分析应聘者在模拟的各种情景压力下的心理表现和工作绩效，以测量应聘者管理能力的一个综合性、全面性的测评系统。评价中心测试所采用的多种测评技术和方法包括公文筐测验、无领导小组讨论、角色扮演法等。

微课

招聘中的测试技术

（一）公文筐测验

公文筐测验又叫公文处理测验，是情景模拟测试的一种，也是评价中心技术中最常用和最核心的技术之一。在该测验中，要求应聘者模拟管理者的身份，在规定条件下（通常是较紧迫、困难的条件，如时间与信息有限、独立无援、初履新任等）对各类公文材料进行处理，各类公文材料包括信函、电话记录、命令、备忘录、请示报告、声明等，内容涉及人事、资金、财务、市场信息、政府法令、工作程序等多方面。

公文材料根据不同的职位类型可多可少，但一般不少于 5 份，也不多于 30 份。在没有旁人协助的情况下让应聘者去处理，各类公文材料完成时限多为 2～3 个小时。这是对实际工作中掌握和分析资料、处理各种信息及做出决策等活动的一种抽象和集中。

1. 公文筐测验的特点

公文筐测验具有考查内容范围广泛、表面效度高、应用范围大、情境性强、综合性强、多功能性、评分难、成本高等特点。

2. 公文筐测验的适用对象

公文筐测验将管理情境中可能遇到的各种典型问题抽取出来，以书面的形式让应聘者来处理，它可以较好地评价应聘者在管理方面的多种能力，如组织能力、计划能力、分析和解决问题的能力、决策能力、指导和监督下属的能力、收集利用信息的能力等。但对于人际沟通、团队合作等方面的能力评估，则不宜采用这种方法。

鉴于较高的开发和使用成本及适合评价指标的特点，公文筐测验目前主要应用于对中高层管理人员的评价。

3. 公文筐测验的评价依据

公文筐测验主要从以下几个方面进行评价：应聘者是否每份材料都已经看过，并做出了答复；在压力下，是否能够分清轻重缓急，并有条不紊地处理这些材料；是否将每份文件按照重要程度进行分类；是否恰当地请示上级、授权给下属；是否过分拘泥于细节；解决问题的方法是否巧妙且有效率；做出每项决策的理由是否充分、合理；等等。

4. 公文筐测验的实施步骤

(1) 准备阶段。

准备阶段主要包括设计指导语、准备测验材料、编制评分标准、安排测验场地。设计指导语的目的在于向应聘者说明测验中的任务和相关要求，文字表达应该简洁明了、通俗易懂，以保证每个应聘者都能全面准确地理解测验要求。

①设计指导语。

常见指导语示例

大家好！今天要进行的是一个公文筐测验，测验的总时间为两小时。在这段时间里，你将扮演一个特定的角色处理一系列公文。

需要处理的公文已经准备好，放在各自桌上的文件袋里。请大家拿到文件袋后，首先填写好自己的姓名、考号，然后才能作答。

测验中所需要的工具也都准备好了，包括答题纸、有关背景材料、铅笔、橡皮、计算器都一并放在文件袋里，请打开后进行清点，如果有遗漏，请举手示意。

全部答案都要写在答题纸上，在其他地方作答一律无效。

测验结束后，请大家把全部材料放回原文件袋中，待工作人员检查无误后方可离开考场。

大家都明白了吗？有问题的请举手……

②准备测验材料。

准备测验材料主要包括提供给应聘者的背景材料、需要其处理的材料以及答题纸。背景材料中要给应聘者一个明确的模拟身份、工作岗位以及组织机构等情况的介绍。

背景材料示例

今天是20××年3月15日，恭喜你有机会在之后两个小时内担任本公司人力资源部总监。人力资源部下设3个处，分别为人事处、劳资处、福利处。

现在是上午9点，在听取了下属的工作报告、做好今天的工作之后，你来到办公室，秘书已将今日需要处理的积压文件整理好，放在了文件夹内。文件是随机排序的，没有任何意义，你必须在两个小时内自己排序处理这些文件，并做出指示。11点在会议室还有一个重要的会议等你主持。在这两个小时内，你的秘书会为你推掉所有的杂事，相信没有人会打扰你。另外，很抱歉由于电话线路正在维修，你在处理文件的过程中没有办法与外界通话，所以需要你以文件、备忘录、便条等形式将所有的文件处理意见、办法做书面表达，最后交给秘书负责传达。

在公司，你被雇员称为“李总”。

好了，可以开始工作了，祝你一切顺利。

需要处理的资料样例

文件一

李总：

由于受世界金融危机的影响，公司近来效益有所下降，目前公司承受着较高的工资成本，有一定的困难。总裁提出适当降低员工工资水平，但这又有可能造成企业核心人员流失。另外，如果真的降低工资水平，是降低固定工资水平还是降低奖金水平？请指示。

劳资处

20××年3月×日

③编制评分标准。

评分标准一般是将作答情况分为好、中、差三个档次，每个档次都有具体的作答特征描述。

公文筐测验评分标准示例

计划能力	好	能够有条不紊地处理各种公文和信息材料，并根据信息的性质和轻重缓急进行准确的分类处理。在处理问题时，能及时提出切实可行的解决方案，主要表现在事先能系统地安排和分配工作，注意不同信息之间的关系，有效地利用人、财、物和信息资源。
	中	分析和处理问题时能够区分事件的轻重缓急，能够看到不同信息之间的关系，但解决问题的办法不是很有效，在资源的分配与调用方面也不尽合理。
	差	处理各种公文和信息材料时不分轻重缓急，没有察觉到各种事件之间的内在联系，解决问题时没有考虑到时间、成本和资源方面的种种限制，以致提出的问题解决办法不可行。

④安排测验场地。

测验场地要求比较安静、空气新鲜、采光较好，要保证每个人都有一张桌子和必备的办公用具。此外，场地要宽敞，应聘者之间的距离要足够大，以免相互干扰。

（2）施测阶段。

面试官要将指导语对全体应聘者朗读一遍，并对测验要求做简单介绍。要求应聘者阅读有关背景材料，熟悉所要模拟的角色，尽快进入情境，以便开始正式作答。

（3）评分阶段。

测试结束后，面试官应立即进行评分。如果不能立即进行评分，也需要粗略翻看一下试卷，以便决定是否要对应聘者进行追问。评分应该客观公正，可将每一位应聘者进行编号，将其对问题的处理意见和处理理由读给所有面试官听，由各位面试官独立评分。

（二）无领导小组讨论

无领导小组讨论是指由一定数量的一组应聘者（通常为6～9人），在规定的时间内（约1小时）对给定的问题进行讨论，评价者通过应聘者在讨论中的语言及行为对其领导能力、企业管理能力、人际协调能力、语言表达能力、合作能力、沟通能力、宣传鼓励与说服力、自信、创新能力、心理承受能力等做出评价。讨论中各个成员处于平等地位，并不指定小组的领导者或主持人。

无领导小组讨论测试流程如下：

（1）一般情况下，无领导小组讨论都要进行录像，将讨论小组引入一间只有一桌数椅的空房间中。

（2）评价者向应聘者宣读无领导小组讨论的指导语，介绍讨论题目的背景资料、讨论步骤、讨论要求，发给应聘者一个简短的案例，即介绍一种管理情境，隐含一个或数个待处理和决策的问题，引导小组成员展开讨论，同时开始计时。

（3）在小组讨论中，评价者在另一个房间观看录像，并进行记录评分，对应聘者出现冷场、僵局、争吵的情况，评价者不出面干预，60分钟后讨论结束。

（4）无领导小组讨论结束后，评价者开会讨论评分结果。根据录像重放，进一步检验、修改、完善对每个应聘者的评分情况。

（5）根据各项评价指标的权重加权得到各应聘者的总分，将所有评价者的总分进行统计分析，检验其一致性。若一致性好，说明各评价者做出的评价结果趋同，求出各评价者的平均总得分。若分析结果相差很大，就要根据录像对每位应聘者进行重新打分。

（三）角色扮演法

角色扮演法是一种主要用来测评应聘者人际关系处理能力的情景模拟测试技术，要求应聘者扮演一个特定的管理角色来处理日常管理问题，了解应聘者的心理素质和潜在能力。

在测试过程中，评价者设置了一系列管理工作中特别尖锐的人际关系冲突问题，要求应聘者扮演其中的管理角色处理这些冲突问题。评价者对应聘者在扮演角色过程中表现的个性特征、行为、心理素质等方面进行观察和记录，并对各个方面进行评价，测试应聘者是否具备胜任岗位的各项特征和素质。

五、人力资源共享服务下的背景调查

背景调查是指对应聘者以往的经历（包括工作时间、岗位名称、工作职责、教育经历、薪资水平、犯罪记录、诚信状况、他人评价等）进行调查。通常是通过访谈第三方对应聘者的情况进行了解和验证，方法包括发邮件、打电话、当面访谈等。访谈的第三方通常包括应聘者原来的雇主、领导、同事等。

人力资源共享服务下的背景调查的流程如下：

（一）确认背景调查项目

SSC对应聘者开展身份验证，包括有无犯罪记录、征信等级、学历、工作时间段等，与人力资源部确认。开展背景调查时需根据不同的工作经历和目标岗位，确认背景调查的主要内容。

（二）确认背景调查授权

背景调查开展前，SSC应告知应聘者开展背景调查的意向，经应聘者同意后方可展开背景调查，并与拟录用员工签署《背景调查授权书》。

背景调查授权书

本人________已许可并授权________有限公司及其代理机构________，对本人在职位申请表及个人履历中所提供的信息的真实性进行核实，并在认为必要时向有关部门和单位进行问询，我授权持有或了解相关情况的人士向________有限公司或其代理机构如实披露有关情况，本人将不追究其因此而可能产生的责任。

此授权书复印件与原件同样有效。

特此证明，希望您予以配合，非常感谢！

本人签字：

年　月　日

（三）开展背景调查

背景调查可以选择电话调查、发函调查、网络调查、面谈调查等多种方式。背景调查可进行多维度比较，若在背景调查的过程中收集到了负面信息，需要多渠道求证、核实情况，不要轻易下结论，以免因考虑不周而错失候选人。若该负面信息属实，则需具体分析该负面信息与本岗位的关联度；若关联度高，则需引起高度重视。

（四）制作调查报告

背景调查结束后，SSC对背景调查结果进行整理，并形成调查报告反馈给人力资源部。

任务四　人力资源共享服务下的人员录用

一、录用流程

（一）通知被录用者

人力资源管理部门做出录用决定后，以书面形式通知被录用者。录用通知的主要内容包括对被录用者的加入表示欢迎，明确被录用者报到的相关内容、报到的时间和地点，如何到达及其他应该说明的信息。

（二）签订劳动合同

被录用者办理录用手续后进入企业前，应与企业签订劳动合同。劳动合同是劳动者与用人单位为确立劳动关系，明确双方权利和义务的协议。劳动合同中对试用期、合同期限、工作内容和工作地点、工作时间和休息休假、劳动报酬、社会保险、劳动保护、劳动条件和职业危害防护、变更解除和终止合同的条件、违约责任、劳动争议处理等内容进行约定。合同签订后即具有法律效力，劳动者和用人单位都要严格遵守。

（三）新员工培训

被录用者进入企业后，应接受企业的新员工培训。新员工培训是为新进入企业的人员提供的有关企业基本情况、组织结构、企业规章制度和岗位职责、企业经营范围、主要产品、市场定位、企业文化、职业道德等基本内容的培训，使新员工明确自己工作的职责、程序、标准，并向新员工灌输企业的价值观和行为模式等，帮助新员工顺利地适应企业环境和新的工作岗位，尽快进入角色。

（四）人力资源共享服务下的录用流程

SSC 模式下会更加关注雇用前相关工作流程的效率及候选人体验。

1. 意向沟通

确定候选人后，SSC 先通过电话与候选人初步沟通，了解候选人当时的工作状态，确定候选人对企业的意向度，再次核实并确定候选人的期望薪酬，摸清其内心的最低接受度。

2. 谈判

录用信息审批完成后，将录用信息全面告诉候选人，特别是候选人关注的事项：岗位对应的职级、薪酬及薪酬构成、福利补贴、岗位晋升通道以及每年调薪幅度、企业能带给候选人的其他附加值。

3. offer 制作并发放

发出的 offer 一定要是 PDF 或者其他形式的不可修改版本。offer 通常包括以下内容：岗位名称与职级及岗位主要职责描述；岗位待遇约定（包括薪金结构、支付方式及币种、主要福利项目）；岗位性质、作息条件；明确的到岗时间；报到时应携带的材料；合同期限（包括试用期限）；双方的其他约定。

4. offer 跟踪

如果候选人接受 offer，就需要跟踪候选人报到入职、到岗工作等事项。如果候选人拒绝 offer，就应对候选人拒绝原因进行回访并记录，便于后期招聘数据的整理和分析，重新发起招聘流程。

二、录用模式

（一）多重淘汰式

在这种模式中，每种测试程序均为一关，通过这一关的人方能进入下一关。在整个筛选过程中，应聘者人数逐渐减少，选择目标逐渐集中。一般在人员录用工作量较大的情况下采用这种工作模式。多重淘汰式可能在某个程序中淘汰掉最终不应该被淘汰的人才。录用过程中，由于每种程序的设计都出于收集不同信息的目的，导致在某种程序中表现不及他人的人可能在后面的步骤中有突出的表现，但逐步淘汰的方式使其失去了表现特长的机会，因此，组织可能失去获得在某方面极有特长及潜能人才的机会。为弥补这一缺陷，设计人员必须明确哪些是最重要的维度和步骤。

（二）补偿式

这种模式对每个应聘者在各种程序的表现进行综合评价，根据影响岗位的重要程度对评价维度设置权重，综合计算比较后再做出取舍决定。如对应聘者运用笔试和面试两种程序的表现进行综合评价，评价过程中需设置每种维度的权重，综合算出应聘者的总成绩后进行比较，决定录用人选。采用这种模式可以避免在录用过程中淘汰不应该淘汰的人，但甄选工作量比采取逐步筛选淘汰方式要大。假设要运用面试方式在甲、乙两人中录用一人，甲、乙两人在面试过程中的表现综合评价分数如表5-5所示，根据影响岗位的重要程度分别对评价维度设置相应的权重，现对甲、乙两人进行综合计算比较后，应录用哪一个人？

表5-5　甲、乙两人综合评价分数及评价维度权重设置情况

项目		技术能力	学历	政治思想水平	组织领导能力	事业心	解决问题能力	适应能力
甲得分		0.9	0.5	1	1	0.8	0.8	1
乙得分		0.7	0.9	0.8	0.8	1	1	0.7
权重	W_1	1	1	1	1	1	1	1
	W_2	1	0.5	1	0.8	0.8	0.7	0.6
	W_3	0.5	1	0.8	1	0.8	0.7	0.6

如果各评价维度的权重均相同，则甲综合得分为6，乙为5.9，甲为优；如果评价维度侧重技术能力和政治思想水平，则甲综合得分为4.75，乙为4.51，甲为优；如果评价维度侧重学历和组织领导能力，则甲综合得分为4.55，乙为4.61，乙为优。决定录用哪位应聘者，主要取决于岗位对用人的素质要求，根据素质要求建立相应的评价维度，并赋予其不同的权重，经过计算比较后即可得出结论。

（三）结合式

录用过程中，有些是应聘者需要先通过淘汰式的测试后，才能参加其他测试，再运用补偿式的方式进行录用决定，这种录用方式称为结合式。

三、录用效果评价

（一）成本效益评价

1. 招聘成本

招聘成本分为招聘总成本与招聘单位成本。招聘总成本即人力资源的获取成本，它由两个部分组成。一部分是直接成本，包括招聘费用、选拔费用、录用员工的家庭安置费用和工作安置费用、其他费用（如招聘人员差旅费、应聘人员招待费等）；另一部分是间接费用，包括内部提升费用、工作流动费用。招聘单位成本是招聘总成本与实际录

用人数之比。如果招聘实际费用少，录用人数多，则意味着招聘单位成本低；反之，则意味着招聘单位成本高。

2. 成本效用评价

成本效用评价是对招聘成本所产生的效果进行分析。它主要包括招聘总成本效用分析、招聘成本效用分析、选拔成本效用分析和录用成本效用分析等。其计算公式是：

招聘总成本效用＝录用人数/招聘总成本

招聘成本效用＝应聘人数/招聘期间的费用

选拔成本效用＝被选中人数/选拔期间的费用

录用成本效用＝正式录用的人数/录用期间的费用

3. 招聘收益成本比

招聘收益成本比既是一项经济评价指标，也是对招聘工作有效性进行考核的一项指标。招聘收益成本比越高，说明招聘工作越有效。其计算公式为：

招聘收益成本比＝所有新员工为组织创造的总价值/招聘总成本

（二）数量评价

录用人员评估是根据组织招聘计划和招聘岗位的工作分析对所录用人员进行的在数量、质量和结构等方面的评价过程。录用人员评估是一项十分重要的工作，只有在招聘成本较低，录用人员数量充足且质量较好时，才说明招聘工作的效率较高。录用人员的数量和质量可以通过以下几个数据来表示。

1. 应聘者比率

应聘者比率说明员工招聘的挑选余地和信息发布状况。其计算公式如下：

应聘者比率＝应聘者总数/计划招聘员工数×100%

一般来说，应聘者比率越大，说明组织的招聘信息发布得越广泛、越有效，组织的挑选余地就越大；该比率越小，说明组织的招聘信息发布得越不适当、越无效，组织的挑选余地就越小。应聘者比率至少应当在200%以上。

2. 员工录用比率

员工录用比率是对招聘质量方面的评估。其计算公式如下：

员工录用比率＝实际录用员工数/应聘者总数×100%

员工录用比率越小，说明可供筛选者越多，实际录用员工的质量可能较高；该比率越大，说明可供筛选者越少，实际录用员工的质量可能比较低。

3. 招聘完成比率

招聘完成比率说明招聘员工数量的完成情况。其计算公式如下：

招聘完成比率＝实际录用员工数/计划招聘员工数×100%

招聘完成比率越小，说明招聘员工数量越不足；如果招聘完成比率为100%，则意味着该组织按计划招聘到了所有需要的员工。

（三）质量评价

招聘质量评价是对员工的工作绩效行为、实际能力、工作潜力的评价，它是对招聘的工作成果与方法的有效性检验的另一个重要方面。招聘质量评价既有利于招聘方法的改进，又为员工培训、绩效评估提供了必要的信息。其计算公式为：

$$QH = PR + HP + HR/N$$

其中，QH 为录用质量；PR 为工作绩效比，如评分为百分制，则员工的绩效比为其绩效评分/100；HP 为新聘员工在一年内晋升的人数占所有当期新员工人数的比率；HR 为一年后还留在企业工作的员工占原招聘的新员工的数量的百分比；N 为指标的个数。

QH 指标反映了新招聘员工的质量，但是受诸多因素的影响，它并不能完全反映新员工的质量，如在一年内也可能会有优秀的员工离开。

任务五　人力资源的有效配置

一、人力资源配置的原理

组织实现高效率运行的重要前提是人岗匹配。组织可以从空间和时间两个方面对人力资源进行有效配置。无论是空间配置，还是时间配置，都遵循一定的配置原理。

（一）要素有用原理

人力资源配置的根本目的是为员工找到和创造能使其发挥作用的条件。在配置过程中，正确地识别员工是合理配置人员的前提。组织要深入而全面地识别员工，发现他们的可用之处，为员工发展创造有利条件和环境，建立动态的用人机制，让更多员工的能力得到充分发挥，实现管理者识才、育才、用才的管理目标。

（二）能级对应原理

组织要根据面试过程中人员所具备的能力进行配置，根据他们的不同能力特点，把他们安排在相应特点和水平的职位上，并赋予该职位应有的权力和责任，使每个人的能力水平与岗位要求相适应。

（三）互补增值原理

组织要根据新招聘的员工和原有员工的不同特点进行合理分工，保证员工在工作中均能发挥出个人的所长，同时，还能够互相弥补不足。这种互补关系的建立不但能够发挥个体成员的优势，而且对于组织的整体来说，其群体功能会放大，使组织达到增值的效果。

（四）弹性冗余原理

弹性冗余原理要求组织在人员配置过程中，既要达到工作的满负荷，又要符合劳动者的生理和心理要求，保证工作的安排留有余地。

二、人力资源的空间配置

人力资源的空间配置主要有三种方法：以人为标准进行配置、以岗位为标准进行配置和以双向选择为标准进行配置。

假设在一次招聘中测出10位应聘者在5种岗位上的综合测试得分（见表5-6），从这10个人中选出5个人来担任不同的岗位，具体配置方法如下：

表5-6　10位应聘者在5种岗位上的综合测试得分

岗位	应聘者									
	A	B	C	D	E	F	G	H	I	J
1	4.5	3.5	2.0	2.0	1.5	1.5	4.0	2.5	2.0	1.0
2	3.5	3.0	2.5	2.5	2.5	2.0	3.5	2.0	2.5	0.5
3	4.0	2.0	3.5	3.0	0.5	2.5	3.0	3.0	1.0	1.5
4	3.0	2.0	2.5	1.5	2.0	2.0	3.5	2.0	0.5	0.5
5	3.5	4.5	2.5	1.0	2.0	2.0	1.5	1.5	1.0	0.5

（一）以人为标准进行配置

以人为标准进行配置，即从人的角度，对每人的得分进行排序，按每人得分最高的一项给其安排职位。这样做可能会出现同时多人在岗位上得分一样高，但结果只能选择一个员工，从而导致优秀人才被拒之门外的情况。

该种配置方法就是按每人得分最高的一项给其安排岗位，具体配置方法如下：

根据表5-6中的数据，员工配置结果是：A（4.5）从事岗位1的工作，B（4.5）从事岗位5的工作，C（3.5）从事岗位3的工作，G（3.5）从事岗位2的工作，岗位4为空缺。

（二）以岗位为标准进行配置

以岗位为标准进行配置是从岗位出发，每个岗位都挑选得分最高的人，这样可能会导致一个人同时能胜任好几个岗位。尽管这样做组织效率最高，但只有在允许岗位空缺的前提下才能实现。

该种配置方法就是按岗位得分最高的一项给其安排岗位，具体配置方法如下：

根据表5-6中的数据，员工配置结果是：A（4.5）从事岗位1的工作（岗位3上A的得分也最高，但一人不能做两份工作，因此岗位3出现空缺），B（4.5）从事岗位5的工作，C（3.5）从事岗位3的工作，G（3.5）从事岗位2或岗位4的工作。

（三）以双向选择为标准进行配置

因为以人为标准或以岗位为标准进行配置均有欠缺，所以结合使用这两种方法，即从岗位和人双向选择的角度出发，合理配置人员。采用以双向选择为标准进行配置的方法，对岗位而言，有可能出现得分最高的员工不能被安排在本岗位上；对员工而言，有可能出现没有被安排到其得分最高的岗位上工作。

但该方法综合平衡了岗位与人员的因素，既现实又可行，能从总体上满足岗位人员配置的要求，效率较高。具体配置方法如下：

根据表5-6中的数据，员工配置结果是：A（4.5）从事岗位1的工作，B（4.5）从事岗位5的工作，C（3.5）从事岗位3的工作，E（2.5）或I（2.5）从事岗位2的工作，G（3.5）从事岗位4的工作。

三、人力资源的时间配置

对于企业来说，组织在工作时间的主要任务是建立工作班制，组织好工作轮班，以及合理安排工时制度。企业里的工作班制分为单班制和多班制。单班制是指每天组织一个班生产；多班制是指每天组织两个班或两个以上的班的员工轮流生产。工作轮班是指在实行多班制生产的条件下，组织各班人员按规定的时间间隔和班次轮流进行生产活动的一种劳动组织形式，体现了劳动者在时间上的分工协作关系。工作轮班的组织形式有以下几种：

（一）两班制

两班制是指每天分早、中两班组织生产，员工不上夜班。两班制既有利于员工的身体健康，也便于机器设备的维修保养和做好生产前的准备工作。员工倒班也比较简单，每隔一周轮换一下班次即可。

（二）三班制

三班制是指每天分早、中、夜三班组织生产。根据公休日是否进行生产，三班制又可以分为间断性三班制和连续性三班制。实行三班制应组织好员工的倒班和轮休。

1. 间断性三班制

间断性三班制是指有固定公休日的三班制轮班形式，即公休日停止生产，全体员工休息，公休日后轮换班次。倒班分为正倒班和反倒班，一般采取正倒班较好。正倒班是甲、乙、丙三班员工都按早—中—夜的顺序倒班，即原来的早班倒中班，原来的中班倒夜班，原来的夜班倒早班。

2. 连续性三班制

对于生产过程不能间断的企业，一年内除了设备检修或停电等时间，每天必须连续组织生产，公休日也不能间断，这时就必须实行连续性三班制。员工不能一起休息，只能组织轮休。

（三）多班制

多班制是指每天组织四个或四个以上工作班轮番进行生产的轮班制度。多班制轮班组织又分为“四八交叉”、四六工作制和五班轮休制三种形式。

1. “四八交叉”

“四八交叉”又称四班交叉作业，是指在24小时内组织四个班生产，每班工作8小时，前后两班之间的工作时间相互交叉，交叉时间一般为2小时。

2. 四六工作制

四六工作制是指每个工作日由原来组织三班生产改为四班生产，每班由8小时工作制改为6小时工作制。这种轮班制度有利于解决企业富余人员问题，增强一线岗位的吸引力，一般适用于在井下采煤、矿建工程中的掘进员工。

3. 五班轮休制

五班轮休制即“五班四运转”，是指员工每工作10天就轮休2天的轮班制度，以10天为一个循环期，组织5个轮班，实行早、中、夜三班轮流生产，保持设备连续生产不停，并每天安排一个副班，按照白天的正常时间上班（不超过6小时），负责完成清洗设备、打扫卫生、维护环境等辅助性、服务性工作任务。这种轮班制度是在我国企业实行每周 40 小时工时制后实行的一种新的轮班制度，保证了企业员工月平均工作时间不超过 166.64 小时（20.83 天×8 小时），适合大中型连续生产的企业采用。

岗证融通：职业技能训练

训练目标

（1）培养学生的职场意识，提高专业技术能力和水平。

（2）使学生认识到职场对专业技能的要求，能够改变自己在学习过程中的学习态度，积极主动地学习专业课程内容。

训练内容

（1）结合教师所给的案例，明确自己承担的招聘任务，完成招聘信息的编写，并在智联招聘、前程无忧、中华英才网等相关网站上发布招聘信息。

（2）通过智联招聘、前程无忧、中华英才网等相关网站，搜索求职者的简历，确保公司招聘到优秀的人才。

（3）教师完成考核评价（见表 5-7）。

表 5-7　考核评价

评价指标	指标描述	权重	具体评价				评价得分	权重得分
			优秀 90～100 分	良好 80～89 分	一般 70～79 分	较差 60～69 分		
招聘信息完成度	根据案例中所要求的招聘职位，完整编写公司的招聘信息	20%	能够按照案例要求完整地编写公司的招聘信息	基本能够按照案例要求完整地编写公司的招聘信息	基本能够按照案例要求较完整地编写公司的招聘信息	不能够按照案例要求完整地编写公司的招聘信息		
发布招聘信息网站把握度	根据招聘信息内容，准确把握发布招聘信息的网站	30%	能够根据招聘信息准确把握发布招聘信息的网站	基本能够根据招聘信息准确把握发布招聘信息的网站	能够根据招聘信息较为准确把握发布招聘信息的网站	不能够根据招聘信息准确把握发布招聘信息的网站		
简历的数量	应聘者比率	30%	应聘者比率200%以上	应聘者比率150%以上	应聘者比率100%以上	应聘者比率100%以下		
筛选职位所需人员情况	能够根据职位要求，准确筛选出职位所需人员	20%	能够根据职位要求，准确筛选出职位所需人员	基本能够根据职位要求，准确筛选出职位所需人员	基本能够根据职位要求，较为准确筛选出职位所需人员	不能够根据职位要求，准确筛选出职位所需人员		
评分合计								

项目六
培训与开发

学习目标

知识目标

1. 了解培训与开发的概念、原则、作用。
2. 熟悉培训与开发的类型、方法。
3. 掌握培训计划具体内容。
4. 了解人力资源数字化培训的发展前沿。

能力目标

1. 能够分析不同培训方法的适用性。
2. 能够掌握员工培训需求分析的方法。
3. 能够初步制定培训与开发计划方案。

素养目标

1. 培养正确的世界观、人生观、价值观，坚定民族文化自信。
2. 培养爱岗敬业、乐于奉献、求真务实、敢于创新的精神。

学习导图

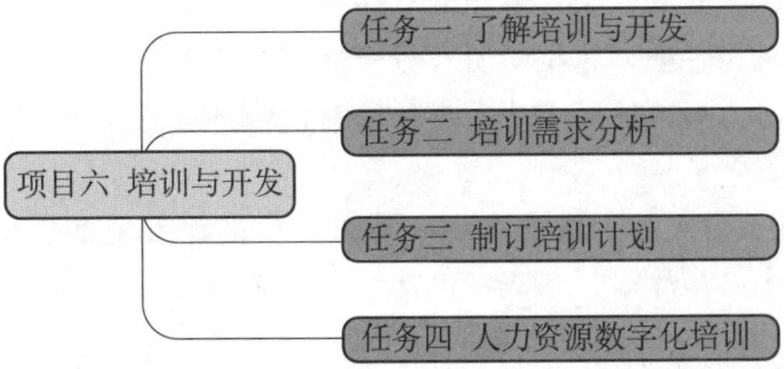

案例导入

雅化集团全链条员工培训体系助力企业大发展

培训是企业发展的根本动力。近年来，雅化集团围绕国务院出台的《关于推动现代职业教育高质量发展的意见》，着力构建全链条员工培训体系，助力企业发展新升级。

一、管理干部培训，提升履职能力

2021年国庆期间，雅化集团开展了一次为期5天的培训。这次培训旨在提高各级干部的履职能力，强化后备干部能力建设，参训人员包括集团所有高管、部门经理、各公司的经营团队及项目部、车间、班组的优秀青年干部代表共200余人。培训时间是每天8点30分到17点30分，在培训结束的时候实行闭卷考试，让参训人员有很强的学习压力。这次培训由集团高层担任授课教师，内容包括集团管控体系、公司治理及信息化建设、内控及内部审计、财务、核算及税务管理、人力资源、计划及行政管理、企业文化建设、锂产业管理综述、爆破业务管理、生产、技术及供应管理等。所有培训教材全部由集团高管结合公司实际案例及自身经验亲自编写并一一试讲。每天培训结束后，授课教师还会以互动问答的形式与学员展开座谈交流，对提出的问题逐一耐心解答，做好培训的复盘工作。

二、技能培训，提升员工实战技能

技能培训能有效调节企业在发展中人与岗位、职责及要求之间的差距和矛盾。近年来，雅化集团针对基础管理、基层班组、基本技能，采取能力培养和技能训练，鼓励集团全员主动提升、全面发展，实现员工素质优良、业务精湛、技能达标。仅2021年前11个月，全集团各分公司已组织各层面、各类型技能培训近百次，超过6 000人次的员工参加培训。在这些培训中，各分公司因材施教、因地制宜，以工作结果为导向，要求员工掌握的技能，管理干部必须先掌握。雅化集团以培训和实操为契机，夯实员工的实战操作能力，从而在员工中形成“传帮带”的工作模式，使基层执行力得到有效提升。

三、全职业周期培训，促进青年员工成长

针对不同阶段员工的素质培训，雅化集团“对症下药”，采取不同的技能培训机制，分为试用期、成长期、青年人才培养计划、后备干部培养等阶段。

进公司1～6个月的新员工，雅化集团人力资源部会为其编制实习计划，按期跟进，让新员工熟悉公司的生产流程、产品质量控制、安全管控、综合管理、财务要求等。每年，雅化集团还集中本年度新员工进行统一的“雏鹰训练营”培训，包括企业发展历史及现状、业务范围、企业文化、基本管理制度、员工行为规范、劳动纪律及奖惩规定、考勤制度、薪酬制度、激励机制、安全教育和岗位操作规程等。

在试用期满后的3年里，雅化集团人力资源部会结合每名员工的实际情况，为其量身打造职业生涯规划，如通过师带徒、岗位培训、轮岗锻炼、参加外出学习等多种形式促进每一名员工成长。

针对40岁以下、想成长、愿意承担的员工，雅化集团提供一切机会、平台，将这批员工纳入青年人才培养计划，每三年滚动编制，落实明确的培养责任人，定期对培养效果进行评估。

不仅如此，对于特别优秀的青年人才，雅化集团还将其纳入后备干部人才库，作为管理干部由经理班子亲自培养，通过参加公司重要会议、师父带领出差、参加行业峰会等形式，促进后备干部成长。

5年来，雅化集团的员工全职业周期培训让900多名新员工有序成长，其中30%走上主管以上领导岗位。

企业的竞争与发展核心在人，雅化集团一直以人才培养为核心，始终坚持人才是第一资源的发展理念，建立了重引进、重培养的人才工作机制，把引进和培养优秀企业人才放在促进企业发展新升级的重要位置，采取由上至下，多角度、全覆盖的培训模式，在职业能力提升、青年员工教育等方面狠下功夫，着力构建全链条员工培训体系。

随着国家及行业发展趋势，新一轮科技革命和产业变革正在加速进行，制造业企业的人才短板也逐渐显现。为此，雅化集团还会继续谋篇布局，大力度、大广度构建全链条人才培养体系，全面提升企业的核心竞争力，助力企业发展新升级。

分析提示

用好员工，做好培训，对于企业的成长发展至关重要。案例中的雅化集团对于新员工、年轻员工、技术性员工和管理层干部，分别结合各自群体特点，采用不同的培训方法，构建完整的全链条员工培训体系，让员工培训更有针对性和实效性，最大限度提升员工的综合能力，从而推动企业发展升级。

任务一　了解培训与开发

一、培训与开发的概念

培训与开发是指组织根据发展和业务需要，给员工提供的有计划、连续的学习和训练过程，以提高员工的知识技能，改善员工的工作态度，改进员工在现有或将来职位上的工作业绩，最终实现企业整体绩效提升的一种人力资源管理活动。

具体地说，关于培训与开发的含义可以掌握以下三点：

（一）培训与开发为组织实现目标服务

培训与开发的目的是通过训练教育等方式改善员工整体素质，提高工作业绩，从而提升企业的整体绩效。培训与开发的系列活动是需要耗费人力、物力和时间的，它是一种人力资本投资，这种投资是以员工增值带动企业增值，最终实现企业目标为出发点的。

微课

培养持之以恒的终身学习能力——谈培训与开发

（二）培训与开发是一种管理手段

培训与开发是为了更好地组织生产，向员工传递知识、培训技能，传播企业文化、用人理念，明确企业战略规划和规章制度，让员工能够对企业发展有信心，明确工作要点，知晓工作禁忌，从而更好地实现管理。

（三）培训与开发的本质是学习

培训与开发意味着使员工个体的行为、潜能或思维发生比较持久的变化，而不仅仅是传播知识、技术，也不仅仅是满足于简单的记忆。培训与开发为员工的潜能发展提供了学习的机会，增加了其学习的可能性。

二、培训与开发的原则、作用

（一）培训与开发的原则

要做好培训与开发工作，应当考虑实际情况，坚持合理的原则。培训设计的原则可以概括为“满足需求、重点突出、立足当前、讲求实用、考虑长远、提高素质”，还要考虑激励性、职业发展性等。

1. 理论联系实际、学用一致原则

培训与开发的对象是员工，因此企业需要真正了解员工在生产工作中存在的问题，有针对性地给予训练，同时在培训实施过程中要注意对培训效果的反馈和强化。通过反馈，企业可以及时收集员工的感受与诉求，发现问题，及时调整；还可以了解员工培训后的绩效，掌握效果加以改进。这样边学边练，才能真正做到学用一致。

2. 因材施教原则

在企业中，从普通员工到最高决策者，所从事的工作不同、创造的绩效不同，能力和工作标准也不同。所以，在实施培训与开发的过程中，企业要充分考虑他们各自的特点，结合文化差异、职位高低、工作差异、个人学习特点等设计培训课程，做到因材施教。

3. 激励原则

在现代企业管理中，培训与开发被视为一种员工福利。员工在培训中所学习和掌握的知识、能力和技能有利于个人职业的发展。因此，合理有效的培训与开发，可以在很大程度上激励员工，提升员工的主动性和积极性，增强员工的职业责任心和工作使命感。

（二）培训与开发的作用

企业之所以越来越重视培训与开发工作，是因为它具有非常重要的作用和意义，主要表现在以下几个方面：

1. 培训与开发有助于增强企业的竞争优势

一方面，员工通过有效的培训，可以提高工作效率，减少生产消耗，降低供应成本和服务成本，从而从整体上改善企业的绩效，提高企业生产力。另一方面，当今时代经营环境复杂多变，我们需要不断学习来应对变化。培训与开发能够让员工及时掌握新的知识、新的技术，确保企业拥有高素质人才队伍，提升企业整体学习和创新能力，从而保证企业在激烈的竞争中立于不败之地。

2. 培训与开发有助于培育企业文化

研究表明，良好的企业文化对员工具有强大的凝聚、规范、导向和激励作用，这些对企业来说有着非常重要的意义。在培训与开发过程中，企业将自己的文化、经营理念、价值观传递给员工，可以促进员工了解企业、认同企业，从而更好地为企业服务。

3. 培训与开发有助于提高员工的满意度，吸引优秀人才

培训与开发可以有效提高员工的技能水平，让员工树立职业自信心，并感受到企业的重视和关心，从而提高员工的满意度。同时，外部优秀人才看到企业对于员工发展的重视，感受到企业的文化及经营思路，也会从自身出发，选择适合自己发展的企业。

三、培训与开发的类型

培训与开发的形式多种多样，分类的方法也较多，具体如表6-1所示。

表6-1　培训与开发的类型

序号	分类方法	种类
1	按照培训与工作的关系分类	岗前培训、在岗培训、脱产培训
2	按照培训目的分类	过渡性教育培训、知识更新培训或转岗培训、提高业务能力培训、专业人才培训、人员晋升培训
3	按照培训对象在企业中的地位分类	高层管理人员培训、基层管理人员培训、专业技术人员培训、一般员工培训
4	按照培训地点分类	企业内培训、企业外培训、在岗培训
5	按照培训范围分类	全员培训、单项培训
6	按照培训组织形式分类	正规学校、短训班、非正规大学、自学等

下面主要按照培训与工作的关系来分类。

（一）岗前培训

岗前培训也称为入职培训。在进入企业前，新员工的工作经历、价值观念、文化背景等各不相同，与组织的文化也不完全一致。虽然在应聘之前对于企业的基本概况、产品服务、应聘岗位和薪资待遇等有一定了解，但大多是比较片面和零碎的。新员工对于未来企业和岗位的期望与实际肯定存在差距。因此，为了帮助员工积极适应新环境，全面了解企业，对标岗位要求，企业往往会组织新员工培训，即岗前培训。

岗前培训需要提前设计，合理组织规划，让新员工入职后便可以充分感受到企业文化，管理规章制度、福利待遇、岗位职责及发展前景，反观自己、岗位和企业的匹配度。同时，新员工在培训过程中可以相互认识，增进了解，为日后工作交往打下良好的基础。一些新员工在入职前还存在许多困惑。例如：自己怎样才能更好地适应新环境？公司的福利待遇是否能够满足自己的期望？同事、老板是否容易相处？是否有较好的学习成长环境。随着岗前培训的开展，这些问题都会得到解决。

微课

撰写新员工入职培训方案

作为人力资源管理从业者，做好新员工入职培训方案的设计也很重要。培训方案主要包括培训目标、培训人员、时间地点、培训内容及流程、组织安排、考核评估等部分。刚入职场的人力资源管理从业者，可以按照表6-2来设计。

表 6-2　某公司新员工入职培训方案

一、培训目标	新员工入职培训的主要目的是使新员工明确自身岗位职责、工作任务和目标，掌握工作要领、工作流程和方法，尽快适应组织环境和文化，保证质量、环境体系、职业健康安全管理体系运行的持续有效性，提高现有人力资源的质量，使人力资源满足各项工作要求。通过培训帮助新员工建立良好的人际关系，增强团队合作意识、执行力和集体凝聚力。
二、培训人员	2025 年应届毕业生
三、时间地点	7 月 8 日至 7 月 10 日　知行培训中心 205 会议室
四、培训内容及流程	7 月 8 日 08:30—10:30　迎新仪式 认识新公司　总经理 张国强 14:30—16:30　团队建设 7 月 9 日 08:30—10:30　人事管理制度介绍　人力资源部部长　徐红 14:30—15:30　财务制度介绍　财务部部长　王林 15:50—16:40　安全管理教育　生产部部长　刘军 7 月 10 日 08:30—11:30　岗位培训　公司内训师　赵子健 14:30—15:30　员工守则与礼仪　行政部部长　牛燕 15:50—17:00　实地参观项目部　运营部部长　孙思怡
五、组织安排	1. 人力资源部根据新入职员工的规模情况确定培训时间、地点并拟定培训具体方案，做好培训成本预算控制。 2. 与各相关部门沟通协调，做好培训课程讲师、时间的安排以及培训考核试题的准备工作。 3. 人力资源部负责全过程的组织培训工作，包括经费申请、人员协调组织、场地的安排布置、课程的调整及进度推进、培训质量的监控以及培训效果的考核评估等。 4. 人力资源部在新员工入职培训结束后一周内，进行培训总结分析，统计新员工入职考核结果，上报主管领导审阅。
六、考核评估	新员工培训结束后，人力资源部根据学员考核结果，将合格者按各单位需求及员工所学专业分配到各单位工作。对于不合格者延长培训时间，到对口处继续加强培训，培训后再给予一次考试机会。 人力资源部与新员工所在单位通过与学员、教师、部门培训负责人直接交流，并制定一系列书面调查表进行培训后的跟踪了解，逐步减少培训方向和内容的偏差，改进培训方式，以使培训更加富有成效并达到预期目标。培训结束后，结合培训期间的表现和结果，建立新员工培训档案。

直通职场

迪士尼的新员工入职培训

大家都知道迪士尼乐园，但很少有人知道迪士尼还有自己的学院。迪士尼学院是专门为迪士尼培养员工的机构，对于那些刚刚进入迪士尼的新员工来说，首先就是要到这里来接受培训。

每个新员工都要在迪士尼学院经过三个阶段的培训，分别是迪士尼传统、探索迪士尼和岗位培训。其中，迪士尼传统入职培训课程，一方面训练员工用迪士尼用语来称呼游客、工作、同事等，明确定位并暗示演职人员如何处理他们的角色；另一方面要求员工在扮演每个角色时在艺术和技术之间取得平衡。

以扮演白雪公主的演职人员为例，她如果要在被游客环绕的情况下表演，前提是要接受大量的培训，掌握扮演白雪公主的艺术。为了和各个年龄段的游客接触，“白雪公主”要时时刻刻保持友好的态度，并且像电影中一样。扮演白雪公主的演职人员需要一定的人际交往技巧，确保她不会把游客的好奇当作烦人的事情。同时，白雪公主的身份也要求演职人员具有成为白雪公主的技术，培训师在培训中会用专业知识帮助她做身份转换。她必须完全熟悉电影里白雪公主的各个动作，并且把自己想象成自己扮演的人物，让自己真正成为“白雪公主”。

如果你不熟悉迪士尼人物也没关系。迪士尼对新入职的员工都会采取一系列的培训，包括迪士尼的历史和文化。因为迪士尼乐园为游客提供的是沉浸于故事之中的独特体验，而培训的最好方式之一就是让员工观看众多的迪士尼动画，了解和熟悉迪士尼的经典故事和人物角色。

团队合作也是培训中的重要内容，迪士尼世界中的“演员们”只有紧密合作，才能产生“魔法”效果。培训通过小组项目来帮助成员学习团队合作，从寻宝游戏到创建迪士尼动画人物列表，最好的团队会获得奖励，而挑战是如此有趣，以至于他们没有察觉到自己是在工作之中。

迪士尼在培训新员工时，还会因不同地域有不同的特色，我们以东京为例。

东京迪士尼是怎么培训新员工的呢？以最基层的清洁工为例。他们的第一个要求就是为人要乐观、性格要开朗。决定聘用某些人员之后，迪士尼要对他们进行三天的“特别培训”。

第一天上午培训的内容是扫地。他们有三种扫帚，一种是扒树叶的，一种是扫纸屑的，还有一种是掸灰尘的，这三种扫帚的形状都不一样，用法也不一样。每个清洁工都要掌握必要的技巧和清扫规则，如中午吃饭时，客人距离你只有15米的时候不能扫。下午培训的内容是照相，因为有很多时候，游客会让他们帮忙拍照。东京迪士尼要确保包括清洁工在内的任何一个员工都能够帮上游客，而不是摇摇手说：“我不会用相机。”

第二天会培训抱小孩、包尿布和识别方位。因为在工作中，他们经常会遇到带小孩的妈妈求助抱一下孩子，这时候清洁工可以提供必要的帮助。游客也会经常问路：“小姐，洗手间在哪里?”每一位清洁工都要把整个迪士尼的平面图刻进脑子里，哪怕是第一天工作，也不能对问路的游客说“我刚来，我也不知道”。

第三天是花一整天的时间培训沟通方式和多门外语。首先是与人沟通时的姿势，如和小孩子对话时必须蹲下，这样双方的眼睛就保持在一个相同的高度上，不能让小孩子仰着头说话。至于学外语，东京迪士尼只要求会讲一句话的多国外语版就行了，内容是“对不起，我语言能力有限，我会找人来帮助您”。三天培训结束后，清洁工们才能被分配到相应的岗位上开始工作。

如此重视对员工特别是新员工的培训，是迪士尼能够获得成功的一大法宝。看完迪士尼的案例，你是不是也获得了一点启发呢?

（二）在岗培训

在岗培训也称“在职培训”“不脱产培训”，是指企业为了使员工具备有效完成工作所需要的知识、技能和态度，在不离开工作岗位的情况下对员工进行的培训。目前，在岗培训已经得到企业的认同，诸多企业都采取在岗培训的方式培训员工。

在岗培训主要分为四类：转岗培训、晋升培训、以改善绩效为目的的培训和岗位资格培训，围绕员工管理技能（观察力、判断力、创新力、情商或沟通表达等）、专业技能（行政、财务、营销、生产、采购、信息化等）和能力迁移展开。

常见的在岗培训形式有：“老带新”工作指导法、工作轮换法、计划的提升、设立“助理”岗位、建立“委员会”或“下级委员会”、特殊任务的委派等。为不影响正常工作运行，这种培训往往简单易行、成本较低，充分利用现有的人力、物力及场地设备来组织。经过培训，员工能够在工作过程中逐步掌握岗位技能要求，提高创新和应变能力，从而提升工作绩效。但这种培训需要精心组织、周密设计，及时反馈与考核，才能保证培训效果。

“老带新”工作指导法下的生产岗位师徒在岗培训内容如表 6-3 所示。

表 6-3　“老带新”工作指导法下的生产岗位师徒在岗培训内容

名称	内容	课时	培训师	考核方式
师带徒岗位生产操作技巧培训	符合工艺操作法的岗位生产操作技能	1 个月	1. 生产经理任命的生产主管岗 2. 日常师徒学习由班组长督导	培训后可以独立上岗操作无误，产品品质良好，熟悉操作设备，动作娴熟，思路清晰

（三）脱产培训

脱产培训是指为员工组织的中短期的集中式培训，这种培训要求员工脱离生产，在单位内部或被指派到国内外有关的教育部门或专业培训单位接受培训。常见的培训方式有研讨会、优秀企业短期考察、高等院校进修和出国进修、企业大学等。

脱产培训的方法有很多，如专题讲座、播放视频录像、分组讨论、角色扮演、案例研究等。这种培训费用一般比较高，不适合全员培训，主要用来培养企业紧缺人才，或为企业未来培养高层次技术人才、管理人才。

直通职场

华为企业大学在人才培养中发挥的作用

世人皆知的《华为基本法》第十三条写道：机会、人才、技术和产品是公司成长的主要牵引力。从这里可以看出，华为将人才视为公司发展的核心力量之一。因此，华为每年都会投入巨资进行员工培训。

成立于 2005 年的华为企业大学一直将自己视为“中国企业的黄埔军校”，它主要为华为员工及客户提供众多培训课程，包括新员工文化培训、上岗培训和针对客户的培训等。这里，我们就来聊聊华为企业大学的那些事。

一、基本情况

华为企业大学坐落在深圳华为总部，占地面积为27.5万平方米，分为教学区和生活住宿区。华为企业大学一直以舒适、一流的硬件配套设施为外界所称道。教学区占地面积为15.5万平方米，建筑面积超过9万平方米，绿化覆盖率超过85%，有培训教学主楼、高级培训中心、教职员楼等主要建筑物。培训教学主楼是培训中心建筑群的主体，拥有各类多媒体教室、高级管理研讨室120多间，通信实验室7 000多平方米，可满足培训的课堂教学、案例教学、上机操作、工程维护实习和网络教学等多种形式的需要，可容纳3 600多名客户和员工同时进行培训。

二、主要职责

按照任正非制定的方针，华为企业大学的培训定位是依托于华为技术雄厚的技术实力，引领培训业务的潮头浪尖，也是推动企业经营战略迈向成功的有效途径。华为企业大学注重培养新型技术人才和国际化管理人才，主要以客户和企业内部员工为培训对象。

华为企业大学培训有四项基本任务：一是成为公司的干部培养基地和公司全球化战略实施的助推器；二是致力于建设统一的企业文化、价值观和行为标准，形成核心向心力，保持华为公司的整体形象和竞争优势；三是提升员工素质与业务技能，促进员工职业化发展，吸引人才、发展人才，支持公司业务发展和人力资本增值；四是配合公司可持续发展战略，引入先进管理理念，促进企业变革和内部管理进步。

三、培训方式

华为企业大学要为华为主航道业务培育和输送人才，特色是训战结合，最终目的是作战胜利。任正非对实战的要求是让培训高度接近实战；所有训练的表格要和华为实际操作的表格一模一样，代码、标识符等也一模一样。实战化的训练模式是沙盘演练。任正非说，在华为现实工作中，我们不主张多考试，因为会浪费实战时间。但是在华为企业大学培训，主张多考试，一个星期至少考3次，培训结束之前，先把自己的沙盘讲清楚，毕业后带着沙盘回去，一边实践，一边修改，最后看结果。

华为企业大学的培训方式灵活多样，有面对面学习、网络化学习和日常学习三种形式。以网络化学习为例，华为开国内企业之先河，开发了中国人自己的培训体系。根据华为的说法，它希望其网络技术培训能做到“对于有意愿的人‘上得起’，对于有技术的人‘有收获’”，从而真正达到网络教育普及的目的。

华为在E-Learning上尝试了一些突破。有很多区域，比如阿富汗，一年只招1名新员工，华为企业大学借助E手段，以一个虚拟教室做文化引导，可以接入40多个国家的新员工。对华为而言，通过互联网进行多层面的培训对企业的发展有相当大的帮助：一是促进华为硬件产品的竞争力；二是促进国内网络产品的提升；三是良性推动国内IT论证。对于终端用户，华为的培训和认证费用就更加贴近大众、更加物超所值，整体的培训费用只有国外培训费用的一半，是很符合国情的认证体系。

四、培训模式

华为企业大学培训方向和内容需满足企业对培训对象能力素质提升的要求，内训受理要根据内部员工的实际需求制订培训计划，让培训最大限度地与业务结合。经过多年理论研究和管理实践，现在，华为企业大学研发出了所在领域的专业能力模型，并以能力模型为导向建立了一系列的课程和培训项目。在这个基础上，华为也将向外部客户提供培训课程，实现多样化的培训模式。

华为企业大学在员工培训体系中有一套独特的IT系统，这套系统将每位员工的培训划分成一个单独模块，让员工在系统中就能完成制定培训需求、解决学习方案、在线学习、培训系统管理和培训评估等一系列任务，在国内企业大学中是一种创新的应用型培训系统。

任务二　培训需求分析

一、培训需求分析的思路

培训需求分析对组织科学开展培训具有重要意义，是指采用调研等方式确定组织是否有必要进行培训以及需要什么样的培训的过程。它是确定培训目标、设计培训计划的前提，也是进行培训评估的基础，还是搞好培训工作的关键。要做好培训需求分析，一般要从组织、任务以及人员三个方面进行分析，如图6－1所示。

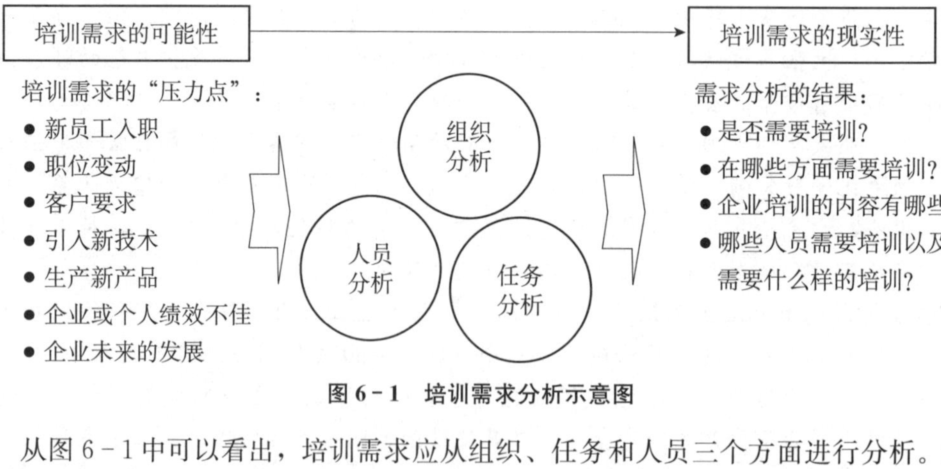

图6－1　培训需求分析示意图

从图6－1中可以看出，培训需求应从组织、任务和人员三个方面进行分析。组织中出现的新员工入职、职位变动、客户要求、引入新技术等问题，都会构成培训的需求或成为组织发展的“压力点”，即分析问题的切入点。

（1）组织分析是从组织内部出发考虑是否要对员工进行培训，这时候要检查组织目标，评估组织资源，分析组织内外部环境，进行综合考虑。

（2）任务分析是确定各个工作岗位的员工达到理想的工作业绩所必须掌握的技能和

能力。

（3）人员分析是将员工个人目前的实际工作绩效与企业员工绩效标准进行比照，分析两者之间存在什么差距，然后确定谁需要、谁应该接受培训以及培训的内容。

组织分析是任务分析和人员分析的前提，任务分析更侧重于职业活动的理想状况，而人员分析更侧重于员工个人的主观特征方面的分析。

二、培训需求分析的一般程序

（1）准确、客观地收集各部门的培训需求信息。

（2）从组织分析、任务分析、人员分析三个方面出发，对收集到的培训需求信息进行分析。

（3）对分析后的培训需求结果进行确认。

（4）对培训需求分析结果进行调整和修订。

培训需求分析流程如图 6-2 所示。

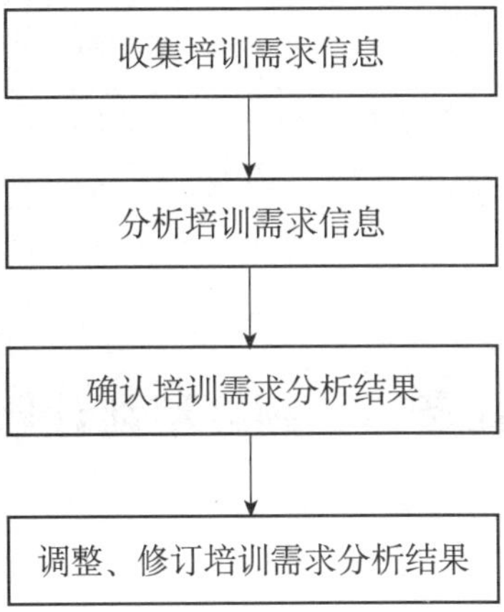

图 6-2　培训需求分析流程

三、培训需求分析的方法

进行培训需求分析的方法有很多，其中最常用的方法有四种：观察法、问卷调查法、资料查阅法和访问法。

（1）观察法是通过在工作现场观察员工的工作过程来探究培训需求。

（2）问卷调查法是通过调查问卷的方式来了解员工培训需求。

（3）资料查阅法是通过查阅相关资料（专业期刊、技术手册、工作记录、员工的工作绩效考核结果）来分析培训需求。

（4）访问法是通过与员工或部门主管面对面交流的方式来获取需求信息，包括集体访问和单独访问。

这四种方法各有优缺点，企业要根据实际情况来选择合适的方法。很多时候，企业会综合使用几种方法来确定培训需求。表 6-4 是对这四种方法优缺点的一个简单比较。

表 6-4　培训需求分析方法的优缺点比较

方法	优点	缺点
观察法	可以得到有关工作环境的信息； 将分析活动对工作的干扰降到最低	需要高水平的观察者； 员工的行为方式可能因为被观察而受到影响
问卷调查法	费用低； 可以从大量人员中收集信息； 易于对信息进行归纳总结	耗费时间； 回收率可能很低，有些信息可能不符合要求（虚假或隐瞒）； 不够具体
资料查阅法	有关工作程序的理想信息来源； 目的性强； 有关新的工作和生产过程中新产生的工作所包含任务的理想信息来源	资料可能过时； 需要具备专业知识
访问法	有利于发现培训需求的具体问题及其产生的原因和解决办法	耗费时间长； 分析难度大； 需要高水平的专家

（资料来源：孙海法．现代企业人力资源管理［M］．广州：中山大学出版社，2002.）

任务三　制订培训计划

计划作为对未来工作的指导和规划，很大程度上决定了未来工作的成功与否。据统计，我国有系统培训项目计划的企业不足 50%。缺乏培训计划不仅会影响培训的效果，也容易造成资源浪费、低效等不良后果。为了保证培训活动的顺利实施，需要制订出一个培训计划，以此来指导培训的具体实施。

微课

制订培训计划

一、培训计划的类型

培训计划从时间跨度上可以分为中长期培训计划、年度培训计划和单项培训计划。

（一）中长期培训计划

中长期培训计划较为宏观，主要从培训理念、培训投入、培训方针、原则及未来方向等几个方面进行阐述。

（二）年度培训计划

年度培训计划是指企业为一年的总体培训安排而制订的计划，需要明确具体，它直接决定了主要培训活动和培训开支计划。

（三）单项培训计划

单项培训计划偏向活动指南，是针对某一项培训活动的规划，操作性较强。

二、培训计划的内容

培训计划的内容主要包括培训目标、培训内容和培训对象、培训师、培训时间、培训地点、培训费用预算、培训实施、培训评估等。

（一）培训目标

培训目标是指培训活动所要达到的目的，从受训者角度理解就是指在培训活动结束后应该掌握什么内容。培训目标有三个要点：

（1）知识的传授。员工通过培训具备适应工作岗位的基本业务知识。

（2）技能的培养。员工通过培训掌握工作岗位所必备的技术和能力，如生产操作技能、谈判技能、应变能力和分析能力等。

（3）态度的转变。员工通过培训具备工作岗位要求的职业态度，如服务意识、工作主动性等。

（二）培训内容和培训对象

培训内容是指应当进行什么样的培训，培训对象则是指哪些员工需要接受培训。这两个项目都是培训需求分析的结果。表 6－5 为某公司各级员工培训内容。

表 6－5　某公司各级员工培训内容

序号	高级管理人员	中层管理人员	普通员工	新员工
1	企业经营环境、行业发展	非人力资源经理的人力资源管理	企业文化培训	公司发展史
2	上市公司法律法规	职业经理技能提升	时间管理、沟通技巧	企业文化与经营理念
3	创新力与战略管理	行业前沿信息	岗位认知、岗位说明书	公司管理规章制度
4	领导力提升	经济学读书会	观看《优秀员工》纪录片	拓展训练
5	企业行业考察学习	下属管理辅导	绩效沟通与自主学习	公司参观

（三）培训师

培训师是培训实施中非常重要的一部分，培训效果的好坏、培训质量的高低主要受培训师的影响。培训师的来源一般有两个渠道：一是外部渠道，二是内部渠道。从这两个渠道选择培训师各有利弊，表 6－6 是不同渠道的培训师优缺点比较。

表 6－6　不同渠道的培训师优缺点比较

渠道	优点	缺点
外部渠道	比较专业，具有丰富的培训经验； 没有顾虑和束缚； 可以带来新的观点和理念； 和企业没有直接关系，员工易于接受	费用较高； 对企业不了解，培训内容可能不实用，针对性不强； 责任心可能不高

续表

渠道	优点	缺点
内部渠道	对企业情况比较了解，培训更有针对性； 责任心较强； 费用较低； 可以与受训人员更好地交流	可能缺乏培训经验； 受企业现有状态影响较大，思路可能没有创新； 员工对培训师的接受程度可能比较低

（资料来源：董克勇．人力资源管理概论［M］．北京：中国人民大学出版社，2019.）

一般来说，通用性的培训可以从外部选择培训师，专业性的培训则要从内部选择培训师。现在，也有很多企业将这两种方法结合起来使用。

（四）培训时间

培训时间是指培训在什么时候进行。确定培训时间要考虑两个因素：一是培训需求，二是受训人员。例如：企业准备引进新设备，培训就应该定在设备引进之前，让员工提前掌握新设备的操作方法。再比如：当员工的工作比较繁忙时，除非培训需求非常紧急，否则最好不要安排培训。如果培训是连续性的，还要制定出培训的时间进度表。

（五）培训地点

培训地点是指培训要在什么地方进行，培训地点的选择也会影响培训的效果。培训地点的选择最主要的是考虑培训的方式和人数，应当有利于培训的有效实施。

直通职场

潍坊银行 2021 级 2 期新员工拓展训练

潍坊银行 2021 级 2 期新员工拓展训练顺利完成，他们都做了什么？完成了什么？转变了什么？请跟随我的步伐一起重走他们的拓展训练路吧！

一、沟通团结

在拓展训练基地的第一课“天梯”活动中，他们学会了沟通团结。在八米的五层天梯中，每一层间距 1.4 米，单靠个人的力量是没有办法翻越至更高一层的。潍坊银行的新员工们在培训师的带领下，两两合作，依靠队友的力量将自己送至更高一层（见图 6-3）。在这个活动中，大家深深感受到了在遇到个人无法解决的问题时，团结一致想出科学的办法，是共渡难关、完成任务的法宝。

图 6-3 “天梯”活动留影

二、定岗定责

让人肾上腺素飙升的高空项目过后，是紧张有序的地面活动。组合活动、双解码扑克牌、旱地冰壶、驿站传输等每一个项目都牵动着团队中每位成员的神经。或许在一开始，大家不懂定岗定责的重要性，但随着项目的不断进行，临时分组中每位小伙伴的分工都更加科学，都在自己的站位上各负其责，为小组贡献自己的力量。

三、奉献精神

“毕业墙”是本次拓展训练的完美收官之战。所有的小伙伴需要翻越一面四米高的垂直围墙，这不仅需要他们团结协作，共同商议出科学的办法，更需要他们的团队具有奉献精神（见图6-4）。

图6-4 “毕业墙”留影

几位健壮的小伙伴主动充当“基石”，其他小伙伴踩着他们的大腿、肩窝一个一个上去。一个成功登顶的小伙伴，不仅有“基石”小伙伴们的支撑、上方小伙伴们的接应，更离不开安全垫旁一圈圈保护呐喊的小伙伴们。

四、总结反思

三天两夜的拓展训练活动转瞬即逝，天气很热，但远比不上伙伴们的热情，在活动现场，到处都能看见他们笑容洋溢的脸庞。在活动中，他们挥洒了汗水，收获了友情，懂得了团结，扛起了责任，明白了奉献……每个人都是好样的！

在共同努力下，八支小队绘制出了一幅属于潍坊银行2021级2期新员工的宏伟蓝图。

（六）培训费用预算

培训之前，要做好培训费用预算，主要计算培训中的直接成本，即培训者与受训者的一切费用总和。如培训师的费用，受训者的往来交通、食宿费用，教室设备的租赁费用，教材印制或购置费用，以及培训实施中的其他各项花销等。

间接培训成本也要充分考虑，如培训项目设计费用、培训项目管理费用、受训者受训期间的工资福利，以及培训项目的评估费用等。在预算培训费用时，要切实保证企业培训的需要，把钱花在刀刃上，从物质上保证培训计划的贯彻执行。

（七）培训实施

在确定培训项目、培训时间、培训地点等信息以后，便进入培训的实施阶段。针对不同的培训项目，会有不同的实施工作。但一般而言，培训项目的实施主要按照培训前、培训中、培训后三个阶段来开展。培训实施的三个阶段如表 6－7 所示。

表 6－7　培训实施的三个阶段

培训前	培训中	培训后
（1）沟通培训实施要求。主要是相关工作人员与培训实施负责人之间进行沟通，详细了解培训实施要求。 （2）培训通知。由人力资源部负责向受训人员发布培训通知。 （3）学员出席确认。受训人员接收到培训通知之后，要根据自己工作的情况进行确认，是否能够按时出席培训。 （4）讲师沟通。人力资源部与培训师沟通培训准备。 （5）培训物料准备。准备好签到表、培训教材、茶歇等。 （6）场地预订及布置。提前预订好培训场地，并进行场地布置，如悬挂横幅、摆放桌椅等。 （7）开课前各项工作确认。确认开课前的各项工作是否都安排妥当。	（1）到场确认。HR 现场组织签到，确认学员、讲师及嘉宾是否到场。 （2）开场主持。主持人介绍培训主题、培训师、培训纪律、培训课程、日程安排、破冰活动，学员自我介绍。 （3）现场支持。做好课件翻动、资料发放、互动游戏支持、应急处置和答疑等工作。 （4）结束主持。主持人介绍培训结束后期安排事项。	（1）培训总结。主要包括向讲师致谢、组织培训满意度调查、培训复盘、颁发结业证书、打扫教室、整理设备、培训资料归类整理等。 （2）课后作业跟进。收集课后作业，并统计作业成绩，做好培训效果分析。

（八）培训评估

培训计划的最后一个步骤就是选好培训评估方法。培训评估不仅能总结评价整个培训活动实施的成效，还能为下一次培训的有效组织提供参考。培训评估主要考察培训的效果，如学员在知识、技能、行为态度等方面的改变程度，工作效率与绩效的提高程度，以及组织绩效的改进程度。培训的价值回报既体现在学员身上，也体现在组织业绩上。

下面介绍一种常见的培训效果评估模型，即柯式四级培训评估模型，这是被全球职业经理人广泛采用的培训效果评估模型，如表 6－8 所示。

表 6－8　柯式四级培训评估模型

评估层次	内容	涉及的问题	衡量方法
反应层	观察学员的反应	学员喜欢培训课程吗？ 课程对工作有用吗？ 学员对培训师及培训设施等有何意见？ 学员的课堂反应是否积极主动？	问卷调查、评估访谈
学习层	检查学员的学习效果	学员在培训项目中学到了什么？ 培训前后，学员在知识、技能等方面有多大程度的提高？	评估调查表、笔试 绩效考试、案例研究
行为层	衡量培训前后学员的工作表现	学员在学习基础上有无改变行为？ 学员在工作中是否用到培训所学的知识、技能？	由上级、同事、客户、下属进行绩效考核、测试、观察和绩效记录

续表

评估层次	内容	涉及的问题	衡量方法
结果层	衡量公司经营业绩变化	行为改变对企业的影响是否积极？企业是否因培训而经营得更好？	考察事故率、生产效率、员工流动性、员工士气

该模型认为：培训效果可从四个层次分别进行评估，即受训者的反应（受训者满意程度）、学习（知识、技能、态度、行为方式方面的收获）、行为（工作中行为的改进）、结果（受训者获得的经营业绩）对组织的影响。

做好培训与开发计划需人力资源管理者考虑周全、准备充分，只有这样才能使培训工作收到事半功倍的效果。

任务四 人力资源数字化培训

一、科技时代的新方法

随着科技的飞速发展，许多新兴的培训方式不断涌现，如网络培训、虚拟培训等培训方式在很多公司受到欢迎。

（一）网络培训

网络培训是指组织通过互联网、大数据或云计算等技术对学员进行在线培训，包括电脑端和移动端。培训中，组织将培训课程上传到网络空间，不同地域的学员均可以实现云端学习。这种培训的优势在于培训不再受时间和空间的限制，较为灵活，还能节约培训成本。不足在于人际交流等技能性培训不适用。

（二）虚拟培训

虚拟培训是利用全新的人机交互技术创建一个酷似客观环境又超越客观环境、能沉浸其中又能驾驭自身的和谐人机环境。学员通过运用某些设备来感知刺激、驾驭环境、操作工具，从而达到提高技能的目的。目前，应用较多的是虚拟培训师采用虚拟现实（VR）技术对员工进行培训，主要应用的领域如表 6－9 所示。

表 6－9 虚拟培训的应用领域

序号	培训领域	主要做法
1	建筑、电力、轨道交通和公安等领域高技能人才培训	VR 为员工提供高逼真的虚拟场景及设备三维模型教学内容，员工可自主进行操作学习、作业训练和岗前实训，直至熟练掌握全流程作业规范，满足企业高标准化的技能人才需要

续表

序号	培训领域	主要做法
2	高危行业的员工安全行为规范	员工能在 VR 企业培训系统中放心、大胆地模拟操作，进行常见安全事故体验，通过全身心地感受灾害的毁灭性，强化警觉和防护意识
3	日常安全教育科普	员工日常防火、防电、防盗等安全教育可以通过游戏化的情境还原，吸引员工主动体验，指导其如何检查安全隐患、正确处置灾情和自救逃生等内容

由此可见，VR 技术与培训开发的科创融合，有效地创新了培训形式，提升了培训效果，减少了人力和时间成本，能更好地帮助企业积累优质的技能资源和人才。

直通职场

虚拟培训技术在员工培训中的应用优势

近年来，大数据、云计算、人工智能、虚拟现实、智能科学与技术都被应用到教育培训领域。虚拟现实技术和增强现实技术的快速发展为企业员工教育培训掀开了新的篇章。

一、VR/AR 技术

微课

中小企业培训管理

（一）虚拟现实技术

虚拟现实（Virtual Reality，VR）是可以创建和体验虚拟世界的计算机仿真系统，它利用计算机生成一种模拟环境，是一种多源信息融合的、交互式的三维动态视景和实体行为的系统仿真，使用户沉浸到该环境中。它仿照真实和虚拟世界，使人类沉浸地融入一个三维空间，产生有立体感的视觉、听觉、触觉甚至嗅觉，非常类似于真实世界。

（二）增强现实技术

增强现实技术（Augmented Reality，AR）又被称作扩增现实，它是 VR 的增强技术，把在现实世界的一定时间和空间范围内难以体验到的实体的声音、味道、触觉、视觉信息等，通过计算机运算等科学技术，模拟仿真后进一步叠加，将虚拟信息应用到真实世界里，使人类感官能够感知，以达到超现实的感官体验。

二、VR/AR 技术在员工教育培训中的优势

（一）教学目标的改变

传统教育培训经历了书本、彩色卡片、幻灯片、电脑等教学模式的演变，但始终保持平面化。在传统培训中，学员对培训师所讲解的知识一知半解或者根本不感兴趣，缺少学习动力与热情。VR/AR 模式下的教学，可以通过人机交互等方式促进学员主动参与和自主学习，所有的学习内容都可以通过交互式、沉浸式的方式快速了解，提升学员的学习兴趣，加深其对知识的理解，提升培训效果。

（二）实操培训场地的变化

采掘、运输等专业具有极高的危险性，由于场地限制，不能到井下进行实操培训。

利用 VR/AR 教学实操培训，员工可以在虚拟场景中提前操作，既然是没有危险性的操作场景，也不用考虑场地的局限性，操作起来安全性更高，也可以放开手脚大胆操作，对于培训内容的记忆也会更深。

（三）实操培训成本的节省

采煤机、掘进机等“高成本”设备，对于实操培训环境要求比较高，一个场景的搭建或者一个真实的实操设备都是一笔大开销，员工真正的实操培训目的也无法达到。利用 VR/AR 教学实操培训，既能节约实操成本，员工还能在虚拟实操环境中反复操作，减少大部分耗材成本，提高实操培训的效率。

（资料来源：谢良魁．VR/AR 技术在企业培训中应用的可行性分析［J］．企业技术开发，2019（05）.）

二、培训与开发的数字化应用

过去在缺乏大数据技术支持下，人力资源管理往往是经验导向的，根据前人经验和企业制度做出企业决策。在大数据支持下，人力资源管理是数据导向的，注重管理的科学性、准确性。依据客观数据开展人力工作中的培训与开发，既能提高管理的效率、效能，又能提升决策工作的科学化、精准化水平。

（一）精准挖掘培训需求

利用大数据技术可以搜集与员工自身所在岗位需求、绩效表现、晋升意向等密切相关的数据，通过数据分析，精准把握员工的实际工作情况、能力素质水平及职业发展诉求，在此基础上对其现阶段或未来所从事工作及职业技能培养需求进行预测，制定与之契合的培训方案。此外，公司还可以通过大数据对员工日常培训任务、学习圈子、用户类型、用户行为、学习风格等进行建模与提取，再进行深度分析，从而挖掘用户潜在偏好，形成对员工个性化培训的推荐目录。

直通职场

春秋航空公司的培训数字化应用

春秋航空公司是首个中国民营资本独资经营的低成本航空公司，也是首家由旅行社起家的廉价航空公司。2014 年，它向美国通用电气（GE）公司购买了一个强大的数据库。GE 公司采集了 5 500 多架飞机的 7 800 多万小时的飞行数据，从中整合出 4 600 多个预置飞行模型，它的功能是帮助航空公司实现智能化飞行。这个数据库帮助春秋航空公司精确还原了 3 年内 23 万项飞行数据，能够看到每一个细小操作，并对飞行员的操作习惯进行了跟踪。之后，春秋航空公司又对数据进行了深度分析，在日后培训中有针对性地改善了飞行员的不良驾驶习惯。

（资料来源：彭剑锋．人力资源管理概论［M］．上海：复旦大学出版社，2018.）

（二）有效管控培训成本

培训经费是进行培训的物质基础，是培训工作所需场所、设备、培训师等资金的保证。培训经费合理地分配及使用，直接关系到培训的规模、水平程度和培训效果。在大数据时代，要做好培训成本管控，可以从以下常见的培训数字化分析指标入手（见表 6－10）。

表 6－10　常见的培训数字化分析指标

成本分析维度	关键数据指标	目的
1. 培训组织数据	部门培训人均课时	反映各部门的培训效率
2. 培训成本费用汇总	2.1 费用总成本	了解公司一年的培训总体费用
	2.2 差旅费和课程费的占比分析	了解差旅费的占比，哪个部门的差旅费最多
3. 部门维度的成本分析	3.1 各部门培训费用结构对比	了解各部门在一定周期内的培训费用占比，分析各部门的培训费用
	3.2 各部门差旅费用对比	了解各部门差旅费用的增长幅度数据，分析部门差旅费用的合理性
4. 机构维度的成本分析	4.1 各机构培训费用对比	分析各机构每年的费用占比，判断是否合理
	4.2 各机构人均费用对比	通过外训人均费用对比来判断各机构的性价比
	4.3 各机构培训评估数据	通过对课程和教师的打分来判断外训课程质量，并通过人均费用来选择性价比高的课程

要做好以上数据分析，需要保证日常数据的储备，同时还可以借助分析工具或软件，实现数据分析结果的可视化界面（见表 6－11、图 6－5、图 6－6、图 6－7）。

表 6－11　培训成本统计

项目	IT 部	品质部	人力资源部	产品部	汇总
外训费用（元）	7 450	12 222	8 200	13 380	41 252
差旅费用（元）	900	2 600	2 700	2 700	8 900
培训费汇总（元）	8 350	14 822	10 900	16 080	50 152
参训人数（人）	2	5	5	5	17
各部门外训人均费用（元）	4 175	2 964.4	2 180	3 216	12 535.4

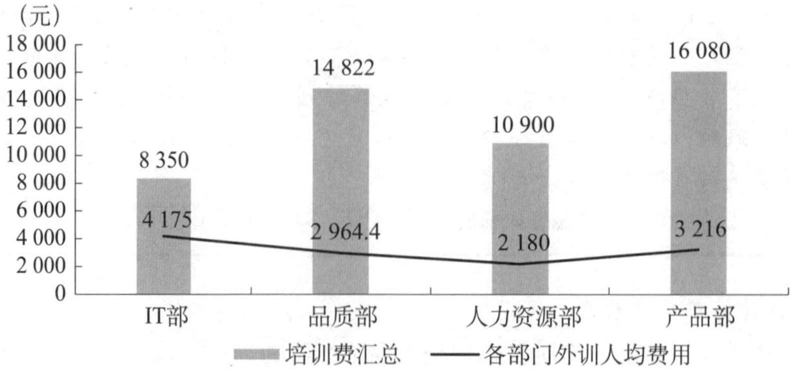

图 6－5　培训成本可视化分析：培训费用对比分析

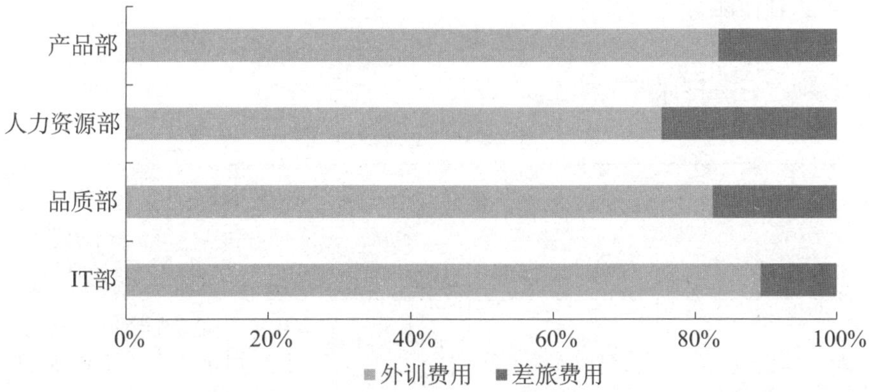

图 6-6 培训成本可视化分析：培训费用占比

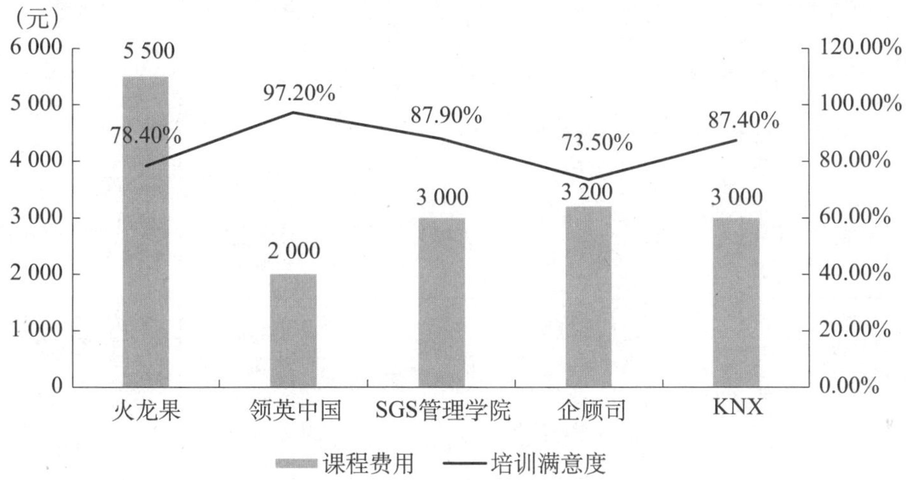

图 6-7 培训机构满意度分析

通过数据可视化分析，可以发现，产品部的培训费用最高；领英中国的培训费用最低，培训满意度最高。把握好培训与开发工作中的大数据应用，可以帮助企业提高管理效能，获得管理红利。

岗证融通：职业技能训练

训练目标

（1）查看学生对于企业开展员工培训与开发的方式理解程度。

（2）帮助学生树立正确的价值观、职业观。

训练内容

全班 4～5 人为一组，以小组为单位，在网络上搜索一家知名企业，整理其员工培训的特色和内容，形成 PPT，每组派代表在全班做案例分享。

训练评价

（1）培训案例内容是否符合训练要求。（50 分）

(2) 团队合作能力。(30 分)

(3) 语言表达和礼仪。(20 分)

(4) 教师进行考核评价 (见表 6-12)。

表 6-12 考核评价

评价指标	指标描述	权重	具体评价				评价得分	权重得分
			优秀 90~100 分	良好 80~89 分	一般 70~79 分	较差 60~69 分		
完成度	考查学生分享培训案例内容是否符合训练要求	50%	按照训练要求及标准完成作业，汇报展示全面，图文并茂	基本能够按照训练要求及标准完成作业，汇报展示较全面	按照训练要求及标准完成部分作业，汇报展示缺少部分环节，素材较丰富	按照训练要求及标准完成部分作业，汇报展示缺少重要环节，素材单一		
团队配合	考查学生在收集企业培训案例、分析培训特点过程中团队协作的能力	30%	团队成员积极参与训练任务，分工协作，配合默契	团队成员能够都参与训练任务，分工较为明确	部分成员参与训练任务，有分工，配合较默契	1~2 名成员参与训练任务，分工不明确，配合不默契		
语言表达和礼仪	考查学生汇报时的语言表达能力和礼节礼仪	20%	普通话标准，声音洪亮，表达流利，富有情感，语言精练，能够使用文明用语	普通话标准，表达较流利，能够使用文明用语	讲普通话，表达基本流利，能够使用文明用语，表现逊色	不讲普通话，陈述卡顿严重，没有使用文明用语		
评分合计								

项目七
绩效管理

学习目标

知识目标

1. 了解绩效、绩效考核和绩效管理的内涵及绩效考核与绩效管理的关系。
2. 熟悉绩效考核的组织与实施流程、绩效考核的方法。
3. 掌握绩效管理流程，可以制订绩效计划。

能力目标

1. 能够运用绩效考核的方法、按照绩效考核的组织与实施流程进行企业实际绩效考核的实施。
2. 能够熟练运用绩效管理流程，帮助员工制订绩效计划，并根据绩效管理流程完成企业绩效管理工作。

素养目标

1. 树立正确的价值观，积极投身乡村振兴中。
2. 培养较高的思想觉悟和家国情怀，积极投身社会主义建设中。

学习导图

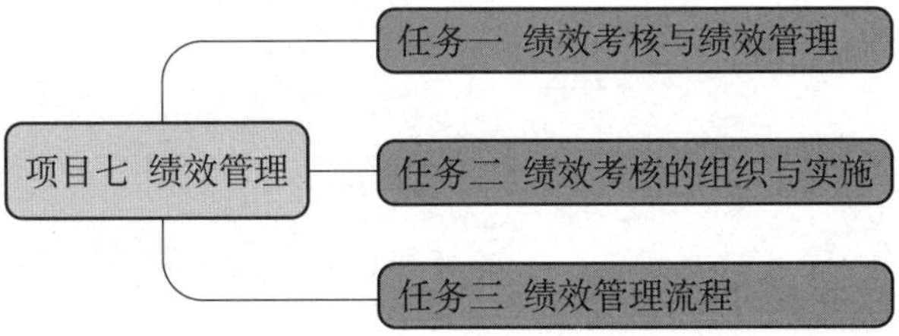

案例导入

改进员工的工作绩效

某重型机械设备有限公司的张总和公司的资深顾问李先生以及他的几位同事一起在办公室里讨论一些问题。李先生直截了当地问道："张总，您认为公司在追求一个什么样的绩效目标呢?"张总自信地回答："迅速增长的市场占有率、领先对手的成本优势和突出的服务质量是最重要的。"

"据我们了解，与企业高速发展相适应的高资本投入形成鲜明对比的，是人工费用率的缓慢增长。您是否考虑过，实际上真正影响目标实现的是您的员工，而不是单纯的物质投入呢?"李先生笑着问道，并接着说："我想向您汇报一下这几天来对企业的一些调研结论。"

随着李先生的调研叙述的展开，张总也开始回忆企业最近发生的问题。不断听到员工的抱怨，他们认为很难说清谁干得比别人更好，干好干坏最后拿的奖金都差不多。张总和他的助手努力建立的评估制度，却在实施过程中遇到了很大的困难。员工满意度不高，人才流失率也一直困扰着企业……"从资格和经验方面考察，公司的员工具有机械设备领域所必要的技能、技术，企业业务发展也为他们提供了很好的发展机会。但是企业的激励制度与绩效脱钩已经造成了内部的不满，而且工作环境也不尽如人意。这些问题直接影响了绩效目标的实现。"张总聚精会神地听着李先生及其同事们对企业问题的分析，不断地点头。但是张总还是很想知道，过去他带领设计的绩效考评制度问题出在哪里。

"我想你们做了非常细致和深入的工作，你们对公司的问题分析得很深入。那么，我们应该从什么地方入手来建立绩效管理制度呢?"张总显得有点迫不及待。

"或许我们应该首先来想想，到底该如何确定员工在绩效管理中的角色？公司又是如何评估员工价值的？我们来共同探讨和研究这些问题吧。"听到李先生这样建议，张总知道是该好好共同设计公司的绩效管理方案了。

（资料来源：杜映梅．绩效管理［M］．北京：中国发展出版社，2006.）

分析提示

从这个故事中不难看出，企业要想获得成功发展，调动员工的积极性和创造性来提升员工的工作绩效是很重要的。提高企业的绩效要求企业管理者必须懂得绩效管理的技巧。

任务一 绩效考核与绩效管理

一、理解绩效

微课

付出与成绩——谈对绩效的认识

绩效是组织或个人为实现其目标而采取的态度、行为及取得的结果，包括组织绩效和个人绩效两个方面。从管理的角度分析，绩效是组织期望的结果，组织绩效的实现是建立在个人绩效实现的基础上，但个人绩效的实现并不一定保证组织是有绩效的。

（一）绩效的多因性

绩效的实现受多种因素的影响，这些因素主要有激励、技能、环境与机会等。激励和技能是个体自身的主观性影响因素，即内部因素；环境与机会是客观性影响因素，即外部因素（见图 7－1）。

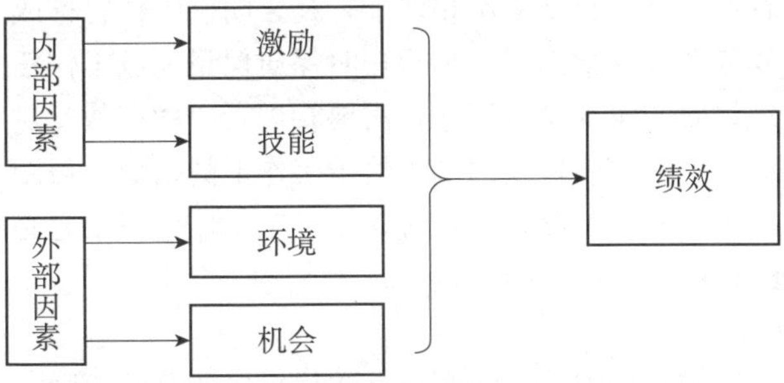

图 7－1 绩效的影响因素

1. 内部因素

员工是有各种层次需要的，如安全与稳定需要、友谊与温暖需要、尊重与荣誉需要、实现自身价值需要、技能提升需要等，如果组织在人力资源管理过程中善于运用激励的手段，分析并满足个体自身层次的需要，增强员工对预定计划目标实现的自信心，“无需扬鞭自奋蹄”，员工就会发自内心地为组织工作。同时，优秀的企业文化对员工的激励作用是不可忽视的，包括向员工授权、对工作绩效的认可、公平的晋升、对员工进行培训等，所有这些都会影响员工的工作态度，使其工作积极性提高。员工的绩效提升，组织的绩效也会提升。

2. 外部因素

外部因素对绩效的影响主要包括环境和机会。环境分为企业内部环境和外部环境。企业内部环境是指员工工作场所的物理条件、工作性质、上级的领导方式、企业的规章制度、员工关系等，外部环境是指员工工作所处的政治、经济、法律、科技、市场等。这些环境因素对员工绩效会产生不同程度的影响。在环境相同的情况下，机会对绩效的影响又显得很重要。对于销售人员而言，一般被分配到产品畅销区域的机会越大，其销售业绩会越明显。

（二）绩效的多维性

在绩效实现过程中，由于受各种内部因素和外部因素的影响，评价绩效不应只注重结果，还应注重过程，即需要从多个维度分析和评价绩效。如评价一名员工的绩效，既要注重产品的完成情况，又要注重产品在完成过程中的原材料消耗率、能源消耗率，还要注重员工的出勤率、是否遵守生产规章制度等方面的表现。

（三）绩效的动态性

员工的绩效随着时间的变化会发生改变，人力资源管理者要用发展的眼光评价员工的绩效，对员工的绩效充满信心。对于绩效好的员工让其保持并发展得更好，对于绩效差的员工则帮助其进步，以更好地实现组织的发展战略。

二、绩效考核概述

绩效考核是按照一定的工作目标或绩效标准，采用科学的考核方法，对员工的工作任务完成情况、工作职责履行程度和员工的发展情况进行评价，并将评价结果反馈给员工的过程。

员工在工作过程中，是否与其岗位相匹配，是否明确工作目标或工作标准，工作态度是否积极，是否遵守企业规章制度，是否按时保质保量完成工作任务，是否具有强烈的责任感等都与组织绩效的实现紧密相连，需要管理者心中有数。对于个人绩效较好的员工给予鼓励，而对于个人绩效较差的员工给予工作上的指导，帮助其更好地实现个人绩效，实现个人与组织双赢。因此，绩效考核在员工工作过程中是必不可少的。

（一）绩效考核的目的

1. 转变工作理念

绩效考核体现组织按劳分配、多劳多得、奖优罚劣的分配原则，督促员工提高知识技能水平，帮助员工树立终身学习的理念，充分调动员工学习和工作的积极性和主动性，增强员工的竞争意识和服务意识，增强组织凝聚力和竞争力，提升组织的整体形象。

2. 规范日常行为

绩效考核的实施使企业所有人员对现有的工作岗位进行科学的分析和研究，进一步明确工作岗位性质、自身的知识技能水平和日常工作中的行为规范，使个人行为更加规范，工作运行更加有序。

3. 提高综合素质

绩效考核不仅评价工作结果，还评价员工在工作和生活中的态度与修养。绩效考核评价的高低，既反映员工工作的实际情况，也反映员工的综合素质。通过绩效考核加强并培养员工的综合素质，增强员工的使命感和责任感，是企业提高综合竞争力的重要手段。

直通职场

绩效考核的出发点

A公司是一家生产、销售乳制品的大型食品饮料企业，该公司产品主要销往市内各大商场、超市等零售网点。销售员每天都要深入销售区，除了要完成新品谈判、贷款结算业务，还要负责网络维护、卖场销售情况反馈、终端促销员管理等工作。由于公司近几个月没有新产品推出，而贷款结算大多为月结，规律性较强，公司老总便认为员工无所事事，甚至没有作为。于是老总找到了主管营销的副总，让其拿出一套绩效考核体系，以加强对销售人员管理，防止他们在市场上“浪费”时间。营销副总接受任务后，绞尽脑汁，最后设计出了一套表格，要求销售人员逐日填写每天访问客户、时间、接洽人、工作内容、接洽人电话等内容。刚开始，销售人员还如实填写，后来销售人员便产生了抵触情绪，认为这是公司对员工的严重不信任，于是就开始在表格上信手“涂鸦”。虽然营销副总也曾通过打电话给客户来监督、检查表格内填写的内容是否真实，可是执行起来并不容易。最后这种考核只能“流产”了。

（二）绩效考核的类型

1. 特征导向型

特征导向型绩效考核的重点是员工的个人特质，着眼于“他这个人怎么样”，如诚实度、合作性、沟通能力等，即考量员工是一个怎样的人。个人特质一般很难具体掌握，并且考核的操作性和信度、效度较差。

2. 行为导向型

行为导向型绩效考核的重点是员工的工作方式和工作行为，着眼于“干什么”“如何干”，如服务员的态度、待人接物的方法等，即对工作过程的考量。行为导向型绩效考核注重工作过程，考核标准较容易确定，操作性较强，适用于对管理性、事务性工作进行考核，特别适用于对人际交往频繁的岗位工作。

3. 结果导向型

结果导向型绩效考核的重点是工作内容和工作质量，着眼于“干出了什么”，如员工完成的工作任务和生产的产品质量。结果导向型绩效考核注重工作结果，考核标准容易确定，操作性很强，适合对生产性、操作性及工作结果可以计量的工作进行考核。

三、绩效管理概述

微课

绩效管理

绩效管理是为实现组织的发展战略和目标，采用科学的方法，实现绩效计划的制订、绩效考核的实施、绩效结果的反馈及应用的基本活动过程。绩效管理的活动过程不仅着眼于员工个体绩效的提高，还注重员工绩效与组织绩效的有机结合，实现企业总体效率的提升。

(一)绩效管理对企业的作用

1. 诊断

在绩效目标明确的前提下，绩效管理采用科学的方法对组织进行诊断，及时发现组织中存在的共性问题，并对照工作说明书、组织结构图、管理业务流程图等文件进行分析，找出组织中现存问题的症结所在，为组织变革和组织发展提供依据。

2. 监测

通过绩效管理体系的运行，组织中从高层管理者到中层管理者，再到一线员工都处于动态的绩效管理有序运行中，形成一个完整的 PDCA 循环体系，各层次管理者根据绩效计划，对人力、物力和财力等资源配置及运行情况进行检查、监测，发现问题及时调整，有利于实现预定的绩效目标。

3. 导向

绩效管理的目标是不断地改善组织氛围，促进员工与企业共同发展，提高组织的整体效率和效益。各层级管理者在明确组织绩效管理目标的前提下，通过绩效沟通和绩效反馈面谈，积极引导、激励员工实现绩效计划，帮助员工改正自身存在的问题，更好地改进绩效，实现自身和组织更好的发展。

微课

中小企业绩效管理

4. 竞争

绩效管理与企业薪酬奖励、晋升调配等制度密切相关。绩效管理的结果是优秀的员工会受到奖励甚至还可能获得晋升，较差的员工可能受到处罚。奖励和处罚对员工都会产生某种触动和鞭策，在组织中形成相互竞争的局面，有利于组织发展和组织目标的实现，使企业和员工同时受益。

(二)绩效管理对员工的作用

1. 激励

绩效管理可以充分肯定员工的工作业绩，使员工体验到被肯定的满足感与自豪感，这是一种正向激励。绩效管理也可以对员工的工作业绩提出改进的意见，帮助员工改进绩效，使员工感受到组织对他的期望，对员工同样起到有效的激励作用。

2. 规范

通过绩效考核的实施，绩效管理为员工提供完成绩效目标的绩效标准和行为规范，使员工更加明确工作岗位职责，不断改正绩效管理实施前存在的一些不规范行为，使工作质量不断得到提升。

3. 发展

组织根据绩效考核的结果制订培训计划，充分发挥每个员工的长处，以达到提高全体员工素质的目标，实现个人发展目标与组织发展目标的有效结合。

4. 控制

通过绩效管理过程中绩效计划的制订，管理者根据组织的发展战略目标科学规划本部门每个岗位工作量，将每个岗位员工工作的数量和质量控制在合理的范围内。员工在实现岗位工作量的过程中，管理者对他们进行必要的监督指导，控制工作进度和协作关系，使员工明确自己的岗位工作职责，提高工作的自觉性和纪律性。

5. 沟通

绩效管理过程中绩效计划的制订是需要管理者和员工相互沟通完成的，通过有效的沟通让员工确认工作数量、质量、难易程度等，双方达成一致。绩效考核结束后，管理者与员工就绩效考核结果进行面谈，听取员工对绩效考核的看法，对员工提出绩效改进的建议，增进上级与下级之间相互理解。

绩效管理除具有上述作用外，其所获得的数据资料还具有其他一些作用。例如：为编制人力资源规划、剖析现有人力资源的优劣势、帮助员工制定职业生涯发展规划、调整劳动关系、诊断生产经营管理活动等提供重要的技术支持。

四、绩效考核与绩效管理的关系

在绩效管理的实践过程中，许多人把绩效管理和绩效考核同等看待，实际上，两者既存在紧密联系，又有区别。

（一）联系

1. 绩效考核是绩效管理的组成部分

绩效考核是绩效管理的一个不可或缺的组成部分，是指通过定期的绩效考核，对员工的行为和产出做出客观公正的综合评价，可以为企业绩效管理的改善提供依据，既可以帮助企业不断提高绩效管理的水平和有效性，又可以帮助管理者提升管理水平。

2. 绩效管理为绩效考核提供企业理念

科学的绩效管理都是将“以人为本”的企业理念作为绩效考核实施的前提，结合企业经营发展战略目标与员工沟通过程中制订绩效考核计划，确定考核的内容和目标，客观看待考核结果，淡化绩效考核单纯的加薪、晋升导向，更多地把它当作激励员工的手段和引导员工自我发展的依据。

（二）区别

绩效考核与绩效管理存在明显的区别，如表 7－1 所示。

表 7－1 绩效考核与绩效管理的区别

序号	项目	绩效考核	绩效管理
1	目的	事后算账	解决问题
2	方式	判断式	计划式
3	时间	出现在特定的时期	伴随管理活动的全过程
4	关注点	关注过去的绩效	关注未来的绩效
5	过程	绩效管理中的一个环节	一个完整的管理过程
6	侧重点	侧重判断和评价	侧重相互沟通与绩效提高
7	结果	注重结果	注重结果和过程
8	关系	紧张、对立关系	绩效合作伙伴关系

五、绩效管理“三支柱”的实施流程

（一）COE

作为设计者、管控者和技术专家，COE 在绩效管理的实施过程中负责制定和完善企业所有的绩效考核制度与流程。

（二）BP

作为战略伙伴、解决方案集成者、HR 流程执行者、变革推动者、关系管理者，BP 负责：

（1）根据企业及部门战略目标，协助所在部门经理及员工制定适宜的年度绩效考核目标。

（2）协助部门主管与员工进行绩效反馈、沟通，共同修订绩效目标并制订改进计划。

（3）监督指导和推进目标的完成和绩效考核。

（三）SSC

作为员工呼叫中心、HR 流程事务处理中心、HR 运营管理中心，SSC 负责：

（1）做好绩效数据的保密和维护工作。

（2）核算绩效工资。

（3）修订员工薪资情况等。

直通职场

联想集团 SSC 关键考核指标及要求

联想十分重视 SSC 的专业度，99%的一线解决率和 99.5%的满意度让 SSC 在员工中有口皆碑。员工不管有任何人力资源问题，都会第一时间想到去联系 SSC 获得帮助。

SSC 的工作与员工息息相关，重复性标准化的任务场景较多，SSC 的输出内容也是很多人力资源工作的基础，所以 SSC 要发挥人力资源数智化转型排头兵的作用，无论是自助服务的工具，还是流程设计，都要积极探索数字化、智能化解决方案，夯实人力资源数智化转型的基础。

SSC 承担联想集团的绩效考核职能，设置了四大关键考核指标及要求：

（1）SLA：大于 96%（工单按照紧急程度进行划分，要求 96%的工单在规定时间内关闭）。

（2）一线解决率：大于 92%（一线独立处理完成工单率在 92%以上）。

（3）客户满意度：大于 95%（评分制为 5 分制，平均分 4.75 以上为达标）。

（4）工单重开比例：小于 5%（为了实现更好的用户体验，要求工作人员在彻底解决问题后再关闭工单）。

员工日常所有与 HR 相关问题均由共享服务中心统一解答，他们不仅给员工提供有针对性、客制化的解决方案，还会附上相关政策和流程供员工参考，大大提升了员工的满意度。不管是年度满意度调查，还是日常工单的满意度反馈，效果都非常理想。

任务二　绩效考核的组织与实施

一、确定绩效考核主体

绩效考核主体是组织绩效的考核人。在绩效考核过程中，考核主体与绩效考核工作开展的效果息息相关，对于被考核者而言，考核主体能否做到公平公正也很重要。作为考核主体，了解被考核者职位的性质、工作内容、要求以及绩效考核标准，熟悉被考核者的工作表现，最好有近距离观察被考核者工作的机会是做到公正客观考核的重要依据。因此，考核主体的选择显得尤为重要。

（一）被考核者的上级

被考核者的上级直接领导、管理、监督下属人员的工作，对被考核者是否积极主动完成工作、是否遵守企业规章制度、是否按时完成工作任务、是否达到既定的绩效目标、是否具有合作意识和奉献精神、是否具有较高的职业素养等方面的情况比较熟悉，因此在绩效考核过程中，被考核者的上级作为考核主体是很合适的。在绩效管理中，一般以上级主管的考核为主，其考核分数对被考核者的考核结果影响较大，考核分数所占比重为60%～70%。

（二）被考核者的下级

被考核者的下级作为被考核者的下属，对被考核者有独特的观察视角，亲身感受被考核者的言行举止，对其工作理念、行为方式、工作效果等有比较深入的了解。作为被考核者的下级，在考核过程中往往对被考核者心存顾虑，致使考核结果在某种程度上缺乏客观公正性，其考核分数在考核结果中占10%左右。

（三）被考核者的同事

同事在工作中与被考核者接触很多，比上级更能清楚地了解被考核者，对被考核者的日常工作表现、工作能力、工作业绩、是否具有工作潜力等了如指掌。我们一般认为对同级进行考核能获得更客观、更准确的信息，考核结果也相对客观公平。但事实并非如此，同事之间在工作上存在竞争，嫉妒心理明显，真正的客观公平不能得到保障，导致考核结果出现较大的偏差。在绩效管理中，同事作为考核主体在考核结果中只占10%左右。

（四）被考核者本人

被考核者对自己的绩效进行自我评价，不会使员工感到很大压力，能增强员工的参与感，但一般容易受到个人诸多因素的影响，倾向于高估自己的绩效，很难对自己的绩效做出客观真实的评价。在绩效管理中，可以根据实际情况确定是否需要本人进行自评。如果需要，其考核分数一般控制在10%左右。

（五）有考核经验的专家

企业可以从外部聘请有考核经验的专家作为考核主体的一部分，专家有绩效考核方面的技术和经验，理论修养高，与被考核者没有瓜葛，根据考核信息资料对被考核者较易做出客观公正的评价，但专家可能对企业的业务不熟悉，仅凭考核信息资料不能全面反映出被考核者的实际情况，使考核结果的准确性和可靠性大打折扣。

二、确定绩效考核周期

绩效考核周期是指多长时间对员工进行一次绩效考核。考核周期过短，会增加企业管理成本的开支；考核周期过长，会降低绩效考核的准确性，不利于员工工作绩效的改进，从而影响绩效管理的效果。因此，应当确定出恰当的绩效考核周期。绩效考核周期的确定，需考虑以下几个因素：

（一）岗位性质

企业中的岗位不同，工作内容不同，绩效考核的周期也应有所不同。一般来说，岗位的工作绩效比较容易考核的，考核周期相对要短一些，可以采取月度考核。月度考核一般适用于企业的基层员工。在考核的同时，配合绩效工资的发放，可以在短期内充分调动员工的积极性，起到对员工及时激励、对企业及时纠偏的良好效果。

（二）指标性质

绩效考核指标有反映被考核者的品质特征的，有反映被考核者在工作过程中的行为表现的，还有反映工作结果的，不同性质的绩效考核指标，考核的周期也应不同。一般来说，性质稳定的指标，考核周期相对要长一些，可以采取季度考核、半年度考核或年度考核。

1. 季度考核

季度考核一般适用于基层员工和基层管理者，是对被考核者一段时期内工作的督导和评价。

2. 半年度考核

半年度考核一般适用于企业的中高层管理人员，是对管理人员一段时间内工作的考核。

3. 年度考核

年度考核一般适用于公司全体员工。对所有员工而言，年度考核是对一年工作的检查和校验，其中不仅包含对所有员工经营业绩完成情况的考核，还包含对员工一年的工作能力态度的考核。

（三）标准性质

在确定考核周期时，还应当考虑到绩效标准的性质。绩效考核标准既可以是定性的，又可以是定量的，达到这些绩效标准的时间有长有短，考核周期的时间应当保证员工经过努力能够达到这些标准，需要考虑绩效标准的适度性问题。

三、确定绩效考核指标

绩效管理中的核心环节是绩效考核，而绩效考核是通过考核绩效指标来实现的。绩效考核指标是指通过明确绩效考核的目标，对承担企业经营活动的人员完成指定工作任务的表现和业绩进行价值判断的过程。根据绩效考核指标的性质、结构和侧重点，我们将绩效考核指标分为三类：

（一）品质特征型绩效考核指标

这种考核指标是对完成指定工作任务的品质特征进行价值判断的过程。品质特征型绩效考核指标主要有：性格特征、兴趣爱好、行为举止、记忆能力、语言表达能力、思维判断能力、理解想象能力、逻辑思维能力、综合分析能力、自学能力、组织管理能力、创新能力、应变能力、事业进取心、责任感、使命感、竞争意识、合作精神等。这些指标反映了员工个体品质特征，可以对员工做出较为全面准确的测量和评价。

（二）行为过程型绩效考核指标

这种考核指标以反映员工在工作过程中的行为表现为主体，对员工在某方面的表现进行价值判断。表 7－2 为行为过程型绩效考核指标举例。

表 7－2　行为过程型绩效考核指标举例

条目	分数
1. 了解员工思想动态，善于做思想工作	1□2□3□4□5□
2. 处理日常工作有条不紊	1□2□3□4□5□
3. 鼓励员工有创造性地工作	1□2□3□4□5□
4. 工作尽心尽责，任劳任怨	1□2□3□4□5□
5. 与下级相处融洽	1□2□3□4□5□
6. 时刻将集体利益放在第一位	1□2□3□4□5□
7. 善于发现、识别人才	1□2□3□4□5□
8. 工作目标明确，实施方案切实可行	1□2□3□4□5□
9. 虚心听取别人的批评和建议	1□2□3□4□5□
10. 不计较个人名利和地位	1□2□3□4□5□
11. 重视建立信息网络，确保信息渠道畅通	1□2□3□4□5□
12. 经常提出新思想、新见解	1□2□3□4□5□
注：1 代表表现非常突出，2 代表表现较为突出，3 代表表现一般，4 代表较少有此表现，5 代表没有本项表现。	

（三）工作结果型绩效考核指标

这种考核指标与品质特征型绩效考核指标不同，侧重的是工作结果。工作结果既可以是物质性的实物产品，也可以是精神性的非实物成果，都可以采用一定的生产技术经济指标进行衡量和评价。这类考核指标主要有：产品产量、商品销售量、劳动定额完成度、产品合格率、客户投诉率、产品返修率、成果水平、专利数量、成果推广率和转换率等。这些指标反映员工所取得的具体成果和业绩。

直通职场

某研究院绩效考核指标体系

某研究院下设勘探开发研究院、油气工艺技术研究院、油气工程技术研究院和勘察设计研究院4个研究设计单位，员工总数为924人。其中：专业技术人员811人，占员工总数的87.8%，管理人员113人，占员工总数的12.2%。它不同于油田所属其他单位，员工队伍文化层次高、人才密集，针对这样一个知识型员工群体，其绩效考核在油田企业内部就显得比较特殊、比较复杂。

研究院的绩效考核制度分为两种类型：专业技术人员型和管理人员型。

研究院是以完成上级下达的科研设计生产任务为业绩目标的。当院所领导与上级负责人签订年度业绩合同之后，院长根据各研究室（中心）的职责将任务对口安排给相关研究室（中心），由研究室（中心）主任具体组织实施。

目前，对专业技术人员的考核每年进行一次。考核的制度由主管人员制定，考核内容为“项目完成情况”和“平时工作表现”两部分。“项目完成情况”主要是对被考核者承担的科研任务完成情况进行考核，一般由被考核者的直接上级按指标进行考核，这部分成绩占考核总成绩的80%；“平时工作表现”主要考核专业人员的工作态度、合作精神、敬业精神、互助精神等，在研究室（中心）范围内的员工中民主量化考核，由人力资源部门组织，这部分占20%。可见，该研究院的绩效考核指标存在以下问题：

（1）考核标准操作性差。考核是人们的主观性过程，缺乏量化的考核尺度，导致评价结果与现实绩效二者之间偏差较大。

（2）考核成绩反馈不良。大多数考核沟通流于形式，不少被考核者内心对考核成绩并不认同，使考核丧失应有的作用。

（3）考核制度制定不民主。现行的考核制度是由主管者制定出来的，缺乏对员工真正意义上的民主管理意识。

四、确定绩效考核标准

绩效考核标准是考核主体通过测量或与被考核者约定所得到的衡量各项考核指标得分的基准。绩效考核标准主要由标志和标度两个要素组成。标志是指考核指标中用于区分不同级别特征的规定，通常用字母（如A、B、C、D等）、汉字（如甲、乙、丙、丁等）或数字（如1、2、3、4等）表示。标志没有独立的意义，只有赋予它某种意义时才具有意义。标度是用于揭示不同级别之间差异的规定，可以是定量的，也可以是定性的。下面以“产品合格率”绩效指标为例，对考核标准的标志和标度进行解释，如表7-3所示。

表7-3　考核标准举例

标志	1	2	3	4	5
标度	100%	90%～99%	80%～89%	70%～79%	70%以下

常见的绩效考核标准主要有以下四种：

（一）程度式考核标准

这种考核标准采用带有程度差异的形容词、副词、名词等词组表示不同的等级水平，如“较好”“好”“一般”“差”“较差”。

（二）等级式考核标准

这种考核标准使用一些能够体现等级顺序的字词、字母或数字表示不同的考核等级，如“优”“良”“中”“差”、“甲等”“乙等”“丙等”“丁等”及“1”“2”“3”等。

（三）数量式考核标准

这种考核标准是用具有量化意义的数字表示不同的等级水平，包括离散型和连续型两种。下面两个例子分别是离散型考核标准（见表7－4）和连续型考核标准（见表7－5）。

表7－4 离散型考核标准

考核指标	指标定义	考核标准				
计划能力	对工作任务是否有条不紊地制订计划，能否保证制订的计划与组织发展战略目标相匹配。	0分	3分	6分	9分	12分

表7－5 连续型考核标准

客户满意度	标志	优秀（A）	良好（B）	合格（C）	需改进（D）
	标度	90%≤满意度≤100%	80%≤满意度<90%	60%≤满意度<80%	满意度<60%

（四）定义式考核标准

这种考核标准规定了定义式的标度。在前面三种考核标准中，有的考核标准也规定了定义式的标度，但是定义非常简单，且往往在各个不同的标准之间通用。而定义式考核标准规定的标度较为复杂，针对每个不同标志设定了相应的标度，有效地提高了考核的客观程度，能更好地实现考核的行为引导作用，在绩效考核中越来越被广泛运用。表7－6是定义式考核标准的例子。

表7－6 定义式考核标准

考核指标	优秀（A）	良好（B）	合格（C）	需改进（D）
团队凝聚力	部门内人员相互间工作配合积极主动，团队凝聚力强。	部门内人员相互间工作配合较积极主动，团队凝聚力较强。	部门内人员相互间工作配合积极主动性一般，团队凝聚力一般。	部门内人员相互间工作配合不够积极主动，团队凝聚力较低。

五、确定绩效考核方法

绩效考核方法是针对企业中每个员工所承担的工作，应用各种科学的定性和定量的方法，对员工行为的实际效果及其对企业的贡献或价值进行考核和评价。

（一）排列法

排列法也称排序法，通常由上级管理者根据员工日常工作的整体表现，从优到劣依次进行排列，是绩效考核中比较简单易行的一种方法。这种考核方法的优点是简单易行，花费时间少，减少考核结果过宽或趋中的误差。但这种考核方法是在同一个部门所有被考核员工之间进行主观比较，不能用于比较不同部门的员工，且对于业绩相近的员工很难进行排列，员工也不能得到关于自己优点和缺点的反馈。

（二）成对比较法

成对比较法也称配对比较法、两两比较法等。其基本程序是：

（1）根据某种考核要素如工作质量，将所有参加考核的人员逐一比较，按照从最好到最差的顺序对被考核者进行排序。

（2）根据下一个考核要素进行两两比较，得出本要素被考核者的排列次序。

（3）以此类推，经过汇总整理，最后求出被考核者所有考核要素的平均排序数值，得到最终考核的排序结果。

应用成对比较法时，企业能够发现每个员工在哪些方面比较出色，在哪些方面存在明显的不足。但这种考核方法在涉及员工数量不多的情况下可以采用，如果员工数量过多，则考核质量将受到影响和制约。下面是成对比较法的应用实例，如表 7－7 所示。

表 7－7　成对比较法：某要素考核表

	A	B	C	D	E	F	排序
A	0	＋	＋	＋	＋	＋	6
B	－	0	＋	＋	－	＋	4
C	－	－	0	－	－	＋	2
D	－	－	＋	0	－	＋	3
E	－	＋	＋	＋	0	＋	5
F	－	－	－	－	－	0	1
汇总	－5	－1	＋3	＋1	－3	＋5	

注：用表纵列员工与横列员工进行对比，以横列员工作为对比基础，如果比本员工（如 A 员工）优，就画上“＋”；如果比本员工差，就画上“－”。本表以横列员工作为对比基础，如果以纵列员工作为对比基础，所得出的结果正好相反。

成对比较法的优点是准确度比较高，避免了考核结果趋中的误差，在涉及的人员范围不大、数目不多的情况下宜采用该方法。缺点是难以得出绝对评价，只能给出相对的位置，有时还会造成循环。如果员工的数目过多，不但费时费力，其考评质量也将受到制约和影响。

（三）强制分布法

强制分布法也称强迫分配法、硬性分布法，是按照一定的百分比，将被考核员工强制分配到各个百分比类别中。百分比类别一般是五类，如 10％、20％、40％、20％、10％或 5％、20％、50％、20％、5％。使用这种考核方法的前提是员工的工作行为和工作绩效整体呈正态分布。这种考核方法的优点是可以避免考核主体过分严厉或过分宽容的情况发生，克服平均主义。但这种考核方法只能将员工强制分配到几种百分比类别中，难以具体比较员工之间的差别。

（四）关键事件法

关键事件法也称重要事件法。员工在完成工作任务过程中，有效的工作行为导致成功，无效的工作行为导致失败，这些有效或无效的工作行为被称为“关键事件”。关键事件法对事不对人，以事实为依据，考核主体不仅注重对行为本身的评价，还考虑行为的情境。可以用来向员工提供明确的信息，使他们知道自己在哪些方面做得很好，在哪些方面做得不好。

关键事件法的优点是为考核者提供客观的事实依据；考核的内容不是员工的短期表现，而是一年内的整体表现；以事实为根据，保存了动态的关键事件记录，可以全面了解下属是如何消除不良绩效、如何改进和提高绩效的。缺点是关键事件的记录和观察费时费力；能做定性分析，不能做定量分析；不能具体区分员工工作行为的重要性程度，很难使用该方法对不同的员工进行比较。

（五）行为锚定等级评价法

行为锚定等级评价法也称行为决定性等级量表法，是关键事件法的进一步拓展和应用，将关键事件和等级评价有效结合起来，即在同一绩效维度中存在一系列行为，每种行为分别表示这一维度中的一种特定的绩效水平，将绩效水平按等级进行量化。具体实施步骤如下：

（1）进行岗位分析，获取岗位的关键事件，将关键事件整理为若干绩效指标，并给出确切的定义。

（2）建立绩效评价等级，一般为 5～9 级，与岗位关键事件整理的绩效指标按照从优到差对应。

（3）建立行为锚定等级评价法的考核体系。

（4）由考核主体对被考核者的关键事件进行分配，将其归入最合适的岗位关键事件的绩效指标中，确定被考核者关键事件绩效评价等级的最终位置。

（5）审核被考核者的关键事件绩效指标等级划分的正确性。

（6）确定被考核者的考核结果等级。

行为锚定等级评价法的优点是：将关键事件法进行整理归类，使考核维度更加清晰、考核标准更加明确、考核结果更加精确。同时，对被考核者使用同样的量表，能明显提高考核的连贯性和可靠性。缺点是费时费力，实施费用高。

（六）360 度绩效考核法

360 度绩效考核法又称全方位考核法，是指由被考核者的上级、同事、下级、客户及被考核者本人担任考核主体，从多个角度对被考核者进行全方位考核，并通过反馈程序了解工作绩效，清楚自己的长处和短处，达到改变行为、提高绩效等目的的考核方法。360 度绩效考核法是常见的绩效考核方法之一，主要强调全方位客观地对员工进行考核，既注重员工的工作成果，又注重员工的行为、过程和个人努力的程度，其特点是评价维度多元化，适用于对中层以上的人员进行考核。具体考核如图 7-2 所示。

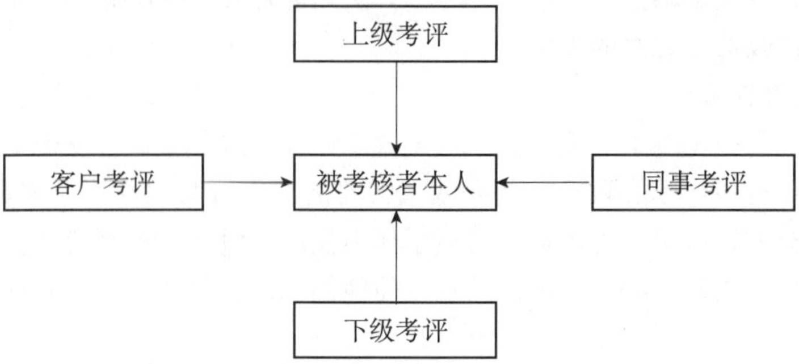

图 7-2　360 度绩效考核

1. 360 度绩效考核法的优点

（1）360 度绩效考核法是一种全方位、多角度的考核方法，所获得的考核信息较全面，使考核结果较科学、客观，误差较小。

（2）360 度绩效考核法是基于胜任特征的一种考核方法，使考核结果更加全面、深刻。

（3）360 度绩效考核法采取匿名方式进行，使考核结果更加有效。

（4）360 度绩效考核法防止被考核者片面追求某项业务指标完成的短期行为，使其着眼于企业或部门的长远发展，全面提高自己的绩效水平，有助于强化企业的核心价值观，增强企业的竞争优势。

2. 360 度绩效考核法的缺点

（1）360 度绩效考核法的信息来源渠道广，收集到的信息较多，但从不同渠道得到的信息并非总是一致的，增加了数据处理的难度。

（2）360 度绩效考核法侧重对被考核者的综合评价，且定性评价比重较大，定量评价比重较小。

（3）360 度绩效考核法如果处理不当，可能会在组织内造成紧张的气氛，影响组织成员的工作情绪。

3. 实施 360 度绩效考核法需注意的问题

（1）绩效考核组织者应准确识别考核主体的偏见对考核结果的影响。

（2）对考核主体的评价意见实施保密。

（3）实施 360 度绩效考核法应选择最佳的时机，当组织面临士气问题、处于过渡期或经营不景气时，不宜采用 360 度绩效考核法。

（七）目标管理法

组织高层管理者确定组织目标后，必须对其进行有效的分解，将组织目标转变成各个部门及每个人的分目标，管理者根据分目标的完成情况对员工进行考核。目标管理法是指依据企业战略目标和部门目标，管理者和员工共同协商制定个人目标，作为对员工考核的依据，使员工目标与组织目标保持一致。

1. 目标管理法的实施程序

（1）目标设置。这是目标管理法最重要的阶段。组织战略目标设置可以自上而下或自下而上进行，但无论以哪种方式进行设置，高层管理者都必须做到对目标心中有数，与员工共同商量制定；组织战略目标制定后，高层管理者应与员工商定分目标。在商定中耐心听取员工的意见，帮助员工制定具体的便于考核量化又有实现的可能性的分目标。

（2）过程管理。在目标实施过程中，管理者进行定期检查，了解员工实现目标的进度，帮助员工解决目标实现中出现的问题，便于实现个人目标与部门及组织目标的相互协调发展。

（3）结果评估。目标达成后，员工先进行自我评估，提交书面报告，然后管理者和员工一起考核目标完成情况，管理者根据目标完成情况对员工进行奖惩，并讨论下一阶段目标设置，开始新的循环。

2. 目标管理法的优点

目标管理法使组织各级管理者和员工都明确组织的战略总目标、组织的结构体系、组织的分工与合作及各自的任务，当目标成为组织的每个层次、每个部门和每个员工在一定时期内要完成的一种结果，且实现的可能性很大时，目标就成为激励组织成员的一种有效手段，尤其是当实现这种目标后组织还有相应的奖励时，目标的激励效用就会更大，这种激励效用既有利于员工实现自我管理，又有利于组织对员工实现有效的控制。

3. 目标管理法的缺点

一个组织的目标有时只能定性地描述，真正可用于考核的可度量的目标很难设定，且因为组织的短期目标易于分解，所以在大多数目标管理中，组织常常强调短期目标的实现而对长期目标不关心，这显然对组织的长远发展不利。

（八）关键绩效指标法

关键绩效指标（Key Performance Indicator，KPI）法是对企业宏观的战略目标进行层层分解后，将企业战略目标转化为具有可操作性的战术目标及若干个考核指标，并从中提取重要性和关键性指标，对组织或员工个人的绩效进行全面跟踪、监测和反馈。关键绩效指标法作为一种新的考核方法，是从事前、事中和事后三个维度监测并促进企业宏观战略决策执行效果的一种绩效考核方法，其核心是从众多的绩效考核指标体系中提取重要性和关键性指标。提取关键绩效考核指标的程序为：

1. 分析工作产出

在企业中，无论是某个部门还是岗位的工作产出都会涉及一个或多个服务对象，即客户，客户通常分为企业内部客户和外部客户两类，工作产出分为内部工作产出和外部工作产出。下面以某电器销售公司为例进行分析。

例如，某电器销售公司下属的销售部根据业务分工设置了两类岗位：销售部经理和彩电、空调等若干个项目小组，且项目小组直接听从销售部经理领导，分析彩电项目小组的工作产出。

分析：彩电项目小组的工作产出包括内部和外部客户两大类，即公司财务部、彩电生产厂家、彩电经销商及最终客户——彩电使用者。围绕这两大类工作产出分析具体工作产出内容。

（1）内部工作产出：公司财务部是彩电项目组的一个内部客户，项目组需向财务部提供与财务有关的数据和票据，及时将货款收缴入账。彩电项目组向销售部经理提供的工作产出为：促销方案、销售额、净利润和销售费用。

（2）外部工作产出：对于彩电生产厂家来说，彩电项目组的工作产出为产品需求量、性价比、客户对产品的意见等。对于彩电经销商来说，彩电项目组的工作产出为产品供货量、销售价格、促销活动与促销品、特殊问题解答与处理等。对于最终客户——彩电使用者来说，彩电项目组的工作产出为客户对产品的意见及对售后服务的满意度。

2. 提取关键绩效考核指标

确定工作产出后，运用SMART方法提取关键绩效考核指标。提取关键绩效考核指标的SMART原则如表7-8所示。

表7-8　提取关键绩效考核指标的SMART原则

序号	原则要求	正确的方法	错误的方法
1	具体的（Specific）	切中特定的工作指标，不能笼统	抽象的，未经细化的，复制其他情境中的指标
2	可衡量的（Measurable）	绩效指标是数量化或者行为化的，验证这些绩效指标的数据或者信息是可以获得的	主观判断，非行为化描述，数据或信息无法获得
3	可实现的（Attainable）	绩效指标在付出努力的情况下可以实现，避免设立过高或过低的目标	过高的目标，员工经过艰苦努力也难以达到
4	相关性的（Relevant）	绩效指标是与工作的其他目标相关联的；绩效指标是与本职工作相关联的	无相关性的或相关性极低的
5	有时限的（Time-bound）	注重完成绩效指标的特定期限	不考虑时效性，考核期限过长或过短

提取关键绩效考核指标除遵循SMART原则外，还应关注考核指标的性质和特点。关键绩效考核指标一般可以分为数量指标、质量指标、成本指标和时限指标四类。

（1）数量指标。数量指标一般包括产品产量、销货量、销售额、利润等，可以通过工作记录、统计报表、财务票据等方式获取。

（2）质量指标。质量指标一般包括破损率、独特性、准确性、一次检验合格率、成品率等，可以通过生产记录、上级评估、客户反馈等方式获取。

（3）成本指标。成本指标一般包括单位产品的成本、投资回报率等，可以通过财务方面获取。

（4）时限指标。时限指标一般包括供货及时性、供货周期、到货时间、完工时间等，可以通过上级评估或客户评估等方式获取。

3. 设定考核标准

对关键绩效考核指标标准的控制是一个极其重要的问题，应引起足够的重视。其标准水平一般分为以下三类：

（1）基本标准水平。这种标准水平是每个被考核者经过一定程度的努力都能够达到的水平，用于判断被考核者的绩效是否能够满足企业的基本要求，其考核结果用于非激励性的工资支付等。

（2）平均标准水平。这种标准水平包括本行业的平均标准水平、国内同类企业的平均标准水平及国际同类企业的平均标准水平。

（3）先进标准水平。这种标准水平包括本行业的先进标准水平、国内同类企业的先进标准水平及国际同类企业的先进标准水平。

4. 审核修改完善

在设定考核标准后，还需要对这些关键绩效指标和标准进行进一步审核，判断其工作产出是否为最终产品、关键绩效指标是否为被考核者 80%以上的工作目标、是否具有可操作性、是否预留出可以超越的空间等。如果存在问题，应对关键绩效指标体系进行修改、完善，不断提高其科学性、可行性和准确性。

任务三　绩效管理流程

绩效管理是一个闭合循环系统，绩效管理流程的设计是一项系统工程，一般包括绩效计划、绩效实施、绩效考核、绩效结果反馈、绩效改进和绩效结果应用六个步骤。

一、绩效计划

微课

绩效管理实施流程

绩效计划是绩效管理系统闭合循环中的第一个环节，是整个绩效管理流程的起点。绩效计划是管理者和员工针对工作目标和标准达成一致意见，形成绩效合约的过程。在绩效管理过程中，绩效计划既要注重动态的沟通过程，又要关注最终拟定的绩效合同。

（一）绩效计划的特征

1. 绩效计划是一个双向沟通的过程

绩效计划是管理者和员工相互沟通所形成的对工作目标和标准的一致意见。在新的绩效周期开始时，管理者与员工经过充分的沟通，明确为实现组织经营发展战略目标，员工应该做什么、做到什么程度以及采取什么方式等。

2. 绩效计划需要员工参与和承诺

传统的绩效计划是由上级制定总体目标，下级具体执行，下级在绩效计划环节没有发言权，完全处于被动接受的地位。而现代绩效管理理念要求在绩效计划阶段让员工参与绩效目标的制定，且签订相对规范的个人绩效承诺，员工会更加遵守这些承诺，履行自己认可的绩效目标。

3. 绩效计划的结果是签订绩效合同

在绩效计划制订的过程中，管理者与员工通过互动式的沟通，使上下级之间就绩效管理周期内的绩效目标及如何实现预期绩效问题达成共识，体现员工参与和承诺的思想，最终形成关于工作目标和标准的绩效合同，这份绩效合同作为员工年终考核的基础依据，使员工明确自身的工作目标，从而有目的地高效开展工作。

（二）绩效计划的实施

1. 准备阶段

这一阶段的主要任务是让员工认识到制定绩效目标对于企业和员工发展的重要意义。制定绩效目标是绩效计划的核心工作，而绩效目标来源于组织目标。在新的绩效周期开始前，组织高层管理者对组织的经营发展战略目标进行规划，中层管理者在明确组织战略目标的基础上制定部门工作目标，形成员工个人绩效目标。

绩效计划让员工明确企业经营发展战略目标、部门工作目标及个人绩效目标，企业可以每年的总结大会、各部门的传达会、高层管理者的走访、各种文件、企业内部网等渠道向员工传递这些目标信息，员工对这些目标信息认识清晰后，结合所在岗位及自身的情况，可能调整自己的方向和行动，个人绩效目标与企业发展战略目标才有可能结合起来。

2. 沟通阶段

沟通阶段是制定绩效目标的重要方式，是绩效计划的关键环节。在这个阶段，管理者与员工经过充分的交流，帮助员工制定在绩效周期内的绩效目标。

首先，管理者和员工应确定一个专门的绩效计划沟通时间，最好不要被人打扰，沟通的气氛尽可能宽松。其次，在沟通中双方是一种平等的关系，双方为完成共同的目标而编制绩效计划，管理者与员工一起做决定，更多地听取员工的意见。最后，沟通时需要回顾以下信息：组织的经营发展战略目标、部门的工作目标、员工岗位工作描述、上一个绩效周期的考核结果等。每个员工在组织的经营发展战略目标的基础上设定自己的工作目标，并确定关键绩效指标。同时，管理者需要了解员工在完成工作目标过程中可能遇到的困难和障碍，为员工提供可能的帮助。

3. 形成阶段

这一阶段是对通过管理者和员工沟通形成绩效目标的确认，包括：确认员工的工作目标是否与组织的总体经营发展战略目标紧密相连；确认员工的工作职责是否反映本绩效期内的主要工作内容；确认管理者和员工对工作任务、重要程度、绩效标准、享有的权限是否已经达成共识；确认管理者和员工是否都十分清楚在完成工作目标过程中可能遇到的困难和障碍，为员工提供可能的帮助；确认对工作目标具体情况是否形成一份绩效合同，双方是否都已签字；确认是否说明当情况发生变化时，必须调整或修改整个计划或其中的一部分内容。

直通职场

绩效计划的制订

石先生是某家电行业公司的绩效经理，为达成公司绩效目标，这几年石先生花了很多时间了解各部门的业务，包括产品和技术、市场营销、供应链等业务知识，为各部门制定绩效指标。尽管很多部门对石先生提出的指标有异议，甚至以人力资源部门不懂业务为由拒绝接受，但各部门的绩效指标最终都是由石先生来综合衡量的。虽然总经理有一些指示，但都是零散的和不系统的，指标全靠石先生和各部门的经理经讨价还价后确定。有时石先生明明知道研发部门避重就轻地选择一些好量化、容易达到的指标，比如"出勤率""客户问题解决率""新产品开发周期"等，而将一些指标以不好衡量、难以量化、不确定性程度太高为由推卸掉，比如"关键技术掌握程度""员工能力培养""产品领先度""新产品竞争力"等，但苦于自己专业知识不足，拿不出足够的理由来反驳。

还好，绩效指标终于定下来了。对于这份自己都不太满意的指标，各个副总、各部门经理总算都没有意见了。于是经总经理签字同意后，绩效指标由人力资源部下发给各部门执行。各部门再根据同样的方法往下传递，各部门都有自己的行政管理办，其会用各自的方法搞定，和公司绩效管理部门的关系不大。

每到年度考核，石先生的工作就是采集各种绩效数据，计算出各部门的绩效考核结果，和目标对比打分。通常情况下，各部门都能达到目标，相应地，每年的工资和奖金都稳步增长。一切都表明，绩效管理制度似乎运行得不错，指标完成率在90%～110%，并且每年的计划准确率都在提高。但是公司总体目标却总是达不到，总经理非常不满意。一些目标比如技术积累、新产品竞争力、竞争地位等"软性指标"，反倒和竞争对手的差距越来越大了。

该公司绩效计划制订过程中存在哪些问题？

（三）绩效合同的设计

绩效合同是指员工绩效工作目标确定后，管理者和员工经沟通确定绩效周期内实现绩效工作目标的行动计划，以书面文字的形式加以确认，双方签字生效后作为绩效管理实施的方向和依据。绩效合同没有固定的格式，一般包括以下内容：

（1）受约人信息。即被考核员工的基本信息，包括员工姓名、岗位、所在部门等。

（2）发约人信息。即被考核员工上级的基本信息，包括发约人姓名、岗位。

（3）绩效周期。即规定绩效合同的有效期。

（4）绩效计划内容。即管理者与员工经沟通对绩效管理周期内的绩效目标及如何实现预期绩效问题达成的共识，主要包括绩效指标、考核权重、绩效标准等，用于衡量被考核员工的关键工作成果，是绩效合同的主要组成部分。

（5）考核意见。在绩效考核结束后，发约人根据被考核员工的实际表现，分析绩效结果的优点和不足，并提出绩效改进的建议。

（6）签字确认。绩效合同需要经双方签字确认后方可生效。

表7-9提供了绩效合同样本供参考。

表 7-9 绩效合同样本

姓名		所在部门		所在岗位	
签订日期				绩效周期	
工作概述					
岗位关键绩效指标					
序号	关键绩效指标	权重	考核标准	完成情况	实际得分
1					
2					
3					
4					
5					
6					
7					
8					
考核意见					
受约人签字			发约人签字		
签字日期			签字日期		

二、绩效实施

绩效实施是在制订绩效计划的基础上，对绩效计划的执行情况的监督、检查及指导的过程，实施过程中最关键的问题是管理者应该投入一定的时间和精力对被考核者进行绩效的指导和监督，及时与被考核者进行沟通，解决发现的问题，随时根据实际情况的变化对绩效计划进行调整。在实施阶段应当做好以下几个方面的工作：

（一）收集信息

绩效计划并不是制定后就一成不变，而是随着实际工作的开展不断调整。在绩效管理的实施阶段，从企业整体到各个业务、职能部门、每个绩效管理的单元，都可能会产生大量的新信息，这些信息既可能涉及考核指标和标准体系，也可能涉及某些部门或个人，因此，需要各级管理者定期或不定期地采集和贮存这些相关信息，为本阶段的绩效考核和下一阶段的绩效计划工作提供准确、翔实和可靠的数据资料。

（二）持续的绩效沟通

绩效沟通贯穿于整个绩效管理的过程中，是绩效管理过程中耗时最长、最关键、最能促进工作开展及提高工作绩效的环节。在整个绩效实施期间，管理者要不断地对员工进行指导和反馈，即进行持续的绩效沟通。为了解自己工作实施情况和获取上级支持，员工需要与上级保持及时的沟通；为了解员工工作进展情况、是否存在问题、是否需要调整计划以及是否需要提供帮助等方面的信息，管理者需要与员工保持顺畅的沟通。因此，在绩效实施的过程中保持持续而顺畅的绩效沟通是十分重要的。

（三）系统全面的监督

绩效管理为各级管理者提供系统全面的监督下级的程序和方法，管理者根据双方达成的绩效计划内容，通过多种监测手段了解和掌握被考核者的工作态度、行为表现、工作进度和工作质量，激励被考核者按照绩效标准完成目标任务。对于超越绩效标准完成任务的员工，管理者应及时给予肯定，并做到考核记录；而对于不能按照绩效标准完成任务的员工，管理者应及时确认，帮助他们分析原因并提出改进的意见，确保他们完成绩效计划。

（四）适时的绩效辅导

绩效管理的实施过程是管理者与员工根据组织内外环境情况、双方达成的绩效计划，通过履行各自的职责，共同实现绩效目标的过程。在这个过程中，虽然员工是每项绩效目标具体实施的主体，但并不意味着绩效计划达成后，管理者就可以置之不理。一般情况下，管理者的经验比员工丰富，能力比员工强，视野比员工宽，拥有的资源比员工多，在员工实施绩效计划的过程中，管理者应该“在其位，尽其责”，做好员工的绩效辅导工作。

（五）定期有效的评价

在绩效计划执行过程中，管理者应定期对部门工作目标和员工绩效目标进行复查，对员工绩效做出评价。对于完成绩效目标不理想的员工，管理者应帮助其找出存在的差距和问题，分析原因，并将评价结果信息反馈给员工，确保员工绩效目标工作的顺利进行。

三、绩效考核

绩效考核是绩效管理工作的核心环节，这一环节重点解决考核主体和考核方法的问题。绩效考核是绩效管理工作的重心，不仅关系到整体绩效管理系统运行的质量和效果，还关系到员工的当前和长远的利益。绩效考核需要人力资源管理部门和所有参与考核的主体高度重视，为确保考核质量和效果，应做好绩效考核的组织实施工作。

（一）明确绩效考核的目的

考核的真正目的是对员工的工作绩效做出客观、全面的评价，帮助员工找出存在的问题，分析原因并提出改进的方案，帮助员工更好地成长，提升员工的能力，改善其工作业绩，实现组织的生产经营目标。

（二）成立绩效考核工作小组

为保证绩效考核工作顺利开展，应成立绩效考核工作小组，明确考核小组的工作职责，更好地对员工的工作绩效做出客观、真实的评价，分析问题并提出改进方案，提高员工的工作效率和整体管理水平。

（三）明确绩效考核的内容

不同岗位的员工，绩效考核的内容有所不同，一般可以围绕员工的品质特征、行为表现、工作任务三个方面确定具体的考核内容，根据不同岗位工作选取考核指标，确立考核标准。

（四）选择绩效考核方法

绩效考核方法有很多，包括排列法、比较法、强制分布法、关键事件法、量表法、

360 度考核法、目标管理法、关键绩效指标法等，一般可依据考核所花费的时间和费用、考核的信度和效度、考核的精度、是否易于操作及适应性选择考核方法。考核内容和方法确定后，形成绩效考核评分表。

（五）确定绩效考核实施程序

考核实施程序是绩效考核工作小组成员实施绩效考核的开始，即在明确考核目的、内容和方法的基础上，对员工过去完成的工作绩效实施考核。绩效考核实施程序一般包括以下几个步骤：

（1）人力资源部向考核责任部门和责任人发放考核评分表。

（2）考核责任部门和责任人按规定程序组织考核实施、统计结果并签字确认，上报人力资源部。

（3）人力资源部审核考核结果并签字确认。

（4）监评部复核考核结果并签字确认。

（5）直接上级与被考核员工沟通考核结果并签字确认，返回人力资源部。

（6）人力资源部汇总考核结果报总经理审批。

（7）总经理批准后支付绩效工资。

（六）考核结果申诉

如员工对绩效考核结果有异议，可向人力资源部提出申诉，人力资源部调查核实后出具的结论为组织考核的最终结论。

四、绩效结果反馈

绩效结果反馈是绩效管理过程中的一个重要环节，是指通过考核主体与被考核者之间的沟通，对被考核者在考核周期内的绩效情况进行面谈，在肯定其成绩的同时，找出工作中的不足并加以改进。绩效考核的目的是帮助员工改进和提高绩效，被考核者应当知道自己在过去工作中取得了哪些进步，哪些方面还存在不足，今后在工作中应如何改进，因此，绩效考核结束后，应将考核结果以面谈的形式反馈给员工。

（一）绩效面谈的目的

绩效面谈是绩效反馈中非常重要的一项内容，是指管理者针对上一个绩效周期中员工的表现和绩效考核结果与员工进行面对面交谈的过程。绩效面谈的目的有以下几点。

1. 让员工了解绩效表现

在上一个绩效周期结束后，员工应该了解在整个绩效周期中自己的表现及管理者对自己工作的看法，需要针对自己在工作中遇到的问题或自己的一些想法与管理者进行交流。绩效面谈为管理者和员工提供了这样一种交流的机会，使员工能提高自己的工作技能并在下一个绩效周期中不断改进绩效，激励员工取得更好的工作业绩。

2. 让员工清楚考核结果

通过绩效面谈，管理者告知员工绩效考核的结果，分析绩效不佳的员工可能存在的一些问题，并提出绩效改进建议，指出绩效优良的员工需要持续改进之处，双方对绩效考核结果及改进达成共识。

3. 制订绩效改进计划

制订绩效改进计划并不只是在绩效管理周期开始时才进行，在前一个绩效管理周期结束后，就应该考虑下一个周期的绩效目标和计划，根据整个绩效周期中员工的绩效表现修订原有的绩效计划。管理者和员工针对绩效考核结果及改进达成共识后，通过面谈共同商讨制订绩效改进计划，在制定下一个绩效周期的绩效目标时，以此为依据，使其绩效计划更科学、更有效。

4. 制订员工发展计划

通过绩效面谈讨论员工是否需要及在哪方面需要培训，结合组织和员工实际情况，制订员工发展计划，明确员工需要做什么，什么时候做；管理者需要做什么，什么时候做。让员工看到自己未来发展的方向，对于激发员工工作热情和工作潜能具有重要的促进作用。

（二）绩效面谈的实施

1. 拟定面谈计划

在绩效反馈面谈前，考核主体必须明确本次绩效面谈的目的、内容和要求，即明确本次面谈交流和沟通的主题是什么，通过面谈达到什么目的、解决什么问题，对这些方面要有充分的思想准备。

2. 通知被考核者

考核主体应在面谈前 1～2 周，以文字形式通知被考核者，说明绩效面谈的内容、面谈的时间和地点及准备好工作记录。同时，以口头形式再次确认面谈通知内容，保证绩效面谈工作如期进行。

3. 收集信息资料

绩效面谈的效果主要取决于双方所提供资料的翔实程度。在绩效面谈过程中，管理者和员工之间以反映客观绩效的真实数据资料为依据，否则，面谈就会失去真正的意义。

4. 实施绩效面谈

面谈开始后，考核主体简短地向被考核者说明面谈的目的和程序，让被考核者消除紧张情绪，轻松自如地进入正式面谈。首先由被考核者对绩效计划的完成情况进行说明，接着由考核主体告知并分析考核结果，指出其存在的问题或不足，提出需要改进之处及措施，听取被考核者的意见，双方进一步讨论达成共识。最后双方对下一个绩效周期的绩效目标达成一致，准备制订下一期的绩效计划。

（三）提高绩效面谈有效性的措施

为提高绩效面谈的有效性，保证绩效面谈的质量，更重要的是采取有效的信息反馈方式，要求信息反馈具有及时性、真实性、针对性、主动性和适应性，促进组织和员工绩效的改进与提高。

直通职场

某公司技术工程师的绩效考核

技术工程师的管理，尤其是绩效考核，在很多公司都是一件让人头疼的事情。因为他们大部分时间都是在客户的现场工作，工作的好坏评定起来比较复杂。

某公司就遇到了这样的麻烦。公司虽然也讲绩效考核，注重结果，但只落实在了销售人员身上。随着公司的发展，总经理发现技术支持部门的问题越来越大。这个部门有

20 多个员工，不仅公司各部门不清楚他们在干什么，就连总经理也不太清楚。业务强、态度好的工程师，销售部和客户争着用，业务差的工程师找的人少，而技术支持部本来就是按满负荷工作量来配置的人员，所以经常出现忙的人特别忙、闲的人特别闲的状况。可是到分配奖金的时候，由于拿不出量化考核的依据，只好大家都一样，也就是说，干好和干坏一个样。

更重要的是，由于内部没有考核指标，客户反馈也流于形式，造成有的员工对客户极不负责。总经理有好几次听到客户说："你们的服务太差了。我再也不买你们的产品了。"

这种状况使总经理痛下决心，要彻底治理技术支持部的问题。人力资源总监田某认为关键的问题是绩效考核不到位。这个分析得到了总经理的认同与支持。可见，该公司的绩效考核存在以下问题：

（1）该公司没有建立起一套行之有效的绩效考核体系，没有制定出量化考核的依据，只注重绩效考核的结果，没有注重考核的过程，在考核之后，也没有与之相适应的反馈制度。

（2）该公司在绩效考核中存在一个致命的缺点，就是不能对所有员工一视同仁，这是绩效考核中特权思想的一种体现。

（3）在考核方式中，该公司的人力资源管理缺少沟通与交流。

五、绩效改进

绩效考核的根本目的是使员工能力不断提高以及绩效持续改进。绩效改进是指确认工作绩效的不足和差距，查明产生不足和差距的原因，制定并实施有针对性的改进计划和策略，不断提高竞争优势的过程，即指采取一系列行动提高员工的能力和绩效。绩效改进是绩效考核的后续应用阶段，是连接绩效考核和下一循环计划目标制定的关键环节。

（一）预防性策略和制止性策略

1. 预防性策略

在员工完成绩效目标前，由管理者制定详细的绩效目标标准，明确什么是正确、有效的行为，什么是错误、无效的行为，并经过系统的培训，使员工掌握完成绩效目标的标准作业程序和方法，可以有效地防止和减少员工在工作中出现重复性差错和失误。

2. 制止性策略

各个管理层次的管理人员对员工实现绩效目标的过程进行全面的跟踪检查和监测，及时发现问题并予以纠正，使员工及时克服自己的缺点，发挥自己的优势，不断提高自己的工作绩效。

（二）正向激励策略和负向激励策略

1. 正向激励策略

通过制定一系列的行为标准及与之相配套的激励策略，如晋级、升职、奖励等，鼓励员工积极主动地改进工作绩效。采取正向激励策略时，必须让员工对行为标准有明确的了解，制订出具体的实施计划，并对实现计划目标后应受到的奖励做出具体详细的规定。

2. 负向激励策略

为防止员工产生绩效低下的行为，负向激励策略与正向激励策略完全相反，对待员工采取惩罚的手段，如扣发工资奖金、降薪、免职等。当员工犯有轻微的过错时，可以采取劝解告诫的方式，以口头责备或非语言暗示（如皱眉、耸肩等）对他们作出警告。

（三）组织变革策略和人事调整策略

1. 组织变革策略

员工绩效低下并不都是其主观因素造成的，可能是由组织制度不合理、运行机制不健全等原因造成的，需要采取组织变革策略，即通过进行系统的组织诊断，找出存在的问题，有针对性地进行组织的整顿和调整，为员工工作绩效的提高提供组织上的保障。

2. 人事调整策略

当绩效管理发展到一定阶段时，可能会出现员工绩效停滞不前或各种措施失效的情况。此时应当采取人事调整策略，即员工工作绩效不高，可能是由分工与协作的方式、工作地布置、劳动条件和环境、与工作岗位不适应、与同事工作习惯不适应等原因造成的，应当采取劳动组织调整、岗位人员变动等人事调整策略。

六、绩效结果应用

绩效结果应用是指通过对绩效优异者的奖励和绩效较差者的惩罚，鼓励企业内部的正确行为，激励企业员工为达到企业目标而共同努力；同时，对企业内部运作中出现的问题进行指导和纠正，以达到企业的整体进步。一般来说，绩效结果可以应用到人员招聘、薪资报酬、职务调整、岗位调整、员工培训、管理改善等方面。

微课

绩效管理流程

直通职场

平安人寿：绩效管理与人才培养相辅相成

中国平安人寿保险股份有限公司（以下简称平安人寿）共设有 35 家分公司，超过 2 000 个营业网点，服务网络遍布全国。为实现“综合金融、国际领先”的企业抱负，平安人寿的一切起步都立足于“专业”。而如何落实平安人寿的绩效管理和人才发展理念，是人力资源部门的核心任务之一。

平安人寿通过贯彻“竞争、激励、淘汰”三大机制，使绩效管理有效驱动组织和个人的快速发展。首先，平安人寿绩效管理的前端被设定为战略分解、职位描述。这是进行绩效管理的有效前提，可以确立绩效改进的目标。其次，是通常意义上的绩效管理流程。这主要分为四个步骤：绩效计划的制订、绩效计划的执行与辅导、绩效考核与评估反馈、绩效考核结果运用。

第一步：绩效计划的制订

每年年初制订工作计划时，员工不能局限于制订本年度的工作计划，还要根据直线主管对其上年度的能力不足评估和未来的提升期望，制订可实施、可衡量的个人发展计划。从制订计划一开始，员工个人就已成为自我发展、绩效改进的主人。员工通过个人能力短板分析，与直线主管共同商定学习建议，比如参与公司面授培训、个人自主网络课程学习、直线制订特设工作任务等，不断磨砺、提升自身的业务能力与素质。

第二步：绩效计划的执行与辅导

绩效计划的执行与辅导是直线主管日常管理的基础性工作。每年，直线主管都要进行12次正式反馈，包括10个月的月度反馈和2次年中、年底反馈。每一次面谈与书面反馈都能帮助员工梳理岗位高绩效的标准，看清其自身的现状与差距。尤为重要的是，反馈面谈不仅能让员工了解差距，还能为他们提供缩短差距的工具与方法。

员工了解绩效差距后，如何通过培训等方式来激发个人的高绩效行为呢?

平安人寿采用分层级的人才培养理念，即根据员工的岗位类别，通过资源的针对性投放来提升员工的关键能力，从而提升绩效。通过多年的培训体系搭建与持续推进，平安人寿已经形成了较为清晰的课程体系，拥有百余门面授课程、百余门网络课程，涵盖管理技能、职业通用技能和专业技能等。这些丰富的培训资源有效提升了员工的自我发展动力，也为直线主管进行人才培养提供了全面的资源保障。

第三步：绩效考核与评估反馈

在平安人寿，年中、年底的阶段性绩效考核的评估反馈环节不仅就员工的KPI和关键工作进行评估反馈，也针对员工的“个人发展计划”进行评估反馈。

例如：员工既要总结过去半年或一年中能力提升的方面，也要评估各项学习计划的执行情况，而直线主管会根据员工发展现状对下个阶段提出进一步的期望，与员工共同商定提升计划。在整个反馈过程中，平安人寿非常强调直线主管与员工就现状和下一发展计划达成共识。

由此可见，评估与反馈环节是人才培养流程中的重要环节，可以让员工更加明确地了解绩效差距、开启发展动力、明确提升方向。

第四步：绩效考核结果运用

员工的绩效考核结果最终会落实到员工的薪酬、晋升、培训等各个方面，使员工培养和发展效果得到最大程度的体现。一方面，高绩效员工将获得更多的加薪、晋升、培训的机会和资源；另一方面，对于绩效目标未达成的员工，进行相应的人力资源管理与运用。

平安人寿认为，绩效结果不仅是员工使用公司培训资源、提升技能的重要参考因素，也是鞭策低绩效员工追求高绩效的动力。

岗证融通：职业技能训练

训练目标

（1）帮助学生树立正确的绩效观，引导学生认识到绩效的取得受多种因素的影响，要学会正确地评价绩效。

（2）帮助学生树立正确的考核观，培养学生意识到考核不是目的，重要的是绩效的改进。

训练内容

（1）通过校企合作的建立，让学生参与到企业绩效考核工作中来，制作绩效考核表。

（2）学生通过绩效面谈，了解到企业绩效面谈中应注意的一些问题，结合所学理论知识，形成一份绩效改进计划。

训练评价

（1）根据企业绩效考核内容完成绩效考核表。（20 分）

（2）形成绩效面谈提纲。（30 分）

（3）在绩效面谈过程中，详细记录绩效面谈应注意的一些问题。（30 分）

（4）制订绩效改进计划，语言表达清晰、准确，逻辑性强。（20 分）

（5）教师进行考核评价（见表 7-10）。

表 7-10　考核评价

评价指标	指标描述	权重	具体评价				评价得分	权重得分
			优秀 90～100 分	良好 80～89 分	一般 70～79 分	较差 60～69 分		
绩效考核表完成度	根据企业绩效考核内容完成绩效考核表	20%	能够根据企业绩效考核内容完成绩效考核表	基本能够根据企业绩效考核内容完成绩效考核表	基本能够根据企业绩效考核内容较为完整地制定绩效考核表	不能够根据企业绩效考核内容完成绩效考核表		
绩效面谈提纲完成度	形成绩效面谈提纲	30%	能够形成绩效面谈提纲	基本能够形成绩效面谈提纲	绩效面谈提纲较为完整	不能够完整形成绩效面谈提纲		
面谈应注意的问题	在绩效面谈过程中，详细记录绩效面谈应注意的一些问题	30%	能够在绩效面谈过程中详细记录绩效面谈应注意的一些问题	基本能够在绩效面谈过程中详细记录绩效面谈应注意的一些问题	绩效面谈应注意的一些问题记录较为完整	绩效面谈应注意的一些问题记录不是很完整，存在缺陷		
绩效改进计划完成度	制订绩效改进计划，语言表达清晰、准确，逻辑性强	20%	能够制订绩效改进计划，内容符合要求	基本能够制订绩效改进计划，内容有一定的逻辑性	基本能够制订绩效改进计划，语言表达较为清晰、准确	不能够制订绩效计划		
评分合计								

项目八
薪酬管理

学习目标

知识目标

1. 了解薪酬的含义、构成、功能和影响因素。
2. 熟悉薪酬管理的含义和内容，了解人力资源共享服务下的薪酬管理。
3. 掌握薪酬制度的内涵、类型及设计的程序。
4. 掌握福利的内涵和类型，了解人力资源共享服务下的福利管理。

能力目标

1. 能够运用薪酬制度设计程序为企业设计薪酬制度。
2. 能够独立完成月度个税申报。

素养目标

1. 培养正确的工作态度和就业观，树立正确的薪酬理念。
2. 提升综合素质，培养价值回报的思想觉悟。

学习导图

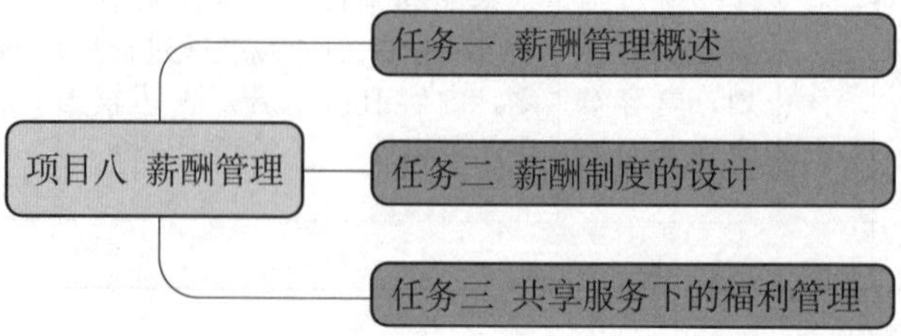

案例导入

宝钢集团的岗位职能工资制

岗位职能工资制是宝钢运输部汽运公司（以下简称汽运公司）根据自身特点制定出的一套薪酬管理制度。岗位职能工资制的整个薪酬收入结构由四个单元组成：职能岗位工资单元、业绩工资（奖金）单元、年功工资单元和工资附加单元。各个工资单元既有其独立职能，又相互联系、互为补充。

汽运公司的岗位职能工资制是根据岗位的责任大小、技能要求、劳动负荷、工作环境等，结合职务承担者所具备的工作能力、在实际工作中能力的发挥程度以及工作绩效确定的工资。这种工资制度充分体现了以岗位职责为依据，以工作绩效、员工技能为尺度的考核择优升级的原则。岗位工资级别由岗位级别和职能级别两部分组成，一岗多薪。

1. 岗位级别

岗位级别由四个要素决定：岗位责任大小、岗位所需专业知识和技能、劳动强度与工作负荷、工作环境。岗位级别越高，表示岗位的责任越大，所需要的专业技术知识及业务能力越高。汽运公司的岗位级别系数在1.5～3.2范围内。

2. 职能级别

职能级别以员工所在岗位的职责为依据，考核员工的三个指标：专业知识和技能、工作绩效、上进心和创新能力。职能级别的评定每年进行一次。

专业知识和技能考核依据员工的文化程度、上岗资格，汽运公司内部制定的技能等级标准评定员工的技能等级。技能等级一般分为实习岗、初级工、中级工、高级工和操作能手几个级别。

工作绩效考核依据员工的安全业绩、设备业绩、生产业绩和劳动纪律四个方面考核员工的业绩分工超额完成生产指标状况、自主管理状况、创新操作方法、申请专利和专有技术、文化程度等，给予员工一定的业绩奖励。

上进心和创新能力考核员工的进取精神与创新能力。根据工作绩效考核、上进心和创新能力考核得出员工综合业绩分，以综合业绩分高低评定员工的综合业绩，分为未达标、达标、优良三个等级。技能等级与综合业绩等级相结合，构成员工的职能级别。

宝钢集团汽运公司工资改革方案提出后，取得了积极的效果，从中可以看出，职能岗位工资制具有以下优点：

（1）提高了员工学技术的积极性。工资改革方案经过职工代表大会代表讨论、审议、表决同意后，在全公司引起积极的反响。员工纷纷主动报名学习技能。

（2）有利于激励员工提高工作业绩。职能岗位工资每年评定一次，员工工资直接与工作绩效挂钩，生产任务完成情况、安全达标情况、遵守劳动纪律情况都会直接影响员工的收入，这样就加大了公司目标对员工个人目标引导的力度，从而提高了公司整体的劳动生产率。

（3）充分体现了按劳分配的公平原则。摒弃平均主义，增加了员工的工资差距，工资分配制度更加符合员工的劳动贡献，多劳多得、奖优罚劣。

(4) 增强了员工的创新意识和创新能力。改革方案中对创新活动和创新行为给予奖励，一方面使大家意识到创新是企业生存和发展的原动力，积极参与创新；另一方面通过引导大家学习科学文化和工作技能，提高了员工的素质，从而提高了他们的创新能力。

分析提示

岗位职能工资制是企业根据员工的技术知识、业务水平、体力、智力等自身条件来确定工资等级的一种工资制度。当然，这里的“自身条件”仅包括在企业中进行工作所需要的那部分能力。岗位职能工资制将工作分为管理工作、技术工作、事务工作等类型，对每个类型的工作进行工作等级分类，工作等级越高的员工，工资水平也就越高。

任务一　薪酬管理概述

一、理解薪酬

（一）薪酬的含义

薪酬是指员工获得的一切形式的报酬，包括工资、奖金、福利等各种形式。薪酬有广义和狭义之分。广义的薪酬是指员工获得的全部报酬，包括物质的和精神的、有形的和无形的、货币的和非货币的、内在的和外在的等。狭义的薪酬是指员工被企业雇用而获得的各种货币与实物报酬的总和。薪酬能够满足员工个人及家庭生活的需求，因此，薪酬是指企业员工获取个人及其家庭生活的各种费用，就是通常所说的货币薪酬和非货币薪酬。

微课

“一分耕耘，一分收获”
——谈薪酬

货币薪酬涵盖范围很广，包括工资、奖金、津贴和补贴、社会保险、福利、股权等，其中工资、奖金、津贴和补贴一般以现金形式支付，可称为直接薪酬；社会保险、福利、股权一般以非现金形式延期支付，可称为间接薪酬。

非货币薪酬主要是一种心理效用，是由工作本身、工作环境和组织特征带来的愉悦和满足感等，包括晋升机会、职业保障、自我发展、工作挑战性、参与决策、自我成就感、和谐的组织氛围等。

（二）薪酬的构成

薪酬主要由基本薪酬、奖励薪酬、附加薪酬、红利和福利等多种形式构成，具体主要包括工资、奖金、津贴和补贴、社会保险、福利、股权等多种形式。

1. 工资

工资是用人单位定期以货币形式支付给劳动者的劳动报酬，如计时工资或计件工资。工资可以分为基本工资和绩效工资，基本工资是根据劳动者所在职位、能力、价值等因素核定的薪资，是员工劳动报酬的主要部分。绩效工资是在基本工资之外，用人单位根据劳动者的个人业绩确定的工资。

2. 奖金

奖金是指劳动者完成一定工作量或表现优秀的直接奖励，是对劳动者提供的超额劳动所支付的报酬。奖金可以分为综合奖金和单项奖金两种形式。

3. 津贴和补贴

津贴是指企业针对员工在特殊劳动条件下所付出的额外劳动消耗和生活费开支所给予的补偿。补贴是企业为补偿由于受到外部因素的影响，如物价上涨等造成员工实际收入水平下降的支出而额外支付的费用。

4. 社会保险

社会保险是指劳动者在其全部生命周期内遇到的各种失去收入的风险，包括年老、疾病、失业、工伤、生育等风险，因此，社会保险主要包括基本养老保险、基本医疗保险、工伤保险、失业保险、生育保险。

5. 福利

广义的福利是指企业支付给员工工资、奖金之外，员工享受的所有待遇，包括社会保险在内。狭义的福利是指员工在享有工资、奖金、社会保险之外享受的其他待遇。

6. 股权

股权是指公司股东对享有公司人身和财产权益的一种综合性权利。股权不是货币，而是公司授予股东的一种权利。公司股东可以将公司的一部分股份作为薪酬授予员工，使员工也成为公司的股东。

直通职场

华为的股权激励制度

华为是一家全球性信息与通信技术解决方案供应商，目前已经发展成为拥有超过20万名员工的大型企业。华为的成功与其实施的股权激励制度即独特的股权分配方式密切相关。

（1）员工持股计划。华为实施员工持股计划，允许员工通过购买公司股票成为股东，享受分红和股票增值的收益。这种制度旨在激发员工的积极性和创造力，同时增强员工对公司的归属感和忠诚度。

（2）绩效优先。华为的股权激励制度还遵循按劳分配的原则，只有在工作中表现出色的员工才能获得更多的股权。员工的股权数量还与他们的职位和工作年限密切相关，职位越高、工作年限越长的员工获得的股权数量就越多。

（3）虚拟股票制度。员工可以在公司内部交易市场通过买卖虚拟股票的方式来分配股权，这不仅让员工享受到公司发展的成果，也激发了员工的积极性和创造力，使得他们更加积极地为公司做出贡献。

(4) 配股。配股就是将公司股票以一定的价格配给员工，这种方式使得员工能够真正成为公司的主人，与公司共同承担风险和分享收益。

(三) 薪酬的功能

薪酬作为连接用人单位与劳动者之间关系的纽带，对双方都有不可替代的作用。薪酬的功能要从两个角度来理解。

1. 薪酬对企业的功能

(1) 增值功能。

马克思在《资本论》第一卷中指出："劳动力这种特殊商品具有独特的使用价值，它能提供劳动，从而能创造价值，但这并不触犯商品生产的一般规律。所以，如果说预付在工资上的价值额不仅在产品中简单地再现出来，而且还增加了一个剩余价值，那么，这也并不是由于卖者被欺诈——他已获得了自己商品的价值，而只是由于买者消费了这种商品。"① 劳动者能够为企业创造价值。

(2) 塑造功能。

薪酬的高低既对企业形象产生重要的影响，也对员工的工作行为和态度产生很强的引导作用，因此，合理和富有激励性的薪酬制度有助于企业塑造良好的企业文化，或者对已经存在的企业文化起到积极的强化作用。

(3) 导向功能。

薪酬是企业价值观的体现，是企业发展状况的重要衡量标准，企业可以将战略发展目标通过薪酬战略和薪酬计划加以体现。企业薪酬的战略管理，其实质就在于此。薪酬不仅是企业当前管理的有效工具，也是未来管理的导向器。现代企业的薪酬管理已经成为企业战略管理的一个有机组成部分，战略管理赋予企业薪酬管理以新的内涵。

2. 薪酬对员工的功能

(1) 保障功能。

马斯洛的需要层次理论指出，人有五种需要，即生理需要、安全需要、社交需要、尊重需要、自我实现需要。如何保障自己的生理需要，满足吃、穿、住、行所需？在市场经济条件下，员工通过在企业付出劳动换取劳动收入，以满足个人及其家庭的生活需求，保障物质生活。

(2) 激励功能。

薪酬在满足员工基本生活所需的基础上，员工获得的薪酬越多，内心就会越愉悦。薪酬的激励功能往往促使员工不断地提高自己的知识和技能水平，以获取更多的劳动报酬，提高个人和家庭生活的质量，提升幸福感。

(3) 价值实现功能。

薪酬是用来支付劳动者付出劳动的报酬，是员工工作能力和水平的重要标志。追求高薪酬是每个员工的奋斗目标，也是员工自我价值实现的一种体现。我们应在自己从事的专业领域不断提升自我，发扬工匠精神，使自己的价值实现最大化，获取自己最满意

---

① 马克思．资本论（第一卷）[M]．中共中央马克思恩格斯列宁斯大林著作编译局，译．北京：人民出版社，2004：675.

的薪酬水平。

（四）影响员工薪酬水平的因素

影响员工薪酬水平的因素有很多，可以从企业和员工个人两个角度来理解。

1. 企业因素

企业的经营发展对员工薪酬水平的影响是很明显的。例如：员工的薪酬水平是薪酬战略的核心要素之一，企业应考虑员工不同的薪酬需求，制定灵活的薪酬战略，定位有利于吸纳人才、提高员工工作积极性的薪酬水平。同时，企业产品的需求弹性、企业工资支付能力、工会的力量等对企业薪酬水平也会产生影响。

2. 员工个人因素

员工薪酬水平的高低受自身诸种因素的影响。例如：企业如果实行的是岗位薪酬制，则员工的薪酬与其所在岗位有关，不同岗位的员工薪酬水平不同；企业如果实行的是技能薪酬制，则员工的薪酬与其具备的技能水平有关，技能水平较高的员工薪酬水平就会较高，反之就会较低。同时，员工的劳动绩效、工作条件、工龄等因素对员工的薪酬水平也会产生影响。

二、理解薪酬管理

（一）薪酬管理的含义

薪酬管理对于组织和员工都具有重要意义。首先，薪酬是员工工作的回报和激励，合理的薪酬能够激发员工的工作动力和积极性，提高员工的工作效率和绩效水平。其次，薪酬也是吸引和留住人才的重要手段，具有竞争力的薪酬体系可以吸引到更多的优秀人才，提高组织的核心竞争力。最后，薪酬管理还能够增强组织的稳定性和可持续发展能力，合理的薪酬策略能够提高员工的忠诚度和归属感，降低员工的流失率。

薪酬管理是指根据企业总体发展战略目标，通过对薪酬支付、薪酬策略、薪酬水平、薪酬结构等管理制度的设计与完善，最大限度地发挥薪酬的激励作用，为企业创造更大的价值。薪酬管理为实现组织发展战略目标服务，薪酬管理目标服从于企业发展战略。

薪酬管理目标保证薪酬在劳动力市场上具有竞争力，能够为企业吸引并留住优秀人才；对各类员工的贡献给予充分肯定，按照“多劳多得”的原则，使员工按时得到相应的劳动回报；合理控制企业人工成本，提高劳动生产效率，增强企业产品的竞争力；通过薪酬激励机制的确立，将企业与员工长期、中期经济利益有机地结合在一起，促进企业与员工结成利益关系共同体，谋求员工与企业共同高质量发展。

微课

薪酬管理

（二）薪酬管理的基本原则

1. 具有竞争力原则

薪酬具有竞争力原则是指与同行业、同地区的其他企业相比，确保企业薪酬水平与类似行业、类似企业的薪酬水平相当。具有外部竞争力的薪酬水平具有很强的激励功能，可以吸引并留住员工，特别是优秀员工。如果企业的薪酬水平低于市场平均水平，将难以吸引和留住优秀人才，使企业对人才失去吸引力。

2. 具有公平性原则

薪酬具有公平性原则是指员工对薪酬的内部公平感和外部公平感。内部公平感产生于个人的劳动付出与所获回报的评估，如果员工付出与回报的比率与自己过去相比有所增加，就会产生公平感，否则就会感到不满意；如果员工付出与回报的比率与企业内部工作岗位相同或相似的其他人相比高于他人，则产生公平感，否则就会感到不满意。外部公平感是员工将自己的报酬与本地区同行业的其他人相比，高于他人则产生公平感，否则就会感到不满意。无论员工如何比较，企业都要做到支付相当于员工岗位价值的薪酬，保证薪酬支付公平。

直通职场

壳牌：薪酬体系对外具有竞争力，对内公平透明

壳牌对员工幸福感的诠释是：优化薪酬福利制度，薪酬对外具备竞争性，对内做到公平透明。在吸引和留住人才方面，壳牌给员工提供了足够大的舞台。

1. 薪酬制度公平、透明

作为薪酬制度最重要的一部分工作，壳牌每年都会有调薪方案。对整年总体薪酬制度的调研和回顾，成为调薪方案的基础，回顾既包括整个外界市场的变化，也包括内部的和员工的情况。壳牌人力资源部门每年都要通过各种渠道给同事们阐释调薪方案的原因和理念所在，让员工有期望值，知道公司的薪酬制度是靠一套清楚的系统来运作的。对于一个员工来说，透明的制度保障了自己的劳动得到认可，公平的机制能激励员工更加努力地工作。

2. 休假的制度保障

壳牌具有非常灵活的办公时间，员工只要保证在10点到16点的核心办公时间高效率工作，而具体的上下班时间可以根据自身情况调整，不实行上下班打卡制度。在壳牌，员工年假最低标准为15天。在制订年度工作计划时，壳牌的员工会把年假计划包含在内。每一个壳牌的部门主管都有义务支持下属的年假计划，使员工每年最少休10天年假。如果主管没有保证员工正常的年假权利，会受到人事部门的监管，这在一定程度上会影响他的职责考评。

3. 补充养老金

出于一种“终生事业”的理念，壳牌内部的政策更倾向于逐年提高薪金，而不是依靠发奖金、津贴和分红等传统方式。员工在年度内出色地完成工作后，会得到与其工作级别相对应的薪资涨幅和年终奖金。当员工达到一定要求时，公司则给予其晋升（职位、工资级别），使他们能够在个人事业的阶梯上逐渐攀升。

4. 生育保障、大病保障、配偶保障

每个人的一生都会遇到诸如结婚、生子或者生病等或喜或悲的转折，企业在这些时刻发挥的作用比平时任何时候都重要。在壳牌，每一位生育的女员工都是幸福的新妈妈。诞生新生命的她们，在休息时间不会有一点后顾之忧。壳牌的薪酬制度可以保证她们在产假期间所有薪酬一分不少，另外，她们还会收到公司送的礼金和津贴。如果员工不幸身染重疾，公司会第一时间给员工放假让其安心治病。而治病的费用，除了社保报销的额度，壳牌还会额外提供一笔很大数额的大病津贴，连带一系列住院津贴和补助，帮助员工尽快度过治疗的过程，以良好的心态返回工作岗位。而对于员工无业的配偶，壳牌还会给这些人缴纳各项社会保险，为员工的家庭解除后顾之忧。

---

3. 具有激励性原则

根据员工的实际贡献付薪，并且适当拉开员工之间的薪酬差距，使不同业绩的员工能在心理上察觉到这个差距，进而产生激励作用：使业绩好的员工认为得到鼓励，使业绩差的员工认为值得去改进绩效，以获得更好的回报。

4. 具有控制性原则

在实现前面三个基本原则的前提下，企业应考虑公司发展战略、整体业绩、市场环境等因素，充分考虑自身的财务实力和实际支付能力，对人工成本进行必要的控制，灵活调整薪酬策略，保证薪酬支付的合理性和有效性。

（三）薪酬管理的内容

薪酬管理的内容包括薪酬制度设计和薪酬日常管理两个方面。

1. 薪酬制度设计

薪酬制度设计是企业薪酬管理最基础的工作。如果薪酬制度方面有问题，企业薪酬管理就不可能实现预定目标。薪酬制度设计主要是指薪酬战略设计、薪酬体系设计、薪酬结构设计、薪酬水平设计等。

（1）薪酬战略设计。

薪酬战略是企业管理人员根据具体的经营环境，可以选择的全部支付方式，这些支付方式对企业绩效和有效使用人力资源产生很大的影响，它包括薪酬的决定标准、薪酬的支付结构、薪酬的管理机制。

薪酬战略是企业薪酬系统设计及管理工作的一种导向，是实现企业人力资源发展战略的保证。通过制定和实施适合企业的薪酬战略，企业可以充分利用薪酬向员工传递其战略意图，调动员工的积极性。企业的薪酬战略必须与企业所处的发展阶段、企业的战略、企业的组织结构及企业的文化相匹配。

（2）薪酬体系设计。

薪酬体系是指薪酬的构成及分配方式，是员工从企业获取的薪酬组合，一般包括岗位薪酬体系、技能薪酬体系、绩效薪酬体系三种类型。

岗位薪酬体系是指根据员工在企业中的不同岗位特征确定其薪酬等级与薪酬水平；技能薪酬体系分为技术薪酬和能力薪酬两种类型，前者是指企业根据员工所掌握的与工作相关的知识或技术的广度和深度确定薪酬等级与水平，后者是指以员工个人能力为依据确定薪酬等级与水平。绩效薪酬体系是根据绩效水平的高低确定薪酬等级与薪酬水平。

（3）薪酬结构设计。

薪酬结构是指薪酬的各个构成部分及其比重，有广义和狭义之分。狭义的薪酬结构是指同一组织内部不同岗位薪酬水平的对比关系，广义的薪酬结构还包括不同薪酬形式在薪酬总额中的比例关系，如基本薪酬与可变薪酬、福利薪酬之间的不同薪酬组合。一个合理的薪酬结构应该是既有固定薪酬部分，又有浮动薪酬部分。选择什么样的薪酬结构取决于每一种结构的特征和企业的具体状况。

（4）薪酬水平设计。

薪酬水平是指企业如何根据竞争对手或劳动力市场的薪酬水平定位自身的薪酬水平。为体现薪酬管理对外对内公平的原则，企业应及时对员工的总体薪酬水平适时地进行调整，以最大限度地调动企业各方面的工作积极性、主动性和创造性。

2. 薪酬日常管理

薪酬日常管理是由薪酬预算、薪酬支付、薪酬调整组成的循环，这个循环可以被称为薪酬成本管理循环。薪酬制度建立后，应密切关注薪酬日常管理中存在的问题，及时调整公司薪酬策略，调整薪酬水平、薪酬结构以及薪酬体系，实现效率、公平、合法的薪酬目标，从而保证企业发展战略的实现。

薪酬日常管理工作具体还包括以下内容：

（1）开展薪酬市场调查，统计分析调查结果，写出调查分析报告。

（2）制订年度员工薪酬激励计划，对薪酬计划执行情况进行统计分析。

（3）深入调查了解各类员工的薪酬状况，进行必要的员工满意度调查。

（4）对报告期内人工成本进行核算，检查人工成本计划的执行情况。

（5）根据公司薪酬制度的要求，结合各部门绩效目标的实现情况，对员工的薪酬进行必要调整。

三、人力资源共享服务下的薪酬管理

共享服务下的薪酬管理在获取第一手数据、信息和资料方面有较大的便利性。

（一）薪酬调研

微课

中小企业薪酬管理

薪酬调研可以达到高效输出分析数据、汇总信息报告的目的。薪酬调研由共享服务中心设立专项小组进行，从调研开始到输出报告一般历时一个月左右，通常在第四季度内完成，作为次年的年度薪酬策略研讨及调整薪酬政策的参考依据。薪酬调研具体操作包括薪酬调研准备、薪酬调研实施、调研结果运用三个阶段。

1. 薪酬调研准备

步骤一：明确调研目的。

（1）整理并分析企业现有的薪酬管理体系。

（2）以企业现有的薪酬管理体系为依据调整和完善企业薪酬政策。

（3）为企业某类特定岗位的薪酬政策的确定或调整提供依据。

（4）分析企业内、外部环境，查找企业在内部公平性和外部竞争性方面存在的问题，以便及时调整。

（5）掌握同行业相同或相似岗位的薪酬水平和薪酬调整时间、范围。

（6）学习和了解其他企业薪酬管理的创新方法和趋势。

步骤二：确定调研样本。

（1）选择调研岗位。

选择调研岗位应在工作性质、难易复杂程度、岗位职责、工作权限、任职资格、能力要求、劳动强度、环境条件等方面，与本企业需调查的岗位具有可比性。例如：调研的样本应涵盖企业各个部门、各个级别以及关键岗位，便于分析不同部门、不同级别的不同员工对公司薪酬的满意度，了解关键岗位薪酬水平与同行业相同或相似岗位薪酬水平的差距。

（2）选择地区。

对于通用职能类岗位的薪酬调研，一般选择本地区同行业相似企业、相似岗位进行调查；对于业务类岗位，尤其是专业技术类岗位的薪酬调研，一般选择在跨地区进行调查，有的特殊岗位往往需要在全国乃至全球范围内进行调查；对于职级较低的岗位，如工人、技术员、行政文员等，薪酬调研设定的地域范围可以相对较小；职级较高的岗位，如研发总监、业务总监、营销总监等，则薪酬调研设定的范围应当更广。

（3）选择行业。

从经营范围的角度、工艺技术的角度、产业供应链的角度选择与公司生产同类或相似产品的企业。

（4）选择企业。

确定薪酬调研行业后，在选择具体企业时，需要考虑企业的规模和性质的匹配度及相关度。一般有以下几类企业可供调查时选择：同行业中同类型的其他企业；其他行业中有相似或相近岗位的企业；与本企业雇用同一类劳动力，可构成人力资源竞争对象的企业。

薪酬调研准备需注意的问题有：

（1）薪酬调研准备主要是在共享服务中心成立内部专项小组，小组成员应明确薪酬调研的目的及希望解决的问题，确定调研的样本及调研范围，对调研项目进行合理分工，做好调研项目的启动计划。

（2）在确定调研样本过程中，需要结合当年度的员工满意度调查，日常招聘、人员变动、晋升的实际情况，充分了解薪酬方面存在的问题，根据调研结果找到薪酬问题存在的根源，便于做出各种薪酬决策。

2. *薪酬调研实施*

步骤一：确定调研方法。

一般对于一些较明确的规范性岗位，采集所需要的薪酬信息时，可选择简单的调研方法，如企业之间的相互调查、委托中介机构进行调查等。而对于新兴的高新技术的复杂岗位的薪酬调查，则需要使用较为复杂的调查方法，这样才能实现薪酬调查的目标，如薪酬调研问卷。

薪酬调研问卷的设计通常可以采用统一的结构式问卷。在设计问卷时有以下要点：

（1）确定调查的目的和内容，想好调查问卷结果的分析逻辑和输出内容后，再开始设计调查问卷。

（2）为便于统计和员工打分，选项最好采用勾选的方式。问卷中的问题不宜设置过多，填写问卷的时间最好控制在 20 分钟以内。相关性的问题应集中放到一起。

（3）问卷中每一题的选项不宜过多，以 3～5 个为宜。

（4）问卷中使用的语言应规范标准，避免长篇大论或有难懂的专业术语。问卷中应设置主观问题和留出充足的空间收集个人的主观意见。

(5) 为节省管理成本和材料成本，建议采取网络问卷调查的方式。如果内网系统能够支持，最好采取内网调查；如果内网系统不支持，可以选用免费的外网调查工具，但应注意调查网站的正规性、保密性和便利性。

(6) 问卷设计好后，在使用前应先找几位同事试填，根据试填的结果及反馈，模拟分析、修改完善后再正式发放。

步骤二：数据分析。

获得调研的数据和信息之后，就需要对数据进行归类、统计分析。为提高统计分析的信度和效度，薪酬调查所提供的数据一定要全面、真实。数据分析的重点是找出需要对标的人群、岗位、企业，分析它们之间存在的差距，并深挖造成差距的原因。

步骤三：撰写薪酬调研报告。

调研小组需要对整个数据分析过程进行总结，最终形成薪酬调研报告。薪酬调研报告应包括薪酬调研的组织实施情况分析、薪酬数据分析、政策分析、趋势分析、企业薪酬状况与市场状况对比分析以及薪酬水平或制度调整的建议。

3. 调研结果运用

步骤一：管理层汇报及审批。管理层汇报的主要目的是呈现薪酬调研的整体发现。

步骤二：调整薪酬框架及政策。

基于管理层的审批，公司薪酬调研小组会协同 COE 团队，对薪酬框架和政策进行调整，向各部门主管以及全员分别输出以下内容：公司业绩达标情况、客观外部环境要点、年度奖金方案、各国家城市类别定位、各部门岗位薪酬矩阵、年度调薪晋升政策、年度调薪预算、年度绩效考核、调薪、晋升时间表。

步骤三：政策实施。

公司由共享服务中心的薪酬小组整体跟进落实，包括通知和公告的发出、奖金和薪资发放操作、个税申报、“五险一金”的缴纳等。

(二) 薪资发放管理

1. 薪资数据收集与维护

(1) 确认公司月度薪酬数据提报时间。

(2) 审核薪酬需求数据，及时收集数据。

(3) 薪酬数据维护。SSC 将通过 Payroll 系统对薪资进行标准处理，把薪酬数据上传至人事系统。

2. 薪资核算

(1) 核算时间段：一般为一个月。

(2) 核算次数：根据月度企业各部门、各岗位人员工作的实际情况进行及时核算。

(3) 核算范围：薪资发放总人数涉及部分银行代发工资所需支付的手续费金额，因此要确认本次发薪的人数，通常为全体在职员工、临时工等。

3. 复核薪资数据

(1) 系统性确认本月薪酬数据。SSC 在系统核算完毕后对薪酬结果进行检查，如是否存在最低工资的问题、是否存在计算经济补偿金合法合规的问题等。具体审核的内容包括工资发放总人数、工资发放总金额、薪酬发放时间、报盘文件、个税、社保缴费金额、公积金缴费金额、工会会费、党费等，确认无误后，需及时将月度薪资信息发送给企业 BP，待 BP 审核通过后予以发放。

（2）处理异常数据。如果在薪酬数据复核时，BP 发现需求提报错误，或在薪酬数据复核过程中，若发现系统或人工计算规则有误，则需要及时进行处理。

4. 薪资发放

（1）制作银行代发工资文件并提交付款流程。

（2）工资单查询与打印。

5. 解答员工咨询

当员工咨询薪酬核算相关问题时应耐心解释计算过程，并提供相关薪资政策作为参考，如薪酬构成，加班、缺勤、产假等工资项的计算，党费计算，税款计算等。

（1）详细记录员工咨询的问题。

（2）有效解答员工的问题。

（三）个税计算与申报

1. 月度个税申报

工资、薪金所得税款计算方法：

（1）累计预扣法。

累计预扣预缴应纳税所得额＝累计收入－累计免税收入－累计减除费用
－累计专项扣除－累计专项附加扣除
－累计依法确定的其他扣除

专项附加扣除的计算方法：

例 1：老员工 2024 年 3 月向单位首次报送其正在上幼儿园的 4 岁女儿的相关信息。则当 3 月份该员工可在本单位发工资时扣除子女教育支出 3 000 元（1 000 元/月×3 个月）。

例 2：如果该员工女儿在 2024 年 3 月刚满 3 周岁，则可以扣除的子女教育支出仅为 1 000 元（1 000 元/月×1 个月）。

例 3：某员工 2024 年 3 月新入职本单位开始领工资，其 5 月份才首次向单位报送正在上幼儿园的 4 岁女儿的相关信息。则当 5 月份该员工可在本单位发工资时扣除的子女教育支出金额为 3 000 元（1 000 元/月×3 个月）。

（2）计算本期应预扣预缴税额。

本期应预扣预缴税额＝（累计预扣预缴应纳税所得额×预扣率－速算扣除数）
－累计减免税额－累计已预扣预缴税额

个人所得税预扣率如表 8－1 所示。

表 8－1 个人所得税预扣率表

（居民个人工资、薪金所得预扣预缴适用）

级数	累计预扣预缴应纳税所得额	预扣率	速算扣除数
1	不超过 36 000 元的部分	3%	0
2	超过 36 000 元至 144 000 元的部分	10%	2 520
3	超过 144 000 元至 300 000 元的部分	20%	16 920

续表

级数	累计预扣预缴应纳税所得额	预扣率	速算扣除数
4	超过 300 000 元至 420 000 元的部分	25%	31 920
5	超过 420 000 元至 660 000 元的部分	30%	52 920
6	超过 660 000 元至 960 000 元的部分	35%	85 920
7	超过 960 000 元的部分	40%	181 920

例 1：某职员 2015 年入职，2019 年每月应发工资为 10 000 元，每月减除费用 5 000 元，“三险一金”等专项扣除为 1 500 元，从 1 月起享受子女教育专项附加扣除 1 000 元，没有减免收入及减免税额等情况，以前三个月为例，应当按照以下方法计算预扣预缴税额：

1 月份：(10 000－5 000－1 500－1 000) ×3%＝75 元；

2 月份：(10 000×2－5 000×2－1 500×2－1 000×2) ×3%－75＝75 元；

3 月份：(10 000×3－5 000×3－1 500×3－1 000×3) ×3%－75－75＝75 元。

进一步计算可知，该纳税人全年累计预扣预缴应纳税所得额为 30 000 元，一直适用 3%的税率，因此各月应预扣预缴的税款相同。

例 2：某职员 2015 年入职，2019 年每月应发工资均为 30 000 元，每月减除费用 5 000 元，“三险一金”等专项扣除为 4 500 元，享受子女教育、赡养老人两项专项附加扣除共计 2 000 元，没有减免收入及减免税额等情况，以前三个月为例，应当按照以下方法计算各月应预扣预缴税额：

1 月份：(30 000－5 000－4 500－2 000) ×3% ＝ 555 元；

2 月份：(30 000×2－5 000×2－4 500×2－2 000×2)×10%－2 520－555 ＝625 元；

3 月份：(30 000×3－5 000×3－4 500×3－2 000×3)×10%－2 520－555－625 ＝ 1 850 元。

上述计算结果表明，由于 2 月份累计预扣预缴应纳税所得额为 37 000 元，已适用 10%的税率，因此 2 月份和 3 月份应预扣预缴有所增高。

2. 年度汇算清缴

(1) 发送汇算清缴启动通知。

(2) 协助员工完成汇算清缴。

(3) 收尾。

(四) 薪酬数据及报表服务

SSC 在日常工作中会面临各种薪酬数据。以薪酬数据为基础，对薪酬数据进行分析，并提交报表。薪酬数据报表常用的有薪酬报表、人事报表、人工成本分析报表、经费报表等。在报表前，SSC 需确认好基础数据和报表要求。

1. 薪酬报表需求分析

(1) 分析业务需求。

工资发放是人力资源部门薪酬报表最常用的需求，在此基础上，SSC 根据公司 COE 或 BP 的报表需求，在可以提供的数据范围内提供相应的报表。

(2) 设计报表样式。

根据公司COE或BP的报表需求提供的报表一般没有对应的模板，需要SSC根据具体需求重新设计报表样式。报表样式设计好后，SSC和公司COE或BP进行确认，满足需求即可制作报表并正式使用。

2. 薪酬报表制作

(1) 数据收集。

在制作报表前，需要先了解数据源，即报表数据是通过工资清册明细计算还是在薪资计算工具中的固定报表基础上进行计算。SSC在人力资源信息系统中进行查看并导出，根据实际需求进行数据调整处理。

(2) 报表制作。

SSC将调整处理后的数据按照实际需求情况进行统计整理，完成报表制作工作。同时还应对表中数据逻辑进行校对，检查无误后，将报表进行加密处理，发送给公司COE或BP，并进行归档留存备查。

任务二　薪酬制度的设计

一、薪酬制度的内涵

企业合理的薪酬制度能够极大地激发员工的潜力和忠诚度，增强员工的满意度和对组织的归属感，进而提升企业的竞争力。企业能否留住人才的关键在于企业薪酬制度设计是否合理。薪酬制度设计是现代企业人力资源管理过程中特别重要的一环，合理且有吸引力的薪酬制度设计不仅能够激发员工工作的积极性，促使员工认可企业的共同愿景，而且能够帮助企业在日益激烈的市场竞争中建立一支高素质的人才队伍。

薪酬制度设计是企业可持续发展的重要保障，是现代人力资源管理的一项十分重要的工作。薪酬制度体现为企业对薪酬管理运行的目标、任务和手段的选择，包括企业对员工薪酬所采取的竞争策略、公平原则、薪酬成本与预算控制方式等。薪酬制度是一个比较宽泛的概念，它涉及企业的薪酬战略、薪酬体系、薪酬结构、薪酬政策、薪酬水平等内容。

微课

薪酬制度设计

二、薪酬制度设计的原则

(一) 结合企业文化和价值观

企业应充分重视企业文化和价值观，结合企业文化和价值观设计薪酬制度不仅会为企业带来长远的利益，而且对员工的激励效果也会更加长远。脱离企业文化和价值观的薪酬制度设计必然会导致企业员工凝聚力下降。

（二）坚持全面、有效的激励

薪酬制度的设计应体现薪酬分配的导向作用。薪酬不仅包含货币形式的报酬，还包括晋升、培训、工作环境和氛围等精神方面的激励。因此，在薪酬制度的设计中应该考虑全面激励，保证薪酬制度的有效性。

（三）坚持科学规划，保证公平性

按照亚当斯的公平理论，员工不仅关心报酬的绝对量，还关心报酬的相对量。因此，员工会通过横向比较和纵向比较来确定自己所获报酬是否公平合理，这种比较的结果将直接影响员工工作的积极性。企业在薪酬制度设计过程中切忌平均主义，而应科学设计员工薪酬结构，按照员工对企业做出的贡献进行公平分配。

（四）有效控制成本，提高竞争性

在设计薪酬制度时，除了要考虑实现激励员工的作用，还要考虑企业的经济条件，合理控制人工成本，保证企业员工的薪酬水平略高于行业的平均水平，提高企业薪酬竞争能力。这样既不会使企业的负担过重，又可以达到吸引、激励和留住员工的目的。

三、薪酬制度的类型

（一）岗位薪酬制

岗位薪酬制是以员工在生产经营工作中的岗位为基础确定薪酬等级和薪酬标准，进行薪酬支付的薪酬制度。

岗位薪酬制的最大特点就是薪酬的支付“对岗不对人”，员工之间薪酬水平的差异来源于其所处岗位的不同，即在相同的岗位上工作的员工，获得的薪酬是相同的，而很少考虑员工的年龄、资历、技能等个人因素。

岗位薪酬制主要分为两种类型：一种是岗位等级薪酬制，另一种是岗位薪点薪酬制。

1. 岗位等级薪酬制

岗位等级薪酬制是指将岗位按照重要程度进行排序，然后确定薪酬等级的薪酬制度。岗位等级薪酬制又分为一岗一薪制和一岗多薪制。

（1）一岗一薪制。

一岗一薪制是指一个岗位只有一个薪酬标准，凡在同一岗位上工作的员工都按照统一的薪酬标准获得薪酬。一岗一薪制适用于专业化、自动化程度高，流水作业，工种技术比较单一的岗位。

在实行一岗一薪制时，一定要对岗位进行全面的分析，并对有关因素进行评价。评价的具体内容有：岗位责任范围和责任程度、岗位对员工的技能水平要求、岗位劳动强度、劳动条件等，通过岗位评价得出每个岗位的分数，确定岗位系数，按照综合分数的大小进行岗位重要程度的排序，以此确定岗位的薪酬高低。

（2）一岗多薪制。

一岗多薪制是指在一个岗位内设置几个薪酬标准以反映岗位内部员工之间的劳动差别的薪酬制度。

一岗多薪制适用于岗位划分较粗、岗位之间存在工作差别、岗位内部员工之间存在技术熟练程度差异的企业或部门。企业在实行一岗多薪制时，基本的操作规范要求与一岗一薪制相同。

2. 岗位薪点薪酬制

岗位薪点薪酬制是在岗位评价的基础上，用点数和点值确定员工薪酬的薪酬制度。

（1）点数。

点数是员工所在的岗位薪点、员工个人的表现薪点以及企业或部门预先规定的增加薪点的三项点数和。岗位薪点即人力资源部进行岗位分析、岗位评价，确定每一个岗位的等级与点数；表现薪点即根据员工绩效考核结果，将考核成绩转化为表现薪点；增加薪点取决于员工对企业的突出贡献情况。

（2）点值。

点值的大小按照企业经营效益的好坏进行确定，使员工的薪酬水平与企业的经营效益紧密相关。

直通职场

岗位薪点薪酬制基本结构

某企业强调“一贯表现、按责取酬、同工同酬、重视素质、突出贡献、兼顾市场”，建议制定一套新的工资管理方案——岗位薪点薪酬制。每个人薪点总数中含有保障性的工资，照顾以往贡献，既考虑了岗位和职务责任的薪点，又充分考虑了个人素质和能力与贡献的薪点，并注重静态与动态的结合。

薪点总数＝基础薪点＋岗位、职务薪点＋素质薪点＋绩效薪点

薪酬体系内容释义：

（1）基础薪点：根据公司原有的保留工资平均额制定标准，作为公司给予员工的基本生活补助，人人均等。

（2）岗位、职务薪点：根据具体岗位特点和任职者的职务责任等基本条件确定，体现出岗位的重要性和任职者的个人价值和职业风险。

（3）素质薪点：依据员工个人条件给付，包括工龄薪点、学历薪点、职称/技能等级薪点，体现员工素质差异及个人价值，鼓励员工不断提高技能、素质，长期为企业做贡献。

（4）绩效薪点：根据公司的经济效益和任职的即期工作业绩确定，体现出公司对员工所做贡献的回报和奖励，多劳多得，按责取酬，能者为先。绩效薪点＝达标薪点＋表现薪点＋贡献薪点。

（二）技能薪酬制

技能薪酬制是一种以员工的技术和能力为基础的薪酬制度，即员工只有达到某种技术能力标准以后，才能获得与这种能力相对应的薪酬。技能薪酬制包括技术薪酬制和能力薪酬制两种类型。

1. 技术薪酬制

技术薪酬制是指以劳动者的专业技能水平为基础的薪酬制度，以应用知识为基础，主要应用于“蓝领”员工。它的基本思想是：根据证书或培训所证明的员工技能水平支付其相应的薪资，而不管其技能是否在实际工作中被应用。

技术薪酬制一般应用于生产制造企业或部门，尤其适用于提倡员工提升技术的企业。这种薪酬制度清楚地表明了员工的技术与报酬之间的关系，为员工技术的增长提供了很大的动力，鼓励员工发展各项技能，提高业绩表现。

2. 能力薪酬制

能力薪酬制是指以劳动者的胜任能力和策略能力为基础的薪酬制度。

(1) 胜任能力薪酬制。

首先对企业或部门中公认的表现最好的员工进行考查，找出最佳表现者与一般表现者或最差表现者之间的差别。这些差别可以通过一系列的测试、面谈、业务评定等方式获得。然后将这些差别归类，就可以得到衡量能力的大概标准。

(2) 策略能力薪酬制。

这种薪酬制度要求管理者根据企业经营策略确定策略型能力薪酬。显然，完成这项工作必须进行大量的分析和调查。

(三) 绩效薪酬制

绩效薪酬制是以员工的工作业绩为基础支付薪酬的制度，其特点是员工的薪酬主要依据其工作成绩和劳动效率来决定。绩效薪酬制除计件薪酬制和提成制外，更多的是依据员工绩效进行基本薪酬调整和发放奖励性薪酬。

(1) 计件薪酬制。

计件薪酬制是根据员工生产的合格产品数量或完成的工作量，按照预先规定的计件单价计算支付的劳动报酬。

计件薪酬＝产品量（工作量）×计件单价

计件单价有两种计算方法：

1) 计件单价＝单位时间岗位工资标准/该岗位单位时间的产量定额。

例如：某岗位的小时工资标准为 50 元/小时，该岗位小时产量定额为 2 个/小时，那么，计件单价＝50/2＝25 元/个。

2) 计件单价＝单位时间工资标准×单位产品的工时定额。

例如：某岗位的小时工资标准为 50 元/小时，生产一个产品的工时定额为 0.5 小时/个，那么，计件单价＝50×0.5＝25 元/个。

(2) 提成制。

提成制主要用于营销人员的薪酬支付，按照营销人员营销额的一定比例确定其劳动报酬，是一种典型的绩效薪酬形式。

(四) 经营者年薪制

1. 经营者年薪制的内涵

经营者年薪制是指企业以年度为时间单位确定经营者的基本薪酬，并根据其经营成果确定效益收入的一种薪酬制度。经营者年薪制是将经营者的薪酬与企业经营业绩紧密相连，主要适用于企业董事长、总经理及其他高管人员的薪酬发放。

2. 经营者年薪制的构成

经营者年薪一般由基本薪酬与可变薪酬两部分构成，基本薪酬从企业管理费用中支出，可变薪酬从企业税后利润中支出。年薪制的构成有多种模式，以下面两种模式为例：

（1）基本薪酬＋风险收入。

基本薪酬取决于经营者市场形成的市场薪酬率和企业的支付能力，根据市场薪酬水平和企业经济效益水平、生产经营规模以及企业员工平均薪酬水平而定，一般控制在本企业员工综合年平均工资的 2 倍以内。其计算公式如下：

基本薪酬＝（本企业员工平均工资×70%＋本地区职工平均工资×30%）×（1＋企业规模系数）

上述公式中，企业规模系数可以根据实际情况而定。基本薪酬确定后，按月预付给经营者。

风险收入按照基本薪酬的一定倍数支付，具体倍数根据年终企业完成的经济效益情况、生产经营责任大小、风险程度等因素确定。

（2）基本薪酬＋年终奖金。

基本薪酬根据企业规模、经济效益水平、经营者的能力、员工平均薪酬水平而定。基本薪酬确定后按月支付。奖金视年终经济效益的各项指标的完成状况而定，经营者如果没有完成聘任合同所规定的经济效益目标，应自动辞职或被解聘。这种模式的基本薪酬不是预付性的而是固定的；奖金条件只考核经济效益指标，不考虑风险报酬。

3. 经营者年薪收入

企业经营者的年薪收入一般应控制在企业员工年平均工资的 4 倍以内。对少数经济效益特别好，且做出突出贡献的大型企业经营者，其年薪收入可高于上述水平，但最高要控制在企业员工年平均工资的 6 倍以内。

直通职场

某长途汽车股份有限公司管理改革

2020 年，某长途汽车股份有限公司经济效益出现明显下滑。公司高层经过调查分析发现，公司中层经理和有些关键岗位经理抱怨工资不高，工作劲头不足。面对这种情形，公司高层决定实施工资改革。

公司请某企业管理咨询公司为其进行了长达 3 个月的工资改革方案设计。方案设计之初，公司领导认为，中层管理人员在企业中起着承上启下的作用，这一层次人员的工资制度设计是此方案的重点。于是，管理咨询公司项目组开展问卷调查和对中高层管理人员进行访谈，结果发现，该企业中层管理人员原来的工资制度存在以下问题：

（1）仅对部门、基层单位进行绩效考核，部门和基层单位经理不直接承担绩效指标，收入多少与其工作业绩联系不紧密。

（2）按行政级别确定工资，不同部门、基层单位经理之间的基本工资和奖金差别不大，不能体现关键岗位的价值。

（3）中层经理与一般员工的工资差距过小，只有 3 倍左右，不能体现重要管理岗位的劳动贡献。

（4）有些关键岗位（如营销部经理、运输部经理）的工资水平在当地劳动力市场上处于中下水平，缺乏竞争力。

根据上述存在的问题，管理咨询公司项目组提出对中高层管理人员实施年薪制的工资改革方案，具体思路如下：

（1）实行年薪制，工资主要由基本年薪和效益（浮动）年薪两部分组成。

（2）强调分配的内部公平和外部公平，工资水平以岗位价值和市场劳动力价格为基础。

（3）强化绩效考核，将工资发放与公司的经济效益和个人业绩紧密联系。

四、制定薪酬制度的基本程序

（一）确定薪酬策略

薪酬策略是指企业根据外部环境和内部环境的影响因素所做出的具有总体性、长期性和关键性的薪酬决策。薪酬策略是与企业总体发展战略相匹配的，对企业绩效和变革具有关键性作用。

（1）当企业发展战略以投资为主，且处于合并或迅速发展阶段时，企业的薪酬策略应以业绩为主，薪酬水平要高于平均水平，与高、中等个人绩效奖相结合。

（2）当企业发展战略以保持利润与保护市场为主，且处于正常发展至成熟阶段时，企业的薪酬策略应以薪酬管理为主，平均水平的薪酬要与中等个人、班组或企业绩效奖相结合。

（3）当企业发展战略以收获利润并向别处投资为主，且处于无发展或衰退阶段时，企业的薪酬策略应以成本控制为主，低于平均水平的工资与刺激成本控制的适当奖励相结合。

（二）岗位评价与分类

岗位评价是指在岗位分析的基础上，采用科学的方法，对企业岗位的责任大小、工作强度、难易程度、所需资格条件等进行评价，评定各岗位的相对价值，作为薪酬发放的重要依据。岗位评价的实质是将岗位价值与工资报酬有机结合起来，为确定薪酬结构、等级，实现薪酬内部公平性提供重要的依据。

岗位分类是在岗位评价的基础上，采用科学的方法，对企业岗位从横向与纵向两个维度进行划分，区别不同岗位的类别和等级。岗位分类能够为员工提供明确的晋升路线和职业发展阶梯，为企业合理的定编定岗定员工作提供依据。

（三）薪酬市场调查

薪酬市场调查是指企业采用科学的方法，获得有关企业各岗位人员的薪酬水平及其结构等方面的信息，并进行处理分析的过程。通过薪酬的市场调查，企业不但可以更加明确相对于竞争对手，自己当前的薪酬水平在劳动力市场上所处的位置，而且可以根据人力资源发展战略的要求，及时地调整自己的薪酬结构和水平。

根据调查方式，薪酬调查可以分为正式薪酬调查和非正式薪酬调查两种类型；根据进行薪酬调查的主体，薪酬调查可以分为政府调查、行业调查、行业协会调查、咨询公司调查以及企业薪酬调查等多种类型；根据调查的组织者，薪酬调查可以分为商业性薪酬调查、专业性薪酬调查、政府薪酬调查。

对薪酬调查得到的数据进行汇总、整理、核对，并采用一定的方法对这些数据进行处理、分析和总结，形成薪酬调查报告。

（四）薪酬水平的确定

不同的企业有不同的薪酬水平确定方法，一般可以将薪酬水平完全建立在市场薪酬调查数据的基础上进行确定。例如，将企业的岗位评价数据与薪酬调查数据相结合，得出薪酬水平计算公式为：

$$W=562.595+0.669\times E$$

式中，W 为薪酬水平，E 为岗位评价结果。企业的一般岗位薪酬水平按照计算公式即可得出表 8-2 中的结果。

表 8-2 薪酬水平的确定

岗位	岗位评价结果	市场调查（元）	薪酬水平（元）
A	350	803	796.745
B	375	809	813.47
C	185	664	686.36
D	300	750	763.295
E	205	713	699.74
F	260	732	736.535
G	220	723	709.775
H	240	733	723.155
I	270	740	743.225
J	325	784	780.02

（五）薪酬结构的确定

薪酬结构是指不同员工的薪酬构成项目及其所占的比重，不同薪酬水平的员工薪酬结构比例应有所不同。例如：对于高级管理人员，其薪酬结构中浮动薪酬所占比重应较大；而对于普通员工（除实行计件或提成薪酬的员工），其薪酬结构中浮动薪酬所占比重应较小。

薪酬结构可以分为以下三种类型：

1. 以岗位为导向的薪酬结构

员工的薪酬结构根据其所担任的岗位的重要程度、任职要求的高低以及劳动环境对员工的影响等来确定。这种薪酬结构有利于激发员工的工作热情和责任心，比较适用于各工作之间的责、权、利明确的企业。其薪酬结构如表 8-3 所示。

表 8-3 以岗位为导向的薪酬结构

<table>
<tr><td rowspan="4">岗位薪酬制</td><td>年龄与工龄</td><td>工龄工资及其他（11.1%）</td></tr>
<tr><td>技术与培训水平</td><td rowspan="2">岗位薪酬（86.9%）</td></tr>
<tr><td>岗位价值</td></tr>
<tr><td>绩效（生产量、销售量）</td><td>能力薪酬（2%）</td></tr>
</table>

2. 以技能为导向的薪酬结构

员工的薪酬结构根据员工所具备的能力与潜力来确定。这种薪酬结构有利于激励员工提高技术、能力，适用于技术、劳动熟练程度差别大或是处在艰难期，亟须提高企业核心能力的企业。其薪酬结构如表 8－4 所示。

表 8－4　以技能为导向的薪酬结构

技能薪酬制	年龄与工龄	技术等级薪酬（90%）
	技术与培训水平	
	岗位价值	职务津贴（5%）
	绩效（生产量、销售量）	生产津贴（5%）

3. 以绩效为导向的薪酬结构

员工的薪酬结构根据其近期绩效来确定。这种薪酬结构激励效果好，适用于工作任务饱满，有超负荷工作的需要，绩效能够自我控制，员工可以通过主观努力改变绩效等。其薪酬结构如表 8－5 所示。

表 8－5　以绩效为导向的薪酬结构

绩效薪酬制	年龄与工龄	基本薪酬（20%）
	技术与培训水平	
	岗位价值	
	绩效（生产量、销售量）	绩效薪酬（80%）

（六）薪酬等级的确定

薪酬等级主要反映不同岗位之间在薪酬结构中的差别，以岗位评价和岗位分级的结果为依据，根据岗位评价得到的每个岗位的最终点数划分岗位等级，使薪酬等级与岗位等级一一对应。

不同的企业因岗位不同，薪酬等级也不同，一般有两种类型：

1. 分层式薪酬等级

企业包括的薪酬等级比较多，呈金字塔形排列，员工薪酬水平的高低由其所在岗位的等级决定，岗位等级越高，其薪酬等级越高，薪酬水平就越高。这种薪酬等级类型在成熟的、等级型企业中比较常见。

2. 宽带式薪酬等级

企业包括的薪酬等级少，呈扁平状，员工薪酬水平既可以是因个人岗位级别向上发展而提高，也可以因横向工作调整而提高。这种等级类型在不成熟的、业务灵活性强的企业中比较常见。

（七）薪酬制度的实施与修正

企业建立薪酬制度，应该严格执行，充分发挥其保障、激励作用。在保持相对稳定的前提下，企业应随着经营状况和市场薪酬水平的变化对薪酬制度做相应的调整。在确定薪酬调整的比例时，对总体薪酬水平做出准确的预算。

任务三　共享服务下的福利管理

一、福利的内涵

福利是企业进行薪酬设计必要的组成部分，具有薪资不能替代的重要作用，是吸引、留住、激励员工的经济手段。

（一）福利的含义

福利有广义和狭义之分：广义的福利是指企业为保留和激励员工，采用非现金形式的报酬，泛指在支付工资、奖金之外的所有待遇，包括社会保险在内；狭义的福利是指企业根据劳动者的劳动在工资、奖金以及社会保险之外的其他待遇。

福利只是一种补充性报酬，它往往不以货币形式直接支付给员工，而是以服务或实物的形式支付给员工，如带薪休假、成本价的住房、子女教育津贴等。

（二）法定福利

法定福利是指按照国家法律法规和政策规定企业必须支付给员工的福利项目，其特点是只要企业建立并存在，就有义务、有责任且必须按照国家统一规定的福利项目和支付标准支付，不受企业所有制性质、经济效益和支付能力的影响。法定福利包括：

（1）社会保险。社会保险包括基本养老保险、基本医疗保险、工伤保险、生育保险、失业保险。

微课

工伤保险

（2）法定节假日。按照1999年国务院令270号颁布的《全国年节及纪念日放假法》，全年法定节假日为10天。根据2007年修订的《全国年节及纪念日放假办法》的规定，全体公民的节日假期由原来的10天增设为11天。

（3）特殊情况下的工资支付。这是指除属于社会保险，如病假工资或疾病救济费（疾津贴）、产假工资（生育津贴）之外的在特殊情况下的工资支付，如婚丧假工资、探亲假工资。

（三）非法定福利

非法定福利也可以称为补充福利，是指在国家法定的福利外，由企业自主确定的福利项目，主要包括交通补贴、房租补助、免费住房、工作午餐、女工卫生费、通信补助、职工生活困难补助、商业保险、心理咨询、内部优惠商品、搬家补助、子女医疗费补助等。企业补充福利项目的多少、标准的高低，在很大程度上与企业经济效益和自身支付能力相关。

（四）福利的特征

福利具有以下特征：

（1）福利支付以劳动为基础，但并不是与个人的劳动量直接相关。福利支付的前提是劳动者与用人单位确立劳动关系，建立劳动关系就应当签订劳动合同，劳动合同的内容包含福利。

（2）福利具有法定性。福利分为法定福利和非法定福利，对于法定福利而言，福利具有法定性，按照国家法律和相关政策的规定，企业必须支付给员工法定福利。

（3）福利具有灵活性。非法定福利由用人单位自主确定，福利形式可以根据企业的实际情况加以选定，因此，不同的企业其福利是不同的。

直通职场

福利形式应当多样化

某公司员工福利的组成比较简单，但是其金额却不低，占人工总成本的47%，这个比例不管是与行业的竞争对手相比还是与行业外的公司相比，都是相当高的。但是通过对公司员工的福利满意度调查，公司却发现员工并不满意目前的福利状况。

虽然福利的成本并不低，甚至是比较高的，但是却没有达到应有的激励效果。究其原因是公司福利构成比较简单，没有考虑到员工福利需求的差异性。因此，改变福利形式过于单调死板的情况，考虑到员工实际情况的不同，增加福利项目的多样性，安排多样化、灵活的福利形式，尽量满足员工多层次的需求，只有让员工可以根据自己的实际情况选择不同的福利组合，才能使福利达到应有的激励效果。

二、对福利管理的理解

福利管理是对福利项目的选择、福利标准的制定、各种福利计划的编制等方面的管理工作。通过福利管理，企业可以塑造良好的形象，增强员工对企业的信任，保证员工基本的物质需求，提升职业忠诚度。

福利管理的主要内容包括确定福利总额、明确实施福利的目标、确定福利的支付对象和形式、评价福利措施的实施效果。

（一）确定福利总额

确定福利总额是企业做好福利管理的首要工作，是企业保证最大限度地提供与员工需求相匹配福利的重要前提。制订福利总额的预算计划对于确定福利总额至关重要，其制订程序如下：

（1）确定该项福利的性质、设施或服务。

（2）确定该项福利的起始执行日期、上年度的效果以及评价分数。

（3）确定该项福利的受益者、覆盖面、上年度总支出和本年度预算。

（4）确定新增福利的名称、原因、受益者、覆盖面、本年度预算、效果预测、效果评价标准。

（5）根据薪酬总额计划以及工资、奖金等计划，检查该项福利计划的成本是否能控制在薪酬总额计划内。

（二）明确实施福利的目标

企业应明确实施福利是企业借助福利形式缓解外部压力，借以获得竞争优势，还是企业借助福利名义避免降低员工工资等。企业还应在适当时间对福利成本进行一次全面的测试分析，根据福利成本设计福利方案，拟定与员工交流的计划，使福利支出发挥其最大的作用。

（三）确定福利的支付对象和形式

传统企业确定的福利项目十分僵化，适用于所有员工，对所有员工都支付相同的福利，这样的福利项目不但不能受到员工的欢迎，也给企业带来一定的成本压力。企业要制定灵活的福利制度，依赖福利政策的灵活性，从根本上解决福利对象和形式问题，可借助于弹性福利计划的实施。

（四）评价福利措施的实施效果

企业在制定福利方案时，本着越简单越好的原则，以尽可能简单的福利方案包含所有可能出现的问题，并事先确定福利实施的基本原则和解决办法，定期对福利方案进行检测，根据企业福利的实际实施情况进行合理修正。

三、社会保险

（一）基本养老保险

基本养老保险是国家为解决劳动者在达到国家规定的解除劳动义务的劳动年龄界限，或因年老丧失劳动能力退出劳动岗位后的基本生活而建立的一种社会保障制度。基本养老保险实行国家、企业、个人三方共同负担机制，职工本人要缴纳一定的费用。

1. 缴费比例

企业缴费比例一般为16%；城镇个体工商户和灵活就业人员缴费比例通常为20%。

2. 缴费基数

职工本人一般以上一年度月平均工资为个人缴费工资基数。职工月平均工资收入超过当地职工月平均工资300%以上的部分，不计入个人缴费工资基数；低于当地职工月平均工资60%以上的，按60%计入。

（二）基本医疗保险

基本医疗保险是当人们生病或受到伤害后，由国家或社会给予的一种物质帮助，即提供医疗服务或经济补偿的一种社会保障制度。基本医疗保险费由用人单位和职工共同缴纳。

基本医疗保险的个人账户基金主要来自三个方面：一是个人强制性缴费的全部，即职工个人缴纳的基本医疗保险费，全部计入个人账户；二是用人单位强制性缴费的一部分，划入个人账户的比例一般为用人单位缴费的30%左右，具体比例由统筹地区根据个人账户的支付范围和职工年龄等因素确定；三是个人账户存储额的利息。

（三）工伤保险

工伤保险又称职业伤害保险，是指劳动者在生产工作中或法定的特殊情形下发生意外事故，或因职业性有害因素危害而负伤（或患职业病）、致残、死亡时，对其本人或供养亲属给予物质帮助或经济补偿的一项社会保障制度。

工伤保险费全部由用人单位缴纳，劳动者个人不缴费。用人单位缴纳工伤保险费的数额为本单位职工工资总额与单位缴费费率之积。

（四）失业保险

失业保险是指国家通过立法建立失业保险基金，对因失业而暂时中断生活来源的劳动者在法定期间内给予失业保险金，以维持其基本生活需要的一项社会保障制度。失业保险费由用人单位和职工共同缴纳，目前多数地区企业缴费比例为职工工资总额的0.5%～1%，个人缴费比例通常为0.5%，部分地区甚至个人不缴费。

（五）生育保险

生育保险是国家通过立法，对怀孕、分娩女职工给予生活保障和物质帮助的一项社会保障制度，其宗旨在于通过向职业妇女提供生育津贴、医疗服务和产假，帮助她们恢复劳动能力，重返工作岗位。

生育保险费全部由用人单位缴纳，劳动者个人不缴纳。用人单位缴纳生育保险费的数额为本单位职工工资总额与单位缴费费率之积。用人单位缴费费率由地方政府确定，但最高不得超过职工工资总额的1%。

四、住房公积金

住房公积金是单位及其在职职工缴存的长期住房储金。住房公积金制度是国家法律规定的重要的住房社会保障制度。单位和职工个人必须依法履行缴存住房公积金的义务。职工个人缴存的住房公积金以及单位为其缴存的住房公积金，实行专户存储，归职工个人所有。

（一）住房公积金的性质

1. 普遍性

城镇在职职工，无论其工作单位性质如何、家庭收入高低、是否已有住房，都必须按照《住房公积金管理条例》的规定缴存住房公积金。

2. 强制性（政策性）

单位不办理住房公积金缴存登记或者不为本单位职工办理住房公积金账户设立手续的，住房公积金的管理中心有权力责令其限期办理，逾期不办理的，可以按《住房公积金管理条例》的有关条款进行处罚，并可申请人民法院强制执行。

3. 福利性

除职工缴存的住房公积金外，单位也要为职工缴纳一定的金额，而且住房公积金贷款的利率低于商业性贷款。

4. 返还性

职工离休、退休，或完全丧失劳动能力并与单位终止劳动关系，户口迁出或出境定居等，缴存的住房公积金将返还给职工个人。

（二）住房公积金的缴存范围

（1）机关、事业单位在职职工必须按规定缴存住房公积金。

（2）国有企业、城镇集体企业、外商投资企业、港澳台商投资企业、城镇私营企业及其他城镇企业或经济组织在职职工必须按规定缴存住房公积金。

（3）民办非企业单位、社会团体在职职工必须按规定缴存住房公积金。

（4）外国及港澳台商投资企业和其他经济组织常驻代表机构在职职工必须按规定缴存住房公积金。

职工和单位住房公积金的缴存比例均不得低于职工上一年度月平均工资的5%，有条件的城市，可以适当提高缴存比例。具体缴存比例由住房公积金管理委员会拟订，经本级人民政府审核后，报省、自治区、直辖市人民政府批准。

（三）可以提取住房公积金的情形

职工有下列情形之一的，可以提取职工住房公积金账户内的存储余额。

（1）购买、建造、翻建、大修自住房的。

（2）离休、退休的。

（3）完全丧失劳动能力且与单位终止劳动关系的。

（4）户口迁出本市、县或者出境定居的。

（5）偿还购房贷款本息的。

（6）房租超出家庭工资收入的规定比例的。

五、企业年金

企业年金，是指企业及其员工在依法参加基本养老保险的基础上，自愿建立的补充养老保险制度。依法参加基本养老保险并履行缴费义务，具有相应的经济负担能力，已建立集体协商机制的企业可以建立企业年金制度。

（一）企业年金计划的申报和备案

企业在完成年金计划设计方案以后，应该向所在地区县级以上地方政府的社会保险行政部门上报自己的年金计划。中央所属大型企业年金方案，应当报送人力资源和社会保障部。社会保险行政部门自收到企业年金方案文本之日起15日内未提出异议的，企业年金方案即行生效。

（二）企业年金基金筹集方式

企业年金所需要费用由企业和员工个人共同缴纳。企业缴费的列支渠道按国家有关规定执行，员工个人缴费可以由企业从员工个人工资中代扣。企业缴费每年不超过本企业上年度员工工资总额的1/12。企业和员工个人缴费合计一般不超过本企业上年度员工工资总额。

（三）企业年金基金的组成

企业年金基金由企业缴费、员工个人缴费、企业年金基金投资运营收益组成。

（四）企业年金个人账户管理方式

（1）企业年金基金实行完全积累，采用个人账户方式进行管理。

（2）企业年金基金可以按照国家规定投资运营。企业年金基金投资运营收益并入企业年金基金。

（3）企业缴费应当按照企业年金方案规定比例计算的数额计入员工企业年金个人账户，员工个人缴费额计入本人企业年金个人账户。

(4) 企业年金基金投资运营收益，按净收益率计入企业年金个人账户。

(五)企业年金的领取

(1) 员工在达到国家规定的退休年龄时，可以从企业年金个人账户中一次性或定期领取企业年金。员工未达到国家规定的退休年龄的，不得从个人账户中提前提取资金。

(2) 员工或退休人员死亡后，其企业年金个人账户余额由其指定的受益人或法定继承人一次性领取。

(3) 出境定居人员的企业年金个人账户资金，可根据本人要求一次性支付给本人。

六、人力资源共享服务下的福利管理

福利管理指的是法定保险的待遇申领及企业其他补充福利的方案调研、选择和具体实施相关的工作。福利管理常见的“三支柱”分工为：COE负责福利制度的制定及预算的管理，SSC负责福利项目的调研、选择及实施落地，BP则根据业务需求提出建议和反馈。

与传统模式相比，SSC模式会更加关注调研、选择的科学性及操作流程的标准化和规范化，并尽可能通过科技手段进行固化，同时更加关注员工体验和相关数据的分析及应用。

(一)协助员工进行保险待遇申领

员工在职期间均缴纳了国家规定的社会保险，常见的包括“五险一金”，当员工在职期间发生了上述保险范畴内的事宜时，共享服务中心会协助员工进行保险待遇的申领。常见的待遇申领有工伤保险待遇、基本生育保险待遇、基本养老保险待遇等。

(二)为员工购买商业保险

SSC根据公司为员工准备购买商业保险的需求，参考其他企业商业保险的方案，结合公司的员工年龄结构等特点，初步请专业保险机构设计若干套商业保险方案供选择。

人力资源部和企业管理层经过讨论，选择其中一项套餐，并征询员工意见。最终决定套餐后，SSC根据企业的反馈确定具体保险方案，并组织签订保险合同。

保险合同生效后，SSC针对保险的理赔条件和要求，组织专题会议向员工进行传达，同时将宣传材料和办理要求进行整理，上传到公司自助办公平台，以便于员工查找和下载。

(三)为员工办理年度体检

为确保员工身体健康，公司决定对以前的员工体检方案进行升级，SSC福利专员为员工制定本年度员工体检方案并跟进落地实施。

SSC福利专员根据公司本年度体检费用预算，结合公司员工年龄结构，设计了若干套体检方案，并制作意见征询表下发给公司全体员工进行投票，征求意见。根据大部分员工选择的体检方案，上报公司负责人商议，确定方案后，SSC将方案反馈给体检机构，并确定体检时间。

SSC根据确定的体检时间拟定体检通知，通知全体员工按时进行体检，并提示体检的相关细节。

岗证融通：职业技能训练

训练目标

（1）培养学生薪酬制度设计的意识，提高专业技术能力和水平。

（2）通过训练，使学生认识到职场对专业技能的要求，能够改变自己在学习过程中的学习态度，积极主动学习专业课程内容。

训练内容

学生以小组为单位，以自己熟知的某企业中的某一岗位为对象，运用观察法和访谈法对岗位进行分析，总结出岗位特点，对岗位进行评价。根据岗位特点和岗位评价对其进行薪酬制度的设计，并将设计结果形成书面材料。

训练评价

（1）薪酬制度设计内容是否全面，设计是否合理。（40 分）

（2）团队合作能力。（30 分）

（3）语言表达和礼仪。（30 分）

（4）教师进行考核评价（见表 8-6）。

表 8-6　考核评价

评价指标	指标描述	权重	具体评价				评价得分	权重得分
			优秀 90～100 分	良好 80～89 分	一般 70～79 分	较差 60～69 分		
完成度	考查训练任务完成情况是否符合训练要求	40%	按照训练要求完成所选岗位薪酬制度设计，对岗位分析透彻	基本上按照训练要求完成所选岗位薪酬制度设计，对岗位分析较为透彻	能够按照训练要求完成所选岗位薪酬制度设计，个别地方需要调整，对岗位分析基本符合要求	未能按照训练要求完成所选岗位薪酬制度设计，多数地方需要调整，对岗位分析不够透彻		
团队配合	考查团队合作能力	30%	团队成员积极参与训练任务，分工合作，配合默契	团队成员基本上能积极参与训练任务，分工合作，配合默契	部分成员参与训练任务，有分工，配合较默契	部分成员参与训练任务不深入，分工不明确，配合不默契		
语言表达和礼仪	考查语言表达能力和汇报的礼貌礼仪	30%	普通话标准，声音洪亮，表达流利，富有情感，语言精练，逻辑清晰	普通话较标准，声音洪亮，表达流利，逻辑基本清晰	讲普通话，表达基本流利，使用文明用语，逻辑基本清晰	不讲普通话，陈述不流畅，逻辑不清晰		
评分合计								

项目九
劳动关系管理

学习目标

学习目标

1. 了解企业劳动关系。
2. 掌握劳动合同管理的内容及过程。
3. 了解基本的劳动关系调整和劳资纠纷问题。

能力目标

1. 简述和掌握劳动关系的概念与特征。
2. 掌握劳动关系的处理原则，明确劳动合同管理的相关制度。
3. 了解劳动争议产生的原因。
4. 明确处理劳动争议的途径和一般程序。

素养目标

1. 培养积极、敬业、奉献的精神品质。
2. 通过案例教学方法聚焦热点问题，对感兴趣的案例加以分析讨论，提升政治素养。

学习导图

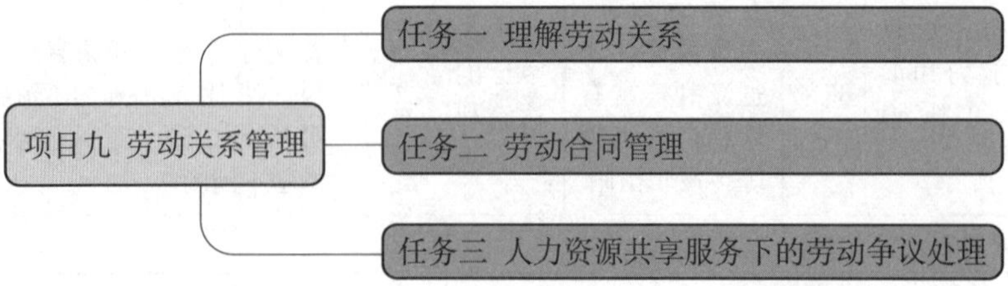

案例导入

某国际知名餐饮公司品牌店

某省人力资源和社会保障厅有关负责人指出，某国际知名餐饮公司品牌店的《兼职服务员劳务协议》至少存在4个方面的问题。

首先，劳务协议是劳务公司和用人单位之间签订的，个人与用人单位只能签订劳动合同或劳动协议。

其次，该店每小时18元的工资标准违反了非全日制职工最低小时工资标准。20××年12月公布的并在次年元旦开始实施的某省五类全日制职工小时最低工资标准当中，最低的一类也达到了20元/小时。行政部门一旦确认了企业存在这种行为，将责令其改正，并对该店的员工进行补偿，严重的将对企业进行行政处罚。

再次，每天工作时间超过5小时的，不能算是非全日制用工，必须按全日制用工签订劳动合同，而兼职的学生，只能见习或实习，不能从事全日制工作。其他有劳动能力的人员，若签订全日制合同，则不能按照时薪来计酬。

最后，非全日制用工按小时计酬，不存在试用期。企业安排一个月的试用期，这种规定是无效的。

采用非全日制最低小时工资标准的用人单位，不得要求劳动者加班。

近年来，该省以小时工为主要形式的非全日制用工明显增多。初步统计显示，目前全省该类从业人员至少有200万人，主要集中在环卫、家政、餐饮等服务业，以农民工、失业人员和下岗工人等为主。

该省人力资源和社会保障厅有关负责人表示，目前还没有接到企业违反非全日制最低工资标准的投诉，但并不表明不存在问题。该负责人提醒广大劳动者，发现有企业违反该标准的，职工个人可以向人力资源和社会保障部门投诉，人力资源和社会保障部门将责令企业按照工资标准整改，严重的将进行行政处罚。

该负责人还表示，明确纳入非全日制小时最低工资标准的只有社保费，至于午餐补贴，由企业自行决定，不给也没有要求，但肯定不能计入小时标准内，而企业支付给职工的小时工资必须在标准之上。

据报道，相关执法部门正在商议如何处置该知名餐饮公司品牌店发生的类似侵害劳工合法权益的违规问题。

分析提示

劳动关系是社会生产和生活中人们相互之间最重要的联系之一。全世界大多数劳动人口正在用主要精力从事“工作”，并将“工作”作为主要收入来源。劳动关系对劳动者、企业（雇主）和整个社会有着深刻的影响。对劳动者来说，工作条件、工作性质、薪酬福利待遇将决定他们的生活水平、个人发展的机会、个人的尊严、自我认同感和身心健康。对于企业来说，员工的工作绩效、忠诚度、工资福利水平都是影响生产效率、劳动力成本、生产质量的重要因素，甚至还会最终影响企业的生存和发展。对整个社会而言，劳动关系还会影响经济增长、通货膨胀和失业状况、社会财富和社会收入的总量和分配，并进一步影响全体社会成员的生活质量。因此，研究劳动关系具有重要的理论和现实意义。

任务一　理解劳动关系

一、劳动关系的含义

微课

劳动关系管理

《中华人民共和国劳动法》（以下简称《劳动法》）将劳动关系概述为“劳动者与所在单位之间在劳动过程中发生的关系”。当前，理论界对劳动关系的理解可分为以下三种：

（1）人与人之间在劳动中发生的关系。

在劳动过程中，劳动者既会发生人与物的关系，也会发生人与人的关系。这种相对于人与物关系的人与人之间的关系就是劳动关系，也称为广义上的劳动关系，主要包括就业关系、组合关系（由一般分工所形成的国民经济各部门或产业劳动力分配的比例与结构，由特殊分工所形成的劳动过程中的分工同协作关系）和分配关系（劳动产品如何分配）。

（2）雇主或雇主组织与劳动者个人及团队之间产生的合作、冲突、力量和权变等关系的总和。

（3）劳资关系。

劳资关系通常发生在就业组织中，指由雇佣行为所产生的劳资关系或雇佣关系。

微课

劳动关系与劳务关系有什么不同

在综合劳动关系各种理解的基础上，劳动关系被定义为：企业所有者、经营管理者、普通职工及其工会组织间在企业的生产经营活动中形成的各种权、责、利关系。劳动关系主要包括所有者与全体职工（包括经营管理人员）的关系、经营管理者与普通职工的关系、经营管理者与个人组织的关系、工会与职工的关系等。

劳动关系由三个要素构成：主体、内容和客体。劳动关系的参与者为劳动关系的主体，包括劳动者、劳动者的组织（工会、职代会）和用人单位。劳动关系主体双方依法享有权利和承担义务。劳动关系的客体是指主体的劳动权利和劳动义务共同指向的事物，如劳动时间、劳动报酬、安全卫生、劳动纪律、福利保险、教育培训和劳动环境等。

直通职场

劳动关系与劳务关系的区别

劳务关系是平等主体之间就劳务的提供与报酬的给付所达成的协议，遵循意思自治、合同自由和等价有偿的原则，雇主与雇员之间形成的是一种债权债务关系。劳务关系不受《中华人民共和国劳动法》调整，而适用于《中华人民共和国民法典》合同编的规定。

劳务关系与劳动关系的区别如下：

（1）主体不同。劳动关系一方是符合劳动年龄并具有与履行劳动合同义务相适应能力的自然人，另一方是符合《中华人民共和国劳动法》所规定条件的用人单位。而劳务关系不限于自然人与用人单位之间，还可以是单位之间、自然人之间，并且可能是两个以上主体。

（2）关系不同。劳动关系中形成的是管理与被管理、监督与被监督、指挥与被指挥的隶属关系；劳务关系是平等主体依据双方约定所形成的一种财产关系，不存在人身的隶属性。

（3）关系的稳定性不同。劳动关系比较稳定，反映的是一种持续的生产资料、劳动者与劳动对象之间的结合关系；而劳务关系中多为一次性或临时性的工作，一般以完成特定工作为目的。

（4）待遇不同。劳动关系中劳动者除定期得到劳动报酬外还享有劳动法律法规所规定的各项待遇，如社会保险待遇等，而劳务关系一般只涉及劳动报酬问题，劳动报酬都是一次性或分期支付，无社会保险等其他待遇。

二、劳动关系的法律特征

《劳动法》中所规定的劳动关系，具有以下六大特征：

（1）主客体双方的平等性与隶属性。

（2）劳动法律关系具有以国家意志为主导、以当事人意志为主体的特征。

（3）劳动关系的双方当事人，一方是劳动者，另一方必须是劳动者为之提供劳动的用人单位。

（4）劳动者必须为用人单位提供劳动。

（5）劳动关系是基于职业的、有偿的劳动而发生的。

（6）劳动关系的一方劳动者必须成为另一方用人单位的组织成员，并遵守单位的内部劳动规则。

三、劳动关系的基本内容

劳动关系的基本内容包括主体双方依法享有的权利和承担的义务。

微课

中小企业劳动关系管理

（一）劳动者依法享有的权利和承担的义务

（1）劳动者依法享有的主要权利有：平等就业和选择职业的权利、取得劳动报酬的权利、休息休假的权利、获得劳动安全卫生保护的权利、接受职业技能培训的权利、享受社会保险和福利的权利、提请劳动争议处理的权利以及法律规定的其他劳动权利。

（2）劳动者承担的主要义务有：应当完成劳动任务，提高职业技能，执行劳动安全卫生规程，遵守劳动纪律和职业道德。

（二）企业依法享有的权利和承担的义务

（1）企业的主要权利有：劳动用工权、劳动组织权、劳动报酬分配权等。

（2）主要义务有：建立规章制度义务、保障劳动安全卫生义务、支付劳动报酬义务、缴纳社会保险义务、提供休息休假义务。

我国员工代表大会是企业实行民主管理的基本形式，是员工行使民主管理权利的机构。《中华人民共和国全民所有制工业企业法》规定职工代表大会的工作机构是企业的工会委员会。企业工会委员会负责职工代表大会的日常工作。《全民所有制工业企业法》规定职工代表大会具有审议权、同意或否决权、监督权、选举权等职权，具体包括审议企业生产经营重大决策，审议通过企业重大改革方案，参与决定员工集体福利重大事项，民主评议和推荐、选举企业领导干部等。

四、劳动关系的分类

劳动关系的划分有许多标准，按劳动关系中各方力量对比可划分为均衡型、倾斜型和政府主导型三种类型；按劳动关系中的冲突与合作可划分为对抗型、休战型、和睦相处型及合作型四种类型；按劳动关系中的利益关系可划分为利益冲突型、利益共同型、利益一体化型和利益协调型四种类型。

（一）按劳动关系中各方力量对比划分

1. 均衡型

均衡型劳动关系是指劳动关系双方的力量相差不大，能够相互制衡。该类型劳动关系主要表现为：在相关法律和政策的保障下，劳动者和工会的代表有权了解就业组织的内部信息；就业组织的基本生产经营决策由管理者及其代表或工会双方参与、协商制定。

2. 倾斜型

倾斜型劳动关系是指一种劳资双方的力量相差悬殊，一方在组织运行中起主要作用并支配另一方行为的劳动关系。在完全市场作用下，雇主或管理方往往具有相对较大的力量和权力，资本支配劳动，雇主处于优势地位，而雇员处于不利地位。

3. 政府主导型

政府主导型劳动关系是指政府是控制劳动关系的主要力量，并且决定劳动关系的具体事务，就业组织和劳动者个人处于被支配地位的一种劳动关系。新加坡是较为典型的政府主导型国家。一些社会主义国家所实行的计划经济体制下的企业和职工的关系也属于这种类型。

（二）按劳动关系中的冲突与合作划分

1. 对抗型

对抗型劳动关系存在于资本主义早期或产业运动时期，劳动矛盾尖锐，冲突不断发生。

2. 休战型

在休战型劳动关系中，管理方把工会看作工业社会的毒瘤，工会的目标是挑战与抗议管理方的行为，因而双方在集体谈判中经常发生冲突。虽然休战型劳动关系没有激烈的产业运动，但劳动关系仍然依靠在集体谈判中的工会与管理方的力量对比来维系。

3. 和睦相处型

在和睦相处型劳动关系中，管理方不把工会视为企业负担，而是把它作为一种资产，因而善意地与工会进行谈判。工会也逐渐意识到自身发展在很大程度上取决于企业的经营业绩。双方找到共同的利益，于是相互做出让步。但是，由于生产经营权仍然由管理方控制，工会只能在事后监督管理方的行为，而不能事先干预管理方的决策，因此也存在一定的矛盾。

4. 合作型

劳资合作的基础是工会与管理方之间相互信任、彼此尊重对方。管理方相信工会愿意与雇主合作，降低生产成本，也愿意让工会代表参与经营管理活动。工会鼓励雇员提高劳动生产率，争取更多的福利。总之，双方能够共同解决生产过程中出现的问题，不断提高企业的经营效率。

（三）按劳动关系中的利益关系划分

1. 利益冲突型

利益冲突型劳动关系是一种传统的劳动关系，劳动关系双方存在根本的利益冲突。一方是资本所有者，依靠对雇佣劳动者的剥削来获取利润。另一方是劳动者，仅有劳动力而不具有实现劳动的物质条件，不得不出卖劳动力以获得生存。两者在经济能力上的差异，导致双方存在利益上的矛盾和冲突。工会是雇佣劳动者与雇主相抗衡的力量，是为维护雇员利益而与雇主进行斗争从而形成的一个具有共同利益的社会团体。

2. 利益共同型

利益共同型劳动关系的理论基础是生产资料公有制下的劳动关系双方的利益一体论。公有制的建立使劳动者个人利益、企业利益包含在国家利益之中，劳动者的利益由国家来代表。在劳动关系的构成、运行和相互利益的处理中，劳动者和用人单位都没有成为独立的物质利益主体，劳动主体与用人单位主体统一于国家，劳动者和用人单位并没有真正参与决定和处理有关劳动关系的事务。从某种意义上说，劳动关系是劳动者与国家之间的劳动行政管理关系，全体劳动者受雇于国家。劳动者和用人单位的使命在于完成国家计划，从而实现全体劳动者的利益。在这种劳动关系中，同样存在工会组织。由于体制设计与运行中劳动关系双方不存在独立的物质利益，因此工会也就不是劳动者群体利益的代表，而是企业和政府管理的助手，是为完成国家计划的一种群众组织。劳动关系的调整和处理依靠国家各项劳动行政管理制度的实施来保障。利益共同型劳动关系是在计划经济体制下存在的劳动关系的主要类型。

3. 利益一体化型

利益一体化型劳动关系的产生基础在于生产要素的合作理论。劳动关系存在于企业组织内部，企业虽然是由不同的人组成的，存在雇主与雇员之分，但他们都是生产要素的供给者。提供资本、从事管理的人与提供劳动的人之间没有利益冲突，他们有着共同的价值观、共同的利益和共同的目标，因此，企业是属于企业内部所有人的。雇主对企业管理和决策的权力是可以接受的。任何反对这种权力的活动都是不合情理的。既然企业组织的基础是和谐一致的，那么就没有必要制造劳动关系双方的矛盾。

4. 利益协调型

利益协调型的劳动关系强调劳动关系双方在利益差别基础上的合并，主张通过规范双方的权利义务和双方的平等协商谈判机制来保障各自的合法权益，并实现共同利益。利益协调型劳动关系是基于多元化观点对劳动关系运行和利益调整的理论概括。多元化的观点认为，在企业组织内部，存在相对离散的权力和权威，存在所有权和经营权的分离，从而在企业内部存在种种矛盾。企业由不同的群体组成，每个群体都有自己的利益、目标和有影响力的人物，因此企业组织并不是单一结构而是多元结构，其中占主导地位的是雇主与雇员的矛盾。两者之间的矛盾根源在于双方在企业组织中的价值追求不同。

雇主群体的目标是提高利润、效率，稳定企业与外部环境之间的关系。雇员的目标是工资的提高、劳动条件以及职业的稳定。因此，在同一问题上存在相互对立的认识。多元化的观点认为，上述矛盾是合理的，同时也是可以协调的，协调的途径是集体协商或集体交涉，从而达成双方共同遵守的规则。集体协商的前提有两个：一是不同群体在力量上维持平衡；二是各群体都应将各自的利益追求限定在双方继续合作的程度之内。与此相联系，雇员有理由结成正式的团体以表达自己的意愿，寻求对雇主的影响。工会的存在根本不会造成企业内部的矛盾，工会只是有组织地、持续地并且负责地反映雇员的利益，即使没有工会组织，这些利益矛盾也会在企业中存在。

任务二　劳动合同管理

微课

劳动合同管理

一、劳动合同的概念和特征

（一）劳动合同的概念

劳动合同是指劳动者与用人单位之间依法确立劳动关系，明确双方权利义务的书面协议。《中华人民共和国劳动合同法》（以下简称《劳动合同法》）于2008年1月1日起施行。

（二）劳动合同的特征

1. 主体具有特定性

劳动合同的主体一方是劳动者，另一方是用人单位。

2. 内容具有较强的法定性

当事人双方订立的劳动合同不得违反强制性规定，否则无效。

3. 劳动者在签订和履行劳动合同的过程中的地位不同

在签订劳动合同的过程中，双方法律地位是平等的；在履行劳动合同的过程中，用人单位和劳动者是支配与被支配的关系。

二、劳动合同的订立

微课

不签订劳动合同的法律风险

（一）劳动合同的订立原则

订立劳动合同应当遵循以下原则：

（1）合法原则，即劳动合同的内容和形式必须符合法律规定。

（2）公平原则，即劳动合同应当公平合理地确定双方的权利和义务。

（3）平等自愿原则，即劳动者和用人单位订立合同时的法律地位是平等的，订立劳动合同也是双方当事人真实意思的表示。

（4）协商一致原则，即用人单位和劳动者对劳动合同的内容达成一致意见。

（5）诚实信用原则，即双方订立劳动合同要诚实守信，不得有欺诈行为。

（二）劳动合同订立的形式

劳动合同应当以书面形式订立，并具备以下条款：

（1）劳动合同期限；

（2）工作内容；

（3）劳动保护和劳动条件；

（4）劳动报酬；

（5）劳动纪律；

（6）劳动合同终止的条件；

（7）违反劳动合同的责任。

劳动合同除前款规定的必备条款外，当事人可以协商约定其他内容。

（三）劳动合同的种类

劳动合同分为有固定期限劳动合同、无固定期限劳动合同和以完成一定工作任务为期限劳动合同。

1. 有固定期限劳动合同

有固定期限劳动合同，是指用人单位与劳动者约定合同终止时间的劳动合同。用人单位与劳动者连续订立两次固定期限劳动合同后又续订的，劳动者提出签订无固定期限劳动合同的，用人单位应当签订无固定期限劳动合同。

2. 无固定期限劳动合同

无固定期限劳动合同，是指用人单位与劳动者约定无确定终止时间的劳动合同。有下列情形之一，劳动者提出或同意续订、订立劳动合同的，除劳动者提出订立固定期限劳动合同外，应当订立无固定期限劳动合同：

（1）劳动者在该用人单位连续工作满十年的。

（2）用人单位初次实行劳动合同制度或者国有企业改制重新订立劳动合同时，劳动者在该用人单位连续工作满十年且距法定退休年龄不足十年的。

(3) 连续订立二次固定期限劳动合同，且劳动者没有《劳动合同法》第三十九条和第四十条第一项、第二项规定的情形，续订劳动合同的。

用人单位自用工之日起满一年不与劳动者订立书面劳动合同的，视为用人单位与劳动者已订立无固定期限劳动合同。

3. 以完成一定工作任务为期限的劳动合同

以完成一定工作任务为期限的劳动合同，是指用人单位与劳动者约定以某项工作的完成为合同期限的劳动合同。

（四）劳动合同订立的主体

劳动合同订立的主体即订立劳动合同的双方当事人应当具备法定条件。

(1) 用人单位具备用人的权利能力和行为能力。用人单位设立的分支机构，依法取得营业执照或登记证书的；或未依法取得营业执照或登记证书的，但受用人单位委托的，可以与劳动者订立劳动合同。

(2) 劳动者需年满16周岁（文艺、体育、特种工艺单位录取人员除外），且有劳动权利能力和劳动行为能力。

微课

知法、懂法、守法——探究劳动关系管理

（五）劳动合同的内容

1. 劳动合同的必备条款

(1) 用人单位的名称、住所和法定代表人或者主要负责人。

(2) 劳动者的姓名、住址和居民身份证或者其他有效身份证件号码。

(3) 劳动合同期限。

(4) 工作内容和工作地点。

(5) 工作时间和休息休假。

(6) 劳动报酬。

(7) 社会保险。

(8) 劳动保护、劳动条件和职业危害防护。

(9) 法律、法规规定应当纳入劳动合同的其他事项。

直通职场

林某的困惑

林某是2022届大学毕业生，被某公司录用为化验员，双方签订了劳动合同。在劳动合同中，该公司对林某的工作地点约定为“公司业务范围内”。林某由于初涉职场，且之前对劳动合同的相关规定知之甚少，想着反正是在公司的业务范围内工作也没有什么特别大的问题，因此便在劳动合同上签字了。

合同签订后，2022年7月1日，林某开始上班。初期，林某被安排在广州市黄埔区的总部实验室工作，林某对此安排非常满意，工作也逐步上手，与同一部门的同事也建立了良好的友谊。2023年3月，由于公司位于肇庆市的分厂正式投产，公司决定将林某调整至肇庆市分厂的实验室工作。林某认为，他是广州本地人，而且根据相关劳动法规规定，调整工作岗位及工作地点，企业应与员工达成一致后才能进行调整，现在其不同意调整工作地点，因此公司坚持对其调整是违反《中华人民共和国劳动合同法》的行为，希望公司能改变决定。但公司认为，在与林某签订的劳动合同中，已明确约定林某的工作地点是公司业务范围内，而肇庆市分厂完全是符合这个范围的，并无违法之处，反倒认为林某应服从公司工作安排，按时前往肇庆市分厂报到，否则公司有权按照相关规章制度，对其进行处理。

本案争议的焦点在于劳动合同中工作地点约定的规范性与明确性。《中华人民共和国劳动合同法》第十八条规定："劳动合同对劳动报酬和劳动条件等标准约定不明确，引发争议的，用人单位与劳动者可以重新协商；协商不成的，适用集体合同规定；没有集体合同或者集体合同未规定劳动报酬的，实行同工同酬；没有集体合同或者集体合同未规定劳动条件等标准的，适用国家有关规定。"劳动报酬、劳动条件等条款属于劳动合同的法定必备条款，用人单位与劳动者虽然订立了劳动合同，但其中关于劳动条件中的工作地点和工作内容的约定标准有歧义，极容易产生劳动争议，另外对于员工的工作岗位、工作地点等客观情况发生变化，应遵循协商一致的原则。

---

2. 劳动合同的约定条款

除劳动合同必备条款以外，用人单位与劳动者可以约定试用期、培训、保守秘密、补充保险和福利待遇等其他事项。

三、劳动合同的效力

（一）劳动合同生效

劳动合同由用人单位与劳动者协商一致，并经用人单位与劳动者在劳动合同文本上签字或者盖章生效。劳动合同依法成立即具有法律效力，对双方当事人都有约束力。双方必须履行劳动合同中规定的义务。

劳动合同的生效与劳动关系的建立是不同的，自实际用工之日起，用人单位和劳动者虽未签订书面劳动合同，但双方的劳动关系已经建立；如果用人单位和劳动者签订了劳动合同，但并未实际用工，劳动合同虽生效，但双方并未建立劳动关系。

（二）劳动合同无效

劳动合同无效包括以下三种情形：

(1) 以欺诈、胁迫手段或者乘人之危，使对方在违背真实意思的情况下订立或者变更劳动合同的。

(2) 用人单位免除自己的法定责任、排除劳动者权利的。

(3) 违反法律、行政法规强制性规定的。

劳动合同部分无效，不影响其他部分效力的，其他部分仍然有效。对劳动合同的无效或者部分无效有争议的，由劳动争议仲裁机构或者人民法院确认。

劳动合同被确认无效，劳动者已付出劳动的，用人单位应当向劳动者支付劳动报酬。劳动报酬的数额，参照本单位相同或者相近岗位劳动者的劳动报酬确定。

四、劳动合同的履行和变更

（一）劳动合同的履行

劳动合同的履行，是指劳动合同生效后，双方当事人按照劳动合同的约定，履行各自承担的义务和实现各自享有的权利的法律行为。

用人单位与劳动者应当按照劳动合同的约定，全面履行各自的义务。用人单位应当按照劳动合同约定和国家规定，向劳动者及时足额支付劳动报酬。用人单位拖欠或者未足额支付劳动报酬的，劳动者可以依法向当地人民法院申请支付令，人民法院应当依法发出支付令。用人单位应当严格执行劳动定额标准，不得强迫或者变相强迫劳动者加班。用人单位安排加班的，应当按照国家有关规定向劳动者支付加班费。

劳动者拒绝用人单位管理人员违章指挥、强令冒险作业的，不视为违反劳动合同。劳动者对危害生命安全和身体健康的劳动条件，有权对用人单位提出批评、检举和控告。

（二）劳动合同的变更

用人单位与劳动者协商一致，可以变更劳动合同约定的内容。变更劳动合同，应当采用书面形式。变更后的劳动合同文本由用人单位和劳动者各执一份。

用人单位变更名称、法定代表人、主要负责人或者投资人等事项，不影响劳动合同的履行。用人单位发生合并或者分立等情况，原劳动合同继续有效，劳动合同由承继其权利和义务的用人单位继续履行。

五、劳动合同的解除

劳动合同的解除，是指在劳动合同依法订立后至期限届满前，由于法定事由出现或双方协商一致，导致双方劳动关系提前终止的法律行为。劳动合同解除可以分为协商解除和法定解除。

（一）协商解除

用人单位和劳动者协商一致，可以解除劳动合同。由用人单位提出而解除劳动合同的，应向劳动者支付经济补偿金；由劳动者主动辞职而解除劳动合同的，用人单位无须向劳动者支付经济补偿金。经济补偿金按劳动者在本单位工作的年限，每满 1 年支付 1 个月工资的标准向劳动者支付；6 个月以上不满 1 年的，按 1 年计算；不满 6 个月的，向劳动者支付半年工资作为经济补偿。

（二）法定解除

法定解除，是指出现国家法律法规或者劳动合同规定的可以解除劳动合同的情形时，无须双方当事人一致同意，劳动合同效力可以自然或由单方提前终止。法定解除又可以分为劳动者单方解除和用人单位单方解除。

1. 劳动者单方解除劳动合同的情形

（1）劳动者可以提前通知解除劳动合同的情形。

①劳动者提前三十日以书面形式通知用人单位，可以解除劳动合同。

②劳动者在试用期内提前三日通知用人单位，可以解除劳动合同；在此情形下，劳

动者不能获得补偿。

（2）劳动者可以随时通知解除劳动合同的情形。

①用人单位未按照劳动合同约定提供劳动保护或者劳动条件的。

②用人单位未及时足额支付劳动报酬的。

③用人单位未依法为劳动者缴纳社会保险费的。

④用人单位的规章制度违反法律、法规的规定，损害劳动者权益的。

⑤用人单位以欺诈、胁迫的手段乘人之危，订立或者变更劳动合同，致使劳动合同无效的。

⑥法律、行政法规规定劳动者可以解除劳动合同的其他情形。

（3）劳动者可以不事先告知解除劳动合同的情形。

①用人单位以暴力、胁迫或者非法限制人身自由的手段强迫劳动者劳动的。

②用人单位违章指挥、强令冒险作业危及劳动者人身安全的。

2. 用人单位单方解除劳动合同的情形

（1）用人单位可以随时通知劳动者解除合同。

①劳动者在试用期间被证明不符合录用条件的。

②劳动者严重违反用人单位的规章制度的。

③劳动者严重失职，营私舞弊，给用人单位造成重大损害的。

④劳动者同时与其他用人单位建立劳动关系，对完成本单位的工作任务造成严重影响，或者经用人单位提出，拒不改正的。

⑤劳动者以欺诈、胁迫的手段乘人之危，使对方在违背真实意思的情况下订立劳动合同，致使劳动合同无效的。

⑥劳动者被依法追究刑事责任的。

依据上述情形解除劳动合同的，用人单位无须向劳动者支付经济补偿。

（2）用人单位提前三十日以书面形式通知劳动者本人或者额外支付劳动者 1 个月工资后，可以解除劳动合同。

①劳动者患病或者非因工负伤，在规定的医疗期满后不能从事原工作，也不能从事由用人单位安排的工作的。

②劳动者不能胜任工作，经过培训或者调整工作岗位，仍不能胜任工作的。

③劳动合同订立时所依据的客观情况发生重大变化，致使劳动合同无法履行，经用人单位与劳动者协商，未能就变更劳动合同内容达成协议的。

依据上述情形解除劳动合同的，用人单位仍需向劳动者支付经济补偿。

（3）有下列情形之一，需要裁减人员二十人以上或者裁减不足二十人但占企业职工总数百分之十以上的，用人单位提前三十日向工会或者全体职工说明情况，听取工会或者职工的意见后，裁减人员方案经向劳动行政部门报告，可以裁减人员。

①依照企业破产法规定进行重整的。

②生产经营发生严重困难的。

③企业转产、重大技术革新或者经营方式调整，经变更劳动合同后，仍需裁减人员的。

④其他因劳动合同订立时所依据的客观经济情况发生重大变化，致使劳动合同无法履行的。

依据上述情形解除劳动合同的，用人单位应向劳动者支付经济补偿。

（4）裁减人员时，应当优先留用的人员。

①与本单位订立较长期限的固定期限劳动合同的。

②与本单位订立无固定期限劳动合同的。

③家庭无其他就业人员，有需要扶养的老人或者未成年人的。

用人单位裁减人员，在六个月内重新招用人员的，应当通知被裁减的人员，并在同等条件下优先招用被裁减的人员。

3. 用人单位不得解除劳动合同的情形

劳动者有下列情形之一的，用人单位不得解除劳动合同：

（1）从事接触职业病危害作业的劳动者未进行离岗前职业健康检查，或者疑似职业病病人在诊断或者医学观察期间的。

（2）在本单位患职业病或者因工负伤并被确认丧失或者部分丧失劳动能力的。

（3）患病或者非因工负伤，在规定的医疗期内的。

（4）女职工在孕期、产期、哺乳期的。

（5）在本单位连续工作满十五年，且距法定退休年龄不足 5 年的。

（6）法律、行政法规规定的其他情形。

六、劳动合同的终止

劳动合同终止，是指劳动合同订立后，因出现某种法定的事实，导致用人单位与劳动者之间形成的劳动关系自动归于消灭，或导致双方劳动关系的继续履行成为不可能而不得不消灭的情形。劳动合同终止的情形包括：

（1）劳动合同期满的。

（2）劳动者开始依法享受基本养老保险待遇的。

（3）劳动者死亡，或者被人民法院宣告死亡或者宣告失踪的。

（4）用人单位被依法宣告破产的。

（5）用人单位被吊销营业执照、责令关闭、撤销或者用人单位决定提前解散的。

（6）法律、行政法规规定的其他情形。

用人单位与劳动者不得约定上述情形以外的其他劳动合同终止条件，即使约定也没有法律效力。

七、劳动合同的续订

劳动合同续订是指劳动合同期限届满前，经用人单位与劳动者双方协商一致，可以续订劳动合同，其具体内容包括：双方协商续订劳动合同；劳动者在同一企业连续工作满十年，当事人双方同意延续劳动合同的，企业应当与劳动者订立无固定期限劳动合同；劳动者患职业病或者因工负伤并被确认达到伤残等级，要求续订劳动合同的，企业应当续订劳动合同；劳动者在规定的医疗期内或女员工在孕期、产期、哺乳期内的，企业不能解除劳动合同。

直通职场

《中华人民共和国劳动合同法》的特别规定

《中华人民共和国劳动合同法》的特别规定主要包括集体合同、劳务派遣、非全日制用工三种情形。

一、集体合同

集体合同，是指由工会代表企业职工一方与用人单位通过平等协商，就劳动报酬、工作时间、休息休假、劳动卫生安全、保险福利等事项订立的书面协议。

（一）集体合同的订立

集体合同由工会代表企业职工一方与用人单位订立；尚未建立工会的用人单位，由上级工会指导劳动者推举的代表与用人单位订立。企业职工一方与用人单位可以订立劳动安全卫生、女职工权益保护、工资调整机制等专项集体合同。在县级以下区域内，建筑业、采矿业、餐饮服务业等行业可以由工会与企业方面代表订立行业性集体合同，或者订立区域性集体合同。

（二）集体合同的生效

集体合同订立后，应当报送劳动行政部门；劳动行政部门自收到集体合同文本之日起十五日内未提出异议的，集体合同即行生效。依法订立的集体合同对用人单位和劳动者具有约束力。行业性、区域性集体合同对于当地本行业、本区域的用人单位和劳动者具有约束力。

（三）劳动报酬和劳动条件

集体合同中劳动报酬和劳动条件等标准不得低于当地人民政府规定的最低标准；用人单位与劳动者订立的劳动合同中劳动报酬和劳动条件等标准不得低于集体合同规定的标准。

（四）争议的处理

用人单位违反集体合同，侵犯职工劳动权益的，工会可以依法要求用人单位承担责任；因履行集体合同发生争议，经协商解决不成的，工会可以依法申请仲裁、提起诉讼。

二、劳务派遣

劳务派遣，是指劳务派遣单位根据用工单位的需要招聘人员，并将所聘人员派遣到用工单位的一种用工形式。劳务派遣的劳动合同关系存在于劳务派遣单位与被派遣劳动者之间，但劳动力给付的事实发生于被派遣劳动者与实际用工单位之间。劳务派遣一般在临时性、辅助性或者替代性的工作岗位上实施。

劳务派遣涉及劳务派遣单位、用工单位、劳动者三者之间的法律关系。

（一）劳务派遣单位

劳务派遣单位即用人单位，应当履行用人单位对劳动者的义务。劳务派遣单位应当依照公司法相关规定设立，注册资本不得少于50万元人民币。

（二）劳务派遣合同

劳务派遣单位与被派遣劳动者订立的劳动合同，除应当载明本法第十七条规定的事项外还应当载明被派遣劳动者的用工单位以及派遣期限、工作岗位等情况。劳务派遣单位应当与被派遣劳动者订立二年以上的固定期限劳动合同，按月支付劳动报酬；被派遣劳动者在无工作期间，劳务派遣单位应当按照所在地人民政府规定的最低工资标准，向其按月支付报酬。

（三）劳务派遣协议

劳务派遣单位派遣劳动者应当与接受以劳务派遣形式用工的单位（以下称用工单位）订立劳务派遣协议。劳务派遣协议应当约定派遣岗位和人员数量、派遣期限、劳动报酬和社会保险费的数额与支付方式以及违反协议的责任。用工单位应当根据工作岗位的实际需要与劳务派遣单位确定派遣期限，不得将连续用工期限分割订立数个短期劳务派遣协议。劳务派遣单位应当将劳务派遣协议的内容告知被派遣劳动者。

（四）劳动报酬

被派遣劳动者享有与用工单位的劳动者同工同酬的权利。用工单位应当按照同工同酬原则，对被派遣劳动者与本单位同类岗位的劳动者实行相同的劳动报酬分配办法。用工单位无同类岗位劳动者的，参照用工单位所在地相同或者相近岗位劳动者的劳动报酬确定。劳务派遣单位与被派遣劳动者订立的劳动合同和与用工单位订立的劳务派遣协议，载明或者约定的向被派遣劳动者支付的劳动报酬应当符合前款规定。

（五）用工单位的义务

用工单位应当履行下列义务：执行国家劳动标准，提供相应的劳动条件和劳动保护；告知被派遣劳动者的工作要求和劳动报酬；支付加班费、绩效奖金，提供与工作岗位相关的福利待遇；对在岗被派遣劳动者进行工作岗位所必需的培训；连续用工的，实行正常的工资调整机制。

用工单位不得将被派遣劳动者再派遣到其他用人单位。

三、非全日制用工

非全日制用工是指以小时计酬为主，劳动者在同一用人单位一般平均每日工作时间不超过四小时，每周工作时间累计不超过二十四小时的用工形式。

非全日制用工双方当事人可以订立口头协议。从事非全日制用工的劳动者可以与一个或者一个以上用人单位订立劳动合同；但是，后订立的劳动合同不得影响先订立的劳动合同的履行。

非全日制用工双方当事人不得约定试用期。非全日制用工双方当事人任何一方都可以随时通知对方终止用工。终止用工，用人单位不向劳动者支付经济补偿。非全日制用工小时计酬标准不得低于用人单位所在地人民政府规定的最低小时工资标准。非全日制用工劳动报酬结算支付周期最长不得超过十五日。

任务三　人力资源共享服务下的劳动争议处理

一、劳动争议

微课

劳动争议处理

劳动争议又称劳动纠纷、人事纠纷，是劳动关系当事人之间因实现劳动权利和履行劳动义务所发生的纠纷。它具有两层含义：一是劳动争议的主体必须是劳动关系的当事人，一方是用人单位，另一方是与之建立了劳动关系的劳动者；二是劳动争议的内容涉及当事人双方的权利与义务。概言之，它是劳动者与用人单位之间，在劳动法调整范围内，因适用国家法律、法规和订立、履行、变更、解除、终止劳动合同所发生的纠纷。

劳动争议是市场经济和社会化大生产的必然产物。市场经济要求资源流动而形成最佳配置，这就决定了用人单位和劳动者之间不可避免地会因劳动关系产生、变更、终止而发生冲突和纠纷，加之二者利益、看问题的角度也不同，也增加了纠纷的可能性。劳动争议的产生有企业内部原因和社会外部原因。

（一）企业内部原因

从企业内部来看，产生劳动争议的原因主要体现在三个方面：

（1）忽视劳动合同的管理，如劳动合同签订不全面；劳动合同不规范，履行劳动合同的方式与程序不当等。

（2）企业规章制度不合理、不健全或没有依照合理程序执行。

（3）人力资源管理人员缺乏预防劳动争议的知识与技能。

（二）社会外部原因

从社会外部来看，人们的法治观念淡薄和劳动立法不健全也是导致劳动争议的重要原因。

二、劳动争议的主体范围

我国劳动争议的主体范围包括：

（1）中国境内的企业与职工；

（2）个体工商户与学徒、帮工；

（3）国家机关、事业组织、社会团体与本单位的工人（或工勤人员）及与之建立劳动合同关系的非工勤人员；

（4）军队、武警部队的机关、事业组织、企业与无军籍职工；

（5）用人单位与一部分离退休人员及其聘用的离退休人员；

（6）中国境外企业或劳动者与境内劳动者或企业在中国境内签订或履行劳动合同的。

三、劳动争议的分类

随着我国社会主义市场经济体制的建立和完善，企业中劳动关系发生的变化和随之产生的问题越来越突出。在企业内部，员工与企业因劳动问题发生争论的现象逐渐增加。争议的内容广泛、争议的焦点难以集中和争议处理难度增大是显著的特点。

劳动争议按照不同的标准，可划分为以下几种：

（1）按照劳动争议当事人人数多少的不同，劳动争议可分为个人劳动争议和集体劳动争议。个人劳动争议是指劳动者个人与用人单位发生的劳动争议；集体劳动争议是指劳动者一方当事人在 3 人以上，有共同理由的劳动争议。

（2）按照劳动争议的内容不同，劳动争议可分为因履行劳动合同发生的争议，因履行集体合同发生的争议，因企业开除、除名、辞退职工和职工辞职、自动离职发生的争议，因执行国家有关工作时间和休息休假、工资、保险、福利、培训、劳动保护的规定发生的争议等。

（3）按照当事人国籍的不同，劳动争议可分为国内劳动争议与涉外劳动争议。国内劳动争议是指中国的用人单位与具有中国国籍的劳动者之间发生的劳动争议，涉外劳动争议是指具有涉外因素的劳动争议，包括中国在国（境）外设立的机构与中国派往该机构工作的人员之间发生的劳动争议、外商投资企业的用人单位与劳动者之间发生的劳动争议。

（4）按照劳动争议的客体不同，劳动争议可分为履行劳动合同争议、开除争议、辞退争议、辞职争议、工资争议、保险争议、福利争议和培训争议等。

直通职场

辞职员工要求公司支付年休假工资引发的争议

小陶在某知名广告公司担任美工，2015 年起进入公司工作，2015 年 12 月，小陶趁《广东省人口与计划生育条例》实施前与恋爱多年的小方领取了结婚证，并于 2016 年春节前按旧规定申请了 13 天的婚假。2016 年 6 月，小方因工作需要被公司外派至武汉分公司工作，小陶为了便于照顾丈夫小方，遂向公司提出辞职申请，公司同意了小陶的辞职。在办理离职手续时，小陶向公司提出，其 2015 年仍有带薪年休假尚未休完，要求公司结算其 2015 年和 2016 年未休的带薪年休假工资。公司认为今年 1 月小陶已申请了 13 天的婚假，且今年尚未过完，因此不同意向小陶支付其提出的未休带薪年休假工资。小陶认为公司提出的依据，不足以冲抵其未休的年休假待遇，坚持要求公司按国家相关规定支付其带薪年休假待遇。双方经多次协商无法达成一致，小陶无奈之下向当地的仲裁委员会提出了劳动仲裁申请，要求公司补发其未休带薪年休假的待遇。

四、劳动争议的内容及特点

（一）劳动争议的内容

在研究中国劳动争议问题时，应该看到，凡是涉及劳动法所规定的权利和义务以及应该规定的问题，都有可能产生劳动争议，而且劳动争议的内容要随着社会条件与经济条件的变化而变化，带有明显的时代特征。现阶段我国劳动争议主要有以下几类：

（1）录用争议。

这类争议数量大，但内容单一。多数为就业者认为组织行政管理人员在招工中营私舞弊，使自己受到不公正待遇，而这些人大多认为自己符合条件而未被录用。在市场经济条件下，用人单位和劳动者有了互择权，在那些工作条件好、报酬水平高的企（事）业单位招工时竞争激烈，容易发生这些争执。

（2）流动争议。

这是发生在劳动者流动工作时的争议。流动争议一般有三种类型：一是招聘条件不兑现争议。在组织急需有关方面人才时，招聘中有的组织往往许诺各种优惠条件招揽人才，如果条件不兑现，则容易引发因招聘条件不落实而引起的争议。二是强留人员争议，多发生于组织行政与技术骨干之间。一方要求调走，另一方强留不放，当然会引发争议。三是不辞而别引起的争议，有的员工或在本单位不顺心，或因找到更好的工作后不辞而别，甚至带走了技术秘密或商业机密，也会引起争议。

（3）劳动合同争议。

这类争议数量有增加的趋势，在已有争议中，解除劳动合同的争议占较大比重。按照《中华人民共和国劳动法》的规定，劳动合同方当事人解除劳动合同必须符合法定条件并且事先通知对方。解除劳动合同争议的内容正是涉及解除劳动合同的条件是否合法、是否提前通知的问题。争议的当事人往往认为对方解除合同不符合法定条件或未能提前通知对方而提出申诉，要求赔偿其损失。

（4）劳动报酬争议。

劳动报酬主要有工资、资金、津贴三种形式，其中以工资所占比重最大，因而相对其他两种形式，工资争议的数量也较多。工资争议有三种：一是工资偏低争议，是因部分劳动者认为自己所得工资与从事同种工作、工龄相同、业务水平相当的人之间存在工资差距而产生的争议。这既有计划经济体制下历经调资晋级中的后遗症，也有同工不同酬的问题。二是工资升级争议，是因一些员工没有与其他人一样提薪，认为遇到不公平待遇而引发的争议。三是工资拖欠争议，是因有的组织拖欠、克扣员工工资，引发员工的不满，这类争议在三资企业、私营企业中比较常见。这种争议极易引发集体劳动争议，应引起注意。

（5）劳动保护争议。

近年来，该类劳动争议数量逐渐增加，主要内容包括：一是工作条件争议。多发生在生产条件差或工作环境中有害有毒物较高的组织，员工往往在改善工作条件、发放劳保品及有害作业津贴等方面与管理人员有不同意见，这类争议常附有改善生产条件的建议并常导致怠工。二是女工保护争议。多发生于纺织、食品加工、服装等女工较集中的组织。这类争议内容较多，如拒绝从事有害健康的工作，要求在月经期、怀孕期、生育期、哺乳期、更年期获得特殊照顾，提供必要的卫生设备等。三是职业病认定争议。多发生于职业病的多发组织，表现为员工将自己所患疾病与职业病联系起来，要求组织按法律规定给予照顾，而组织认为不符合有关规定，从而引起争议。劳动保护争议因涉及一部分劳动者的共同利益，所以极易以集体劳动争议的形式出现。

（6）劳动保险争议。

劳动保险争议在我国劳动争议中占的比重最大，具有数量多、内容复杂的特点。劳动保险争议的主要内容有：一是工龄争议。工龄不但是员工工资升级、住房分配、享受休假等待遇的评定依据，而且是员工享受何种劳动保险待遇的依据。工龄争议虽然数量较大，但矛盾冲突并不激烈，因为员工大多也认为组织在无规定的条件下是无法为其增加工龄的。二是退休、离休争议。在中国多发生于年老体弱的员工与组织行政之间，内容多为退职要求、改办退休离休、提高退休离休待遇等。三是因工与非因工认定争议。多发生于患病、负伤、致残的员工和死亡者家属与组织行政管理人员之间。根据国家有关规定，在因工和非因工患病、负伤、致残、死亡之间的待遇上存在较大的差别。由于存在这些待遇上的差别，因此员工与其家属在病、伤、残、死时总是希望能够按因工认定处理。但因工认定常会使组织负担过重或导致其他问题，所以组织行政管理人员有时拒绝劳动者或其家属的要求，从而造成争议。这种争议矛盾激烈、持续时间长、处理难度大。

（7）处罚争议。

处罚争议发生在组织行政管理人员采用惩罚手段整顿劳动纪律的时候。近年来这类争议数量有增无减。其内容包括：一是处罚过重争议。劳动者认为自己所受处罚过重，要求减轻。二是不应处罚争议。劳动者根本不承认自己犯有错误，认为给予的处罚没有道理，应该马上撤销。三是处理不公争议。多发生在数名员工与同一错误事实有关，但受到不同处理时。四是打击报复争议。劳动者认为组织行政管理人员对自己的处罚是出于某些领导人的打击报复，要求撤销处罚，恢复名誉。

（8）辞退争议。

该类争议发生在组织行政管理人员辞退员工之时，劳动者认为自己没有过错却遭到组织辞退而引起的争议，或劳动者认为组织行政管理人员辞退自己违反了劳动法规而引起争议等。这类争议近年来在三资企业、私营企业中增加较快。

（二）劳动争议的特点

纠纷与争议作为一种矛盾的表现方式存在于人类社会关系的各个方面，组织劳动争议作为一种特定的纠纷有着自身的特点：

（1）劳动争议的当事人必须是组织的行政管理人员和组织内的劳动者。

组织行政管理人员之间、劳动者之间的纠纷也时有发生，其纠纷的内容即使涉及劳动问题也不应列入劳动争议范围内。

（2）劳动争议内容必须与劳动问题有关。

具体地讲，这些问题必须涉及劳动法律规范所规定的各种权利与义务。从这一特点也可得到这样的结论：劳动争议是劳动者与组织行政管理人员之间劳动权利、义务和利益的争议。

（3）劳动争议必须表现为劳动者与组织行政管理人员矛盾的明朗化。

在实际管理过程中，双方的矛盾有时处于隐蔽的状态，这类未明朗化的矛盾不能称为劳动争议。

五、引发劳动争议的原因

引发劳动争议的原因可以从劳动关系的双方主体出发进行分析。

（一）用人单位方面的原因

随着《中华人民共和国劳动法》的颁布以及劳动力市场的日益成熟，一些经历了劳动用工政策转变过程的用人单位领导和管理人员主观意识上对政策得到巨大变更没有完全转变过来。有一部分人仍然不了解、不熟悉《中华人民共和国劳动法》及现行的有关劳动保障方面的法规、政策，不按法律办事，而是按传统的办法管理员工，这是造成劳动争议的主要原因。

用人单位内部规章制度是指用人单位自行规定，用于经营、管理单位及规范员工行为的规范性文件。它是用人单位处理违纪员工的“操作手册”，是用人单位自己内部的“法律”。实践中因为用人单位内部规章制度存在问题而引发的劳动纠纷也不少，比如有的用人单位规章制度不健全，出现了许多不该发生的漏洞和违规行为。

目前仍有相当一部分用人单位不按规定与员工签订劳动合同。《中华人民共和国劳动法》明确规定，建立劳动关系应当订立劳动合同。当用人单位在临时性岗位上用工时，可以在劳动合同期限上有所区别，但必须依法与劳动者订立劳动合同，明确双方的权利和义务。因此，不与员工签订劳动合同所引发的系列劳动争议更是层出不穷。

劳动用工日常管理不规范，引发劳动争议的原因多数为缴纳社会保险、劳动报酬、辞退、解除和终止劳动合同等问题。例如：有的用人单位虽然为员工缴纳了社会保险，但是为了单位自身的利益，压低缴费基数，侵害员工利益；有的用人单位和员工订立了劳动合同，但是合同条款不规范，不约定岗位、工资，随意变更员工的岗位，降低工资，引发劳动报酬争议；有的用人单位管理方法过于单一，在员工有违纪行为或是没能完成规定的某项工作时，没有明确合法的规章制度可以参考，而是一概用扣发员工工资的做法作为惩罚，以罚代管、代教，显然于法无据；某些用人单位解除、终止劳动合同条款不明晰，不了解解除和终止劳动合同之间的区别，引发经济补偿金争议；有的用人单位领导和管理人员不了解国家规定的工时制度，任意延长工作时间，无节制地安排员工加班加点，不按规定支付加班工资等，这些都是引发劳动争议的原因。

直通职场

因用人单位原因而引发的劳动争议

2014 年 3 月，小朱通过应聘入职某公司，签订了为期 3 年的劳动合同，合同约定工作岗位为公司企业文化专员，负责公司内部的企业文化建设与内部员工活动的开展。2015 年 5 月，公司以市场营销部缺市场策划人员为由，在未征求小朱意见的情况下，将她调至市场营销部任营销专员，易岗易薪。小朱一方面认为自己更适合做公司内部的企业文化与员工活动工作，另一方面也认为公司在未征得其同意的情况下随意变更工作岗位的行为违法，遂要求公司将其调回原岗位。公司回应，企业基于生产经营需要对员工工作岗位进行调整，是在行使用工管理权，小朱应当服从。经协商未果，小朱向当地劳动人事争议仲裁委员会提起仲裁，要求公司继续履行原劳动合同。请问：企业的工作调整合法吗？为什么？

（二）劳动者方面的原因

由于社会的进步，法治大环境的影响，劳动者的法治意识、维权意识增强，当自身的利益受到侵害后能勇敢地拿起法律武器维护自己的合法权益。个别劳动者违反用人单位的劳动纪律或侵害用人单位的利益，给用人单位造成严重损失。

六、劳动争议的处理制度

《中华人民共和国劳动法》第七十七条规定，“用人单位与劳动者发生劳动争议，当事人可以依法申请调解、仲裁、提起诉讼，也可以协商解决”。同时规定“调解原则适用于仲裁和诉讼程序”。这就指出劳动争议当事人解决劳动争议的基本方法是申请调解、仲裁和提起诉讼，劳动争议双方当事人也可以自行协商解决。

我国现行的劳动争议处理程序为协商、调解、仲裁和向人民法院提起诉讼。我国法律规定，劳动争议发生后，当事人可以通过协商解决；不愿协商或者协商不成的，可以向本企业劳动争议调解委员会申请调解；调解不成的，可以向劳动争议调解委员会申请仲裁，当事人也可以直接向劳动争议仲裁委员会申请仲裁；对仲裁裁决不服的，可以向人民法院提起诉讼。由此可见，协商和调解不是劳动争议处理的必经程序，而仲裁是劳动争议处理的必要程序；只有不服仲裁裁决的，才可以向人民法院提起诉讼，不能一发生劳动争议就向人民法院起诉。

（一）劳动争议调解

劳动争议调解是指企业调解委员会对企业一方与劳动者一方发生劳动争议，以国家的劳动法律法规为准绳，以民主协商的形式使双方当事人达成协议，消除劳动纠纷。劳动争议调解是企业内基层群众组织所做的调解，是我国处理劳动争议的基本形式之一。

《中华人民共和国劳动法》规定，在用人单位内，可以设立劳动争议调解委员会。它由职工代表、用人单位代表、工会代表三方组成。在企业中，职工代表由职工代表大会推举产生，企业代表由厂长（经理）指定，企业工会代表由企业工会委员会指定。调解委员会组成人员的具体人数由职代会提出并与厂长（经理）协商确定，企业代表的人数不得超过调解委员会成员人数的1/3。调解委员会主任由企业工会代表担任，其办事机构设在企业工会委员会。劳动争议调解委员会所进行的调解活动是群众自我管理、自我教育的活动，具有群众性和非诉讼性。劳动争议调解委员会调解劳动争议一般有如下步骤：

1. 申请

申请是指劳动争议当事人以口头或书面方式向本单位劳动争议调解委员会提出调解

的请求，是自愿的申请。

2. 受理

受理是指劳动争议调解委员会接到当事人的调解申请后，经过审查，决定接受申请的过程。受理包括三个过程：

(1) 审查，即审查发生争议的事项是否属于劳动争议，只有属于劳动争议的纠纷事项才能受理。

(2) 通知并询问另一当事人是否愿意接受调解，只有双方当事人都同意调解，调解委员会才能受理。

(3) 决定受理后，应及时通知当事人做好准备，并告知调解时间、地点等事宜。

3. 调查

经过深入调查研究，了解情况，掌握证据材料，弄清争议的原委以及调解争议的法律政策依据等。

4. 调解

劳动争议调解委员会召开准备会议，统一认识，提出调解意见，找双方当事人谈话，召开调解会议。

5. 制作调解协议书

经过调解，双方达成协议，即由劳动争议调解委员会制作调解协议书。

(二)劳动争议仲裁

劳动争议仲裁委员会是依法成立的、独立行使劳动争议仲裁权的劳动争议处理机构。它以县、市、市辖区为单位，负责处理本地区发生的劳动争议。

劳动争议仲裁委员会由劳动行政主管部门、同级工会、用人单位三方代表组成，劳动争议仲裁委员会主任由劳动行政主管部门的负责人担任。劳动行政主管部门的劳动争议处理机构为劳动争议仲裁委员会的办事机构，负责办理劳动争议仲裁委员会的日常事务。劳动争议仲裁委员会是一个带有司法性质的行政执行机构，其生效的仲裁决定书和调解书具有法律强制力。

1. 劳动争议仲裁应遵循的原则

(1) 调解原则。

先行调解，调解不成再及时外裁。调解简便易行、灵活迅速、缓解矛盾，但要贯彻当事人双方自愿的原则。

(2) 及时、迅速原则。

劳动争议仲裁委员会必须严格依照法律规定的期限结案，即“仲裁裁决一般应在收到仲裁申请的六十日内作出”。

(3) 一次裁决原则。

劳动争议仲裁委员会对每一起劳动争议案件实行一次裁决即行终结的法律制度。当事人不服仲裁裁决的，可以自收到仲裁裁决书之日起十五日内向人民法院起诉。期满不起诉的，仲裁决定书即发生法律效力。

2. 劳动争议仲裁的基本程序

根据《中华人民共和国劳动法》的规定，提出仲裁要求的一方应当自劳动争议发生之日起六十日内向劳动争议仲裁委员会提出书面申请。仲裁裁决一般应在收到仲裁申请的六十日内作出。对仲裁裁决无异议的，当事人必须履行。劳动争议当事人对仲裁裁决不服的，可以自收到仲裁裁决书之日起十五日内向人民法院提起诉讼。一方当事人在法定期限内不起诉又不履行仲裁裁决的，另一方当事人可以申请人民法院强制执行。

（三）劳动争议诉讼

劳动争议诉讼是指劳动争议当事人不服劳动争议仲裁委员会的裁决，在规定的期限内向人民法院起诉，人民法院依法受理后，依法对劳动争议案件进行审理的活动。实行劳动争议诉讼制度对提高劳动争议仲裁质量十分有利。

1. 人民法院处理劳动争议案件的范围

劳动争议诉讼是解决劳动争议的最终程序，人民法院审理劳动争议案件适用民事诉讼法所规定的诉讼程序。但人民法院并不处理所有的劳动争议案件，只处理如下范围内的劳动争议案件：

（1）争议事项范围：因履行和解除劳动合同发生的争议；因执行国家有关工资、保险、福利、培训、劳动保护的规定发生的争议；法律规定由人民法院处理的其他劳动争议。

（2）企业范围：国有企业、县（区）属以上城镇集体所有制企业、乡镇企业、私营企业和三资企业。

（3）职工范围：与上述企业形成劳动关系的劳动者，经劳动行政机关批准、录用并已签订劳动合同的临时工、季节工、农民工，依据有关法律法规的规定可以参照本法处理的其他职工。

2. 劳动争议诉讼的条件

当事人提起劳动争议诉讼必须符合法定的条件，否则人民法院不予受理。依照《中华人民共和国劳动争议调解仲裁法》的有关规定，当事人提起劳动争议诉讼需符合以下条件：

（1）起诉人必须是劳动争议的一方当事人，即用人单位或劳动者当事人因故不能亲自起诉的，可以委托代理人代为起诉。

（2）必须先经过劳动争议仲裁程序，对仲裁裁决不服的，才可以向法院起诉。

（3）必须有明确的被告、具体的起诉请求和事实依据。

（4）起诉不得超过起诉时效，即自收到仲裁裁决书之日起十五日内向法院提起诉讼，否则法院可以不予受理。

（5）起诉应依法向有管辖权的法院起诉，一般应向仲裁委员会所在地的人民法院起诉。劳动争议案件的诉讼应由人民法院的民事审判庭，按照民事诉讼法规定的普通诉讼程序进行审理。

七、共享服务下的劳动关系管理

人力资源共享服务下的劳动关系管理指的是随着员工的入职、续签、调动、离职、退休等人事异动，需要进行劳动合同的签订、续签、变更、解除等。常见的“三支柱”分工如下：

（1）COE 负责劳动合同模板的制定及更新。

（2）HRBP 根据日常管理及劳动争议提出修改建议。

（3）SSC 负责员工劳动合同的管理，包括入职时签订的劳动合同，劳动合同到期的续签，由于调动或其他原因劳动合同需进行的变更，由于离职退休或其他原因需进行的劳动合同解除等。

共享模式的劳动关系管理与传统模式劳动关系管理存在一定的不同，共享模式会更加关注劳动合同管理的规范性。

岗证融通：职业技能训练

训练目标

掌握劳动合同的具体内容，熟悉劳动合同的必备条款和约定条款。

训练内容

将学生分成若干小组，每组 5～6 人，以小组形式讨论劳动合同中具体条款的内容，练习填写劳动合同文本。根据所学知识，结合劳动合同的规范文本讨论劳动合同具体内容的填写。

训练评价

（1）劳动合同文本填写内容是否全面，设计是否合理。（40 分）

（2）团队合作能力。（30 分）

（3）语言表达和礼仪。（30 分）

（4）教师进行考核评价（见表 9－1）。

表 9－1 考核评价

评价指标	指标描述	权重	具体评价				评价得分	权重得分
			优秀 90～100 分	良好 80～89 分	一般 70～79 分	较差 60～69 分		
完成度	考查训练任务完成情况是否符合训练要求	40%	按照训练要求完成劳动合同文本填写，填写内容具体不缺项，文本填写规范	基本上按照训练要求完成劳动合同文本填写，填写内容具体不缺项，文本填写较规范	能够按照训练要求完成劳动合同文本填写，填写内容不够全面，文本填写较为规范	未能按照训练要求完成劳动合同文本填写，填写内容不全面，文本填写不规范		
团队配合	考查团队合作能力	30%	团队成员积极参与训练任务，分工协作，配合默契	团队成员基本上能积极参与训练任务，分工协作，配合默契	部分成员参与训练任务，有分工，配合较默契	部分成员参与训练任务不深入，分工不明确，配合不默契		

续表

评价指标	指标描述	权重	具体评价				评价得分	权重得分
			优秀 90～100 分	良好 80～89 分	一般 70～79 分	较差 60～69 分		
语言表达和礼仪	考查语言表达能力和汇报的礼貌礼仪	30%	普通话标准，声音洪亮，表达流利，富有情感，语言精练，条理清晰	普通话较标准，声音洪亮，表达流利，条理基本清晰	讲普通话，表达基本流利，使用文明用语，条理不够清晰	普通话不标准，陈述卡顿严重，思路混乱，条理不清晰		
评分合计								

项目十
职业生涯管理

学习目标

知识目标

1. 在理解职业含义的基础上，了解与职业生涯有关的理论。
2. 掌握职业生涯、职业规划、职业生涯管理内涵。

能力目标

1. 在了解影响职业选择因素之后，掌握个人职业计划设计的制定方法，了解实现职业与家庭平衡的意义和措施。
2. 掌握组织职业计划的构成因素及不同职业生涯阶段企业职业管理的特点及内容。

素养目标

1. 通过对个人职业选择的主观和客观因素进行分析判断，制定职业目标。
2. 培养正确的择业观、就业观以及锲而不舍的奋斗精神。

学习导图

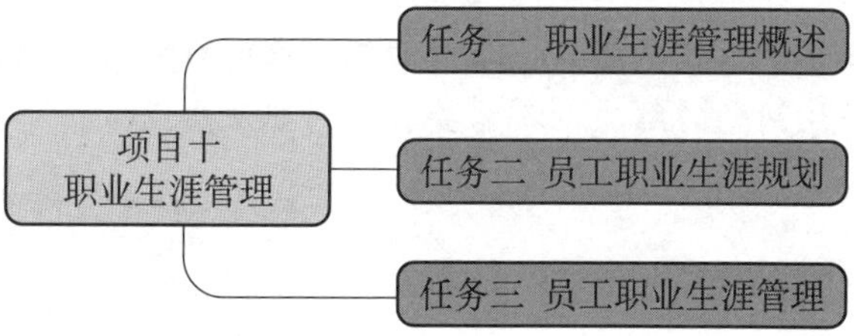

案例导入

成功并不像你想象的那么难

1965年，一位韩国学生到剑桥大学主修心理学。在喝下午茶的时候，他常到学校的咖啡厅或茶座听一些成功人士聊天。这些成功人士包括诺贝尔奖获得者、某些领域的学术权威和一些创造了经济神话的人，这些人幽默风趣、举重若轻，把自己的成功都看得非常自然和顺理成章。

时间长了，他发现，在国内时，他被一些成功人士欺骗了。那些人为了让正在创业的人知难而退，普遍把自己的创业艰辛夸大了，也就是说，他们在用自己的成功经历吓唬那些还没有取得成功的人。作为心理学系的学生，他认为很有必要对韩国成功人士的心态加以研究。1970年，他把《成功并不像你想象的那么难》作为毕业论文，提交给现代经济心理学的创始人威尔·布雷登教授。布雷登教授读后，大为惊喜，他认为这是个新发现，这种现象虽然在东方甚至在世界各地普遍存在，但此前还没有一个人大胆地提出来并加以研究。惊喜之余，他写信给他的剑桥校友。他在信中说："我不敢说这部著作对你有多大的帮助，但我敢肯定它比你的任何一个政令都能产生震动。"

后来这本书果然伴随着韩国的经济起飞了。这本书鼓舞了很多人，因为它从一个新的角度告诉人们，成功与"劳其筋骨，饿其体肤""三更灯火五更鸡""头悬梁，锥刺股"没有必然的联系。只要你对某一事业感兴趣，长久地坚持下去就会成功。后来，这位青年也获得了成功，他成了韩国泛业汽车公司的总裁。

分析提示

人生中的许多事，只要想做，就能做到，用不着钢铁般的意志，更用不着技巧或谋略。只要一个人还在朴实而饶有兴趣地生活着，他终究会发现，任何事都是水到渠成的。

很多人的一辈子都在不断追求成功，但是却很少有人思考自己是否走了正确的道路；有些人总是在匆忙中起步，但是走了很长一段时间后才发现似乎得从头再来。于是，很多人的很多时间和精力，都被耗费在了不断地出发和走回头路上……一个人要想有所成就，除了要有明确的理想和干劲，还要选择正确的道路，并要为出发做好详细的谋划。虽然有一些人在出发时就想好了自己的归宿，但大多数人在出发时都是懵懵懂懂的。如果我们压根就不知道自己应该做何选择，是不是就应该停滞不前？有一些组织总是在埋怨自己这里出不了人才。那么，这些组织有没有好好反思过，自己对员工的成长都做了些什么。这一切问题的解决，都需要我们对职业生涯做一个通盘考虑。

任务一　职业生涯管理概述

一、职业生涯

（一）职业生涯的含义

不同的学者从不同的角度对职业生涯的含义进行了界定。

法国的权威词典将职业生涯界定为："连续性的分阶段、分等级的职业经历。"

Barley将职业生涯定义为：从个体从事工作开始到不再从事工作为止的一系列的工作整体。William J. Rothwell和Henry J. Sredl将职业生涯界定为人的一生中与工作相关的活动、行为、态度、价值观、愿望的有机整体。

我国学者吴国存认为，职业生涯有狭义和广义之分。狭义的职业生涯限定于直接从事职业工作的这段时间，其上限从任职前的职业学习和培训开始。广义的职业生涯是从职业能力的获得、职业兴趣的培养、选择职业、就职，直至最后完全退出职业劳动这样一个完整的职业发展过程进行的考察，其上限从人生起点开始。

我们赞同吴国存的看法，事实上，国外也有很多学者认为，职业生涯可以从广义和狭义两个角度来界定。本项目主要从狭义的角度来界定职业生涯。职业生涯是一种以生理开发、心理开发、智力开发、技能开发和伦理开发等人的潜能开发为基础，培养人的职业兴趣和职业能力，以人的职业选择和职业调整为标志的，旨在实现其人生目标的职业发展过程。从这个表述中我们可以看出：

（1）职业生涯是涉及个体行为而非组织行为的经历。

（2）狭义的职业生涯主要涉及人的工作任职经历而不包括生活经历。

（3）人的职业生涯是变化的，是一个动态过程。

（4）人的职业生涯可以规划和管理。

（二）职业生涯的特点

从上述含义中，我们可以看出职业生涯具有如下特点：

1. 独特性

每个人的职业生涯都有自己的特征，具有独特性。这是因为，每个人在职业生涯方面的条件是不同的，每个人的职业理想也有差异，做出的职业选择也可能各不相同。

2. 发展性

每个人的职业生涯都是一个不断发展变化的过程，这种发展既来源于客观情况的变化，也来源于个人不断的追求。

3. 阶段性

每个人的职业生涯都具有不同的发展阶段。不同的阶段有不同的目标和任务，各个阶段之间有前后逻辑关系。

4. 整合性

人的职业生涯会受到生活和物理生涯中各种情况的影响，涵盖其人生发展的各个方面，其职业生涯的发展应整合其人生中各种资源。

5. 互动性

人的职业生涯是个人与他人、个人与组织、个人与社会互动的结果。

二、职业生涯规划与管理

职业生涯规划与管理则是个人和组织对职业历程的设计、职业发展的促进等一系列活动的总和。这个过程包含两个层面：

微课

树立正确的择业观和人生观——谈职业生涯规划

（一）个人层面

个人层面是指员工依据自身素质对自己未来发展做出主动自觉的设计和规划，并根据客观情况的变化做出相应调整，促使自己成才，最大限度地实现自我价值。

（二）组织层面

组织层面是指组织通过职业管理，协助员工规划和管理其职业生涯，通过培训、授权、入职匹配等手段促进员工职业生涯目标的实现。

直通职场

海尔的个人生涯培训

个性化的培训是对人才最大的激励。图 10－1 是海尔公司个人职业生涯培训体系图。

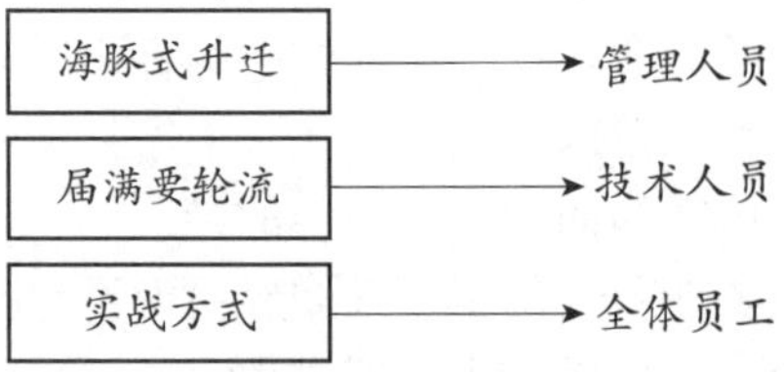

图 10－1　海尔公司个人职业生涯培训体系

“海豚式升迁”，是海尔培训的一大特色。海豚是海洋中最聪明、最有智慧的动物，它下潜得越深，则跳得越高。“海豚式升迁”就来源于此。如果一个员工进厂以后工作成绩比较好，他是从班组长到分厂厂长（主要是生产和系统）干起来的；如果现在让他干一个事业部的部长，那么他对市场系统的经验可能就非常缺乏，就需要到市场上去锻炼。到市场之后他必须从事最基层的工作，然后从基层岗位再一步步升上来。如果能升上来，就上岗；如果升不上来，则就地免职。

有的经理已经到达很高的职位，但如果缺乏某方面的经验，也要派他到对应的基层去；有的经理各方面经验都有了，但处事综合协调的能力较低，也要派他到相应部门去锻炼。虽然这样对一个干部来说压力可能较大，但也培养和锻炼了干部。

“届满要轮流”，是海尔培训技能人才的一大措施。

一个人长久地干一件工作，久而久之会形成固化的思维方式及知识结构，这对海尔这样以“创新”为核心的企业来说是难以想象的。目前海尔已制定了明确的制度，规定了每个岗位最长的工作年限。

“实战方式”，也是海尔培训的一大特点。

技能培训是海尔培训工作的重点。海尔在进行技能培训时，通过分析案例、到现场进行“即时培训”的模式来进行。具体来说，是抓住实际工作中随时出现的案例（最优事迹或最劣事迹），利用当日班后的时间立即在现场进行案例剖析，针对案例中反映出的问题或模式，来统一人员的动作、观念、技能，然后利用现场看板的形式在区域内进行培训学习，并通过提炼在集团内部的报纸《海尔人》上进行公开发表、讨论，达成共识。员工能从案例中学到分析问题、解决问题的思路及观念，从而提高技能。这种培训方式已在集团内全面实施。

海尔建立了内部培训教师师资网络、内部培训管理员网络、外部培训网络等。为培养出具有国际水平的管理人才，海尔还专门筹资建立了用于内部员工培训的基地——海尔大学。

三、职业生涯规划与管理的意义

由于职业生涯规划与管理可从个人和组织两个层面来理解，因此，其意义也可从两个层面来分析。

（一）对员工个人的意义

1. 激发员工不断奋斗的主观自觉性

职业生涯本身是一个不断发展变化的过程，如果员工从来不对自己的职业生涯进行规划和管理，就可能会走偏方向，甚至远远落后于他人而不自知。通过职业生涯规划和管理中职业咨询、心理测试、能力测试等手段，员工能对自己有更加清晰的认识，对自己的优点和不足、能力和爱好有更准确的认识，能根据自己的条件和未来职业的需要明确其发展目标和方向，并在目标和方向的激励下不断努力奋斗。

2. 帮助员工准确择业和进行职业调整

俗话说，“男怕入错行”，如果员工对自己的职业优势和缺点一无所知，就很难在择业和职业调整中做出正确判断。合理的职业生涯规划和管理有助于员工对自己有正确的认识和评价，可以帮助他们根据自身条件和市场实际状况确定择业期望值，引导他们走出择业和职业调整误区，在职业生涯中少走弯路。

3. 提升应对竞争的能力

当今社会职场好比战场，各种各样的竞争十分激烈。要想在激烈的竞争中立于不败之地，并进一步脱颖而出，必须对自己在职业方面的各种因素有完全认识，并根据社会的发展规律未雨绸缪，将自己的实际情况与社会的需求紧密结合。否则，对自己和社会发展趋势都一无所知，随便莽撞地前行一定很难成功。

（二）对组织的意义

1. 提高组织的人力资源利用效率

组织的发展离不开人，但很多组织却不知道怎么利用好人。如果任由员工个人随意发展，而不对其职业生涯进行规划和管理，员工的个人职业生涯可能就会和组织的发展方向相偏离，使组织在需要相应人力资源的时候，却无法实现自给自足。虽然通过外部招聘或许也能满足组织对人力资源的需求，但毕竟有较高的风险和成本。组织通过员工职业生涯规划和管理，可以使其清晰地知道未来哪些职位可能会出现空缺，哪些人才可以迅速弥补，这无疑提高了人力资源的利用率。

2. 提高员工的满意度

员工满意度是衡量组织管理工作成功与否的重要指标，高满意度的员工会减少工作的流动性，减少组织人力资源的流失率。通过对员工的潜能评价、辅导、咨询、规划和培训等，组织为员工们提供了更大的发展空间，使他们的职业发展更有目的性。这样，组织能通过职业生涯的规划和管理来提高员工的满意度。

3. 实现组织与员工的双赢

不仅员工要发展，组织本身也需要发展。组织不同的发展阶段所需要的人力资源会有所差别，如果员工的职业生涯发展能和组织的发展同步，那么组织中的人力资源成本就会降低，而同时员工的职业生涯也得到了更高阶段的发展。因此，通过职业生涯规划和管理，组织能提升员工的能力和经验，增强他们应对变化的自信心和实际能力，使他们对组织的发展做出更大的贡献。

同时，员工的职业生涯规划和发展对于全社会来讲也是有好处的。它能增进全社会的就业，确保社会的稳定运行。

任务二　员工职业生涯规划

职业生涯规划是指一个人通过对自身情况和客观环境的分析，确立自己的职业目标，获取职业信息，选择能实现该目标的职业，并且为实现目标而制订行动计划和行动方案。

一、职业生涯规划的原则

职业生涯规划作为员工对自己职业发展目标的一种预期和蓝图，应该遵循以下原则：

（一）指导性

规划有短期规划和长期规划，但不管是长期规划还是短期规划，都应该对员工具有一定的指导性，是对员工未来职业发展的一种蓝图。

（二）清晰性

不仅职业发展目标应该清楚界定，更重要的是事先制订目标的行动计划和方案也应该清楚、明确。每项行动方案都要有时间规划，以作为检查行动的依据。

（三）挑战性

职业生涯规划应该具有一定的挑战性，即应该是需要员工经过努力才能实现的目标和计划，如果不具有挑战性就不会有发展和成功。与此同时，挑战性还应该是适度的，不能是员工经过努力也无法达到的目标。

（四）可行性

可行性是指规划要有事实根据，要有实现的可能性，不能是不切实际的幻想。

（五）连贯性和一致性

连贯性表现在职业生涯规划贯穿每个人的生命历程，每个生命阶段之间应该保持一定的连贯性；一致性是指职业理想、职业目标和具体的阶段目标和行动方案之间都要保持一致，不能前后矛盾。

（六）弹性

规划是在某个时间对未来情况的预计和设定，环境的多变性决定了规划也应该随着环境、自身等各项因素的变化而进行调整，所以职业生涯规划一定要具有弹性。

二、职业生涯规划的步骤

为了更有效地对自己的职业生涯进行规划，使规划能够真正实现其指导性的作用，员工在制定职业生涯规划时应该遵循以下步骤：自我评估与职业定位—职业生涯机会评估—职业目标的设定—职业选择—职业生涯策略的制定—职业生涯规划的调整（见图 10－2）。

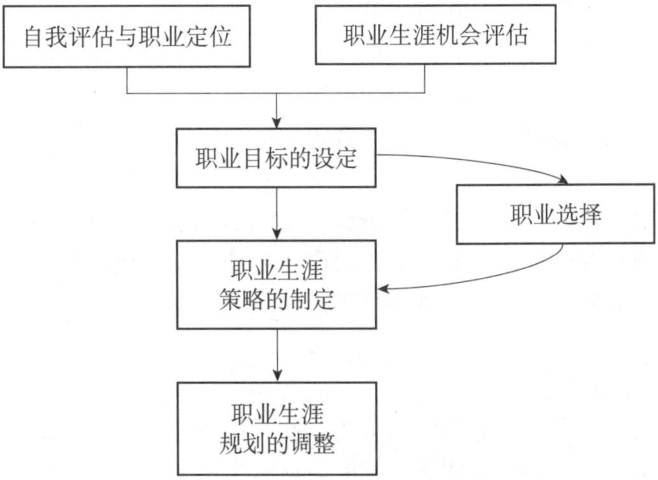

图 10－2　职业生涯规划的步骤

（一）自我评估与职业定位

自我评估是对自身的一个审视和评价的过程，帮助个体更了解自我，从而为做出正确的职业选择打下基础。自我评估包括两个方面：一是自己的兴趣、价值观、爱好、特长、内在动机和需求等因素，二是自己的优势和劣势。只有综合考虑两方面的因素，才能使职业目标具有吸引力和可行性。通过这一过程，个人对自己能够有更深入的了解，从而为后面的职业定位和职业目标的设定打下基础，帮助自己选定适合自己发展的职业生涯路线。在这一阶段，可以根据职业选择理论，对自己做一个全面、深入的分析。

准确的职业定位是对自己未来职业发展方向的一个指引。职业定位分析就是在了解自己的工作价值观、职业兴趣、能力、优劣势后，选择自己感兴趣的行业以及职业发展的要求目标。确定自己的职业方向以后，结合下面的职业生涯机会评估结果，个体就可以开始为自己的职业生涯发展设定目标及行动方案了。

（二）职业生涯机会评估

职业生涯机会评估主要是针对外界环境中所存在的可能会影响自己职业选择、职业发展的因素的分析，包括社会的发展、市场的竞争、人才的数量、可获得的职业机会、企业地位和前景的分析、家庭中的影响因素等。外界环境的急剧变化，既会给人带来机会，也会给人带来不可预知的威胁和阻碍。只有充分了解这些环境因素，才能在复杂多变的环境中做到趋利避害，帮助自己实现职业生涯的成功。可以使用 SWOT 分析中对外界机会和威胁的分析思路来评估职业生涯中的机会。职业生涯机会的评估主要包括以下三个方面：

1. 社会环境分析

社会大环境分析主要是指了解国家政治、经济、法治建设的发展方向，通常情况下，国家的政策能够在很大程度上影响某些行业的发展，如受国家政策扶持的行业，一般都会处于上升的发展周期中。

2. 行业环境分析

行业环境分析是对个体有志愿从事的某些目标行业的发展环境、发展前景等因素进行分析。个体的职业生涯一定是在特定的行业、企业中进行的，而行业的发展从长期来看，并不是平稳的，而是处于一定的周期之中，所以了解行业发展环境对选择正确的职业道路具有重要的意义。行业环境分析包括国内外重大事件对该行业的影响、目前行业的发展态势、未来的发展前景预测、国家政策导向的影响等。

3. 企业分析

企业分析包括企业在行业中的地位分析、企业的发展前景分析、企业的竞争优势分析等。企业的发展状况会极大地影响员工的职业生涯。企业倒闭会造成一批员工的职业生涯被迫中断，企业实力强大、发展良好则能够提高员工的职业价值，为员工的履历增添丰富的经验。

（三）职业目标的设定

经过对自我的认识和对外界环境的分析，此时员工可以在自己理想的基础上初步确定职业生涯的目标。员工在确定职业目标时应该首先确定自己的理想或志向，将远大的志向与前两步对自我的评估和对外界环境的分析结果结合起来考虑，从中确定一个既有挑战性又有现实性的职业目标。

1. 职业目标的作用

职业目标可以通过多种方式影响个人的行为和表现：

（1）根据目标激励理论，具有一定挑战性的职业目标可以激发个人高水平的努力。

（2）目标可以为个体提供努力的方向，使个体将有限的精力集中在有利于目标实现的事情上。

（3）可以提高朝目标努力的坚持性。

（4）具体、明确的目标有利于形成实现目标的战略。

（5）目标可以成为衡量结果有效性的指标，并向个体提供有价值的反馈。

2. 职业目标设定的原则

如同绩效目标设定原则一样，职业目标的设定也要符合SMART原则，即目标应该是具体明确的、可测量的、可实现的，与职业定位、职业兴趣等相关的，有时限性的。

3. 职业目标的分解与组合

分解目标是为了让目标的实现具有可操作性，目标组合是为了处理好不同分目标之间的关系。

（1）分解目标。

分解目标是将一个远大的、长期的总体目标分解成不同的阶段性目标，在现实和愿望之间建立可拾级而上的阶梯。目标的分解有多种方法，最常用的是按时间来进行分解：将职业生涯长期的远大目标分解为有时间规定的短、中、长期分目标。这些分目标具有如下特征：

①短期目标的特征：短期目标可能是自己选择的，也可能是上级安排的、被动接受的；未必由自己的价值观决定，但可以接受；目标切合实际，有明确具体的完成时间，具备可操作性，对实现目标有把握；需要适应环境，接受已经发生的事实；朝向长期目标，以"迂"为直。

②中期目标的特征：结合自己的志愿和企业的环境及要求制定目标，具有全局眼光；基本符合自己的价值观，充满信心，且愿意公之于众；能用明确的语言定量说明，有比较明确的时间，且可做出适当的调整；对目标的实现可能性做出评估，与长期目标一致；可以利用环境和变化，改变有可能改变的事情。

③长期目标的特征：目标是自己认准选择的，与职业生涯发展需要相结合，有实现的可能，并具有挑战性；非常符合自己的价值观，为自己的选择感到骄傲；能用明确语言定性说明，对实现目标充满渴望，在一定时间范围内实现即可；眼光放长远，目标始终如一，长期坚持不懈，创造美好未来。

（2）目标组合。

目标组合是处理不同目标之间关系的有效措施，主要着眼于目标之间的因果与互补关系。

关注目标的互补性能够帮助个体在有限的时间内同时实现相互之间并不冲突的几个目标，可以极大地提高效率和节省时间。目标的组合有时间上的组合和功能上的组合两种。时间上的组合又分为并进和连续两种，前者是指在同一时间可以着手实现两个以上的现行工作目标，如行政人事总监在做好行政工作的同时还需要完成人事工作。连续是指前后两个目标之间具有连接性，实现前一个目标后再着手实现后一个目标。功能上的组合是说有的目标之间具有因果联系、互补作用，如能力目标的实现有助于职务目标的实现、职务目标的实现又有利于经济目标的实现等。

（四）职业选择

图10-2中的职业选择用曲线连接，是因为规划作为一种蓝图的指导性计划，并不

涉及具体的行动实施，而职业选择则是员工在生活中经过深思熟虑后实际做出的选择行为，并不列入规划之列。可是，职业生涯一定是员工在实际工作中所呈现出的发展历程，绝大多数员工的职业生涯发展都与特定的企业和特定的工作岗位相关联，职业发展策略也是借助于具体的工作岗位而制定的。

职业选择的过程非常重要，因为员工所选的一定是要能够帮助个人实现职业目标的职业，否则只会做无用功，而且离自己的职业理想越来越远。据统计，选错职业的人中，有 80%的人在事业上是失败者。那么如何才能选择正确的职业呢？我们可以借鉴前文中所讲的职业选择理论，通常需要考虑如下几个因素：自己的工作价值观、兴趣爱好、性格与职业的匹配性、自己的职业锚、内外部环境与职业的适应性等。

（五）职业生涯策略的制定

在明确了职业生涯目标之后，还应该制定相应的目标实现策略，作为目标和现实行为之间的桥梁。职业生涯策略是为了实现职业生涯目标所要采取的各种行为和措施。例如：为了提高自己的业务能力，需要提高哪方面的能力？如果要提高自己的沟通能力，应该从哪方面着手？参与哪种类型的培训？另外，职业生涯策略还包括为平衡职业目标与其他目标而做出的种种努力，如实现工作与生活的平衡等。职业生涯策略要具体、明确，以便定期检查落实情况。

（六）职业生涯规划的调整

由于自身和外部环境都是处于不断的变化之中的，而规划作为一种对未来情况的预期和指导，一定要随着环境和具体情况的变化而做出调整，否则就会制约现实发展。调整职业生涯规划的过程也是个体对自己认识深化的过程，在参与具体工作以后，可能会发现很多情况都与自己原本料想的有较大差别，这时就应该及时调整职业生涯规划，保持与时俱进。

直通职场

如何设计职业生涯规划

某高校女生，计算机专业，在临近毕业时常常对自己的职业动向难以选择。就现在来说，计算机专业属于热门，找一份差不多的工作并不难，但因为自己是女生，在就业时不如同班的男生有优势，同时她自己比较喜欢教师的职业。在这种多重矛盾的情况下，如何进行有关职业规划方面的认真思考，并通过对职业前途的规划来确定其就业方向？请你为该女生设计一份职业生涯规划，分析提示：

1. Who are you ?

某重点高校计算机专业毕业生；优秀学生干部，学习成绩优秀，英语通过国家六级；辅修过心理学、管理学；参加过高校演讲比赛，拿过名次；家庭经济状况一般，父母工作稳定，身体健康，暂时还不需要有人照顾；自己身体健康；性格上不属于内向，但也不是特别活泼，喜欢安静。

2. What do you want?

很想成为一名老师，比较喜欢这种职业；其次可以成为一名公司的技术人员；如果出国读管理方面的硕士，回国后成为一名企业管理人员也是可以接受的。

3. What can you do?

做过家教，虽然不是自己的专业，但与孩子交流有天生的优势，当学生成绩进步时很有成就感；当过学生干部，与同学相处比较好，组织过几次有影响力的活动；实习时在公司做过一些开发，虽然没有大的成就，但感觉还行。

4. What can support you?

家里亲戚推荐去一家公司做技术开发。去年曾有几家学校来系里招聘教师，但不是当老师，而是要去学校做技术维护，今年不知会不会有学校再来招聘教师；有同学开了一家公司，希望自己能够加盟，但自己不了解这个公司的具体业务，也不知道它有多大的发展前途。

5. What can be you in the end?

最后的选择可能有四种，分别如下：

（1）到一所学校当老师，自己有这方面的兴趣和理想。

（2）到公司做技术人员，收入上会高一些。但通过这几年的发展来看，这种行业起伏较大，同时由于技术发展较快，得随时对自己进行知识更新，压力较大，信心不足，兴趣也不是很大。

（3）去同学的公司丢掉专业，从底层做起，风险较大，这与自己求稳的性格不符，同时家庭方面也会有阻力。

（4）如愿以偿获得奖学金，能够出国读书，回国后还是去做一名企业管理人员。不确定因素较多，且自己可把握的较少，自己始终处于被动状态。

任务三　员工职业生涯管理

一、职业生涯发展阶梯

职业生涯发展阶梯是组织内部员工职业晋升和职业发展的路径。组织必须有完善的职业生涯发展阶梯方案，以便对组织的职业生涯发展阶梯进行很好的管理。职业生涯发展阶梯方案是组织为内部员工设计的成长、晋升管理方案，主要涉及职业生涯发展阶梯结构、职业生涯发展阶梯模式和职业生涯发展阶梯的设置等几部分内容。

（一）职业生涯发展阶梯结构

职业生涯发展阶梯结构可以从三个方面来考察：职业生涯发展阶梯的宽度、职业生涯发展阶梯的速度和职业生涯发展阶梯的高度。

1. 职业生涯发展阶梯的宽度

职业生涯发展阶梯的宽度是员工可以晋升的部门或职位的范围。根据组织类型和工作类型，职业生涯发展阶梯的宽度会有所不同。宽阶梯的工作对员工的综合能力和综合素质要求较高，而窄阶梯的工作对员工的专业技能和专业经验的要求较高，一般而言，纯技术类岗位的晋升宽度相对于管理类岗位的晋升宽度要略窄。

2. 职业生涯发展阶梯的速度

职业生涯发展阶梯的速度是员工晋升所需要时间的长短，它决定了员工晋升的快慢。根据员工的能力和业绩的不同，职业生涯发展阶梯的速度会有快慢的区别，但不管是正常晋升还是破格提拔，都应该有政策依据。

3. 职业生涯发展阶梯的高度

职业生涯发展阶梯的高度是员工晋升层级的空间，它决定了员工在组织中可能晋升的高度，对于员工的发展和潜能的发挥有重要影响。

科学、清晰的职业生涯阶梯设置既可以满足员工长期职业生涯发展的需求，也可以满足组织高层次工作清晰化、专业化的需求。另外，有明确的职业生涯阶梯设置，对于优秀的员工来说也是一种吸引力，因为他们有比较明确的职业发展通道和清晰的晋升感。

（二）职业生涯发展阶梯模式

职业生涯发展阶梯模式是组织为员工提供的职业发展路径和发展通道，是员工在组织中从一个特定职位到下一个特定职位发展的一条路径，它直接决定了员工的职业发展方向。目前常见的职业生涯发展阶梯模式有传统模式、横向模式、网状模式和双重模式。

1. 传统模式

传统模式是单纯纵向的发展模式，这种模式将员工的发展限制在一个职能部门或一个单位内，通常由员工在组织中的工作年限来决定员工的职业地位。我国的公务员职称序列就是这样一种职业生涯发展阶梯模式。该模式最大的优点是清晰、明确，员工知道自己未来的发展方向。但它的缺陷在于过于单一、激励性不大，很多单位中员工只要熬到年头就可以晋升。另外，它是基于组织过去对员工的需求而设计的，没有考虑环境、战略等的变化。

2. 横向模式

横向模式是指员工可以向其他职能领域调动、轮岗，横向模式可能短时期来看并没有职位上的上升，但是它使员工迎接新的挑战，可以拓宽员工的发展机会，尤其对处于职业中期的员工来说，这是一条行之有效的职业发展路径。

3. 网状模式

网状模式是纵向模式和横向模式相结合的交叉模式。这一模式承认在某些层次上的工作经验具有可替代性，而且比较重视员工的综合素质和能力。这种模式相比前两种模式拓宽了职业发展路径，减少了职业路径堵塞的可能性。但是对于员工来说，可能会有职业发展不清晰的感觉。

4. 双重模式

目前，在组织中使用最多的还是双重发展模式，这种模式存在两种职业生涯路线：管理路线和技术路线。沿着管理路线发展，员工可以晋升到比较高的管理职位，而对于某些不愿意从事管理工作但技术突出的员工，则可以走技术路线。公司可以根据员工在技术上的水平和对公司的贡献，而在薪酬和职位名称上给予奖励，如专家称号之类。两个路线同一等级的管理人员和技术人员在地位上是平等的。

（三）职业生涯发展阶梯的设置

组织职业生涯发展阶梯规划关系着组织内部每位员工的切身利益，对于组织来说，具有牵一发而动全身的作用，所以如何更好地设计组织职业生涯阶梯已成为当前人力资源管理的一项重要工作。在设计职业生涯阶梯的时候需要注意以下三个方面：

1. 以职业锚为依据设置职业生涯阶梯

根据职业锚理论，一共存在八种职业锚类型，组织可以对内部员工的工作类型进行分类，设计适合本组织的多重职业发展通道，不同职业通道的层级之间在报酬、地位、称谓等方面具有某种对应关系，这样就可以让每位员工都能找到适合自己的职业通道。

2. 职业生涯阶梯的设置应该与组织的考评、晋升激励制度紧密结合

员工的行政、技术级别应能上能下，连续考评不合格者应该降级处理。技术等级应严格与薪酬挂钩，包括组织内部的各项福利甚至股权。另外，对于技术岗位上的晋升要严格考察，以免出现“彼得高地”，即技术水平高的员工晋升到管理岗位上后并不能胜任的情况。

3. 职业生涯发展阶梯应该与组织的情况相适应

关于职业生涯发展阶梯的宽度、高度和速度，企业应该依据自身的情况制定一整套规章制度。例如：销售类的企业，应重视对员工业绩的肯定，所以在阶梯的宽度、高度和速度上可以侧重于业绩和能力；而高科技类公司，则应该注重技术能力、创新能力。

二、分阶段的职业生涯管理

每个人的职业生涯历程都可以划分为不同的阶段，与此类似，员工在组织中的工作历程也可以划分为不同的阶段，每个阶段都有一些共同特点。企业可以依据这些特点对员工进行分阶段的职业生涯管理。我们可以将一位员工在组织中的历程分为初进组织阶段、职业生涯初期、职业生涯中期、职业生涯后期。

（一）初进组织阶段

员工新加入一个组织，在各方面都处于不适应的阶段。这个时期，新员工会经过三个阶段来完成社会化的过程，即前期社会化、碰撞、改变与习得。

前期社会化阶段，新员工会根据在招聘录用时所得到的信息以及通过其他各种与工作、组织有关的消息来源搜集到的信息，初步形成自己的期望和判断。员工与企业之间的心理契约也从这个时候开始建立。碰撞阶段，员工会发现自己的期望和现实之间存在一定的差距，对任务角色、人际关系等都处于试探和适应的阶段。如果之前的期望过高，现在得不到满足，新员工甚至可能产生离职的想法。如果能够坚持下来，那么在改变与习得阶段，新员工将逐渐开始掌握工作要求，慢慢适应新的环境和同事关系，一切开始步入正轨。针对新员工在这个时期会出现的一系列想法、感受，组织可以采取一些策略帮助员工更好、更快地融入。

(1) 帮助新员工准确地认识自己，制定初步的职业生涯发展规划。

(2) 提供系统的入职培训。入职培训主要包括两方面的内容：对未来工作的介绍及对企业文化和规章制度的宣传。通过入职培训让新员工尽快熟悉企业、适应环境和形势，减少碰撞所带来的负面影响。

(3) 为新员工提供职业咨询和帮助。公司可以为每位新员工配备一名有经验的老员工做其导师，向新员工提供指导、训练等，指导新员工更快地了解组织、更好地工作。

(4) 帮助员工寻找早期职业困境产生的原因及解决办法。

早期职业困境的主要原因可能是期望过高、工作比较枯燥、人际关系不够融洽等，公司可以针对这些原因做出改善：为员工提供真实的工作预览，以消除不现实的期望；工作扩大化、工作丰富化以增加工作的挑战性；帮助员工改善人际沟通的技能等。

(二)职业生涯初期

在成功度过早期的碰撞，适应公司的文化和工作任务之后，员工便进入了职业生涯初期。在这个阶段，员工更关注自己在组织中的成长、发展和晋升，他们开始慢慢寻求更大的职责与权力，设定他们的职业目标，调整自己的职业生涯规划，渴望在职场中获得成功。针对这一情况，公司应准确把握员工在这个时期的特点，为他们提供培训机会，帮助调整并实现员工的职业生涯规划，关注他们的发展意愿和发展方向，适时提供机会和平台促进员工的成长。具体来说，企业应该：

1. 建立员工的职业档案

详细掌握员工的学历、培训经验、工作经历、工作成果、绩效评价信息、他人反馈信息、未来发展目标等各种与员工职业发展有关的信息。

2. 建立主管和员工的适时沟通制度或员工的个人申报制度

通过沟通或员工的自行申报，了解员工的工作心情和感受、对担任职务的希望、对公司的要求、未来的发展意愿等，避免公司为员工制定的职业发展规划与员工意愿相左的情况出现。

直通职场

堵塞了员工发展通道的APP公司

APP公司是一家生产电脑芯片的公司，自成立以来，该公司发展迅速，销售及盈利业绩骄人，股票价格翻了几番。但是，该公司人力资源管理体系却远远落后于公司业务发展，而且未受到应有的重视。最近，曾任一家知名大型IT企业助理人事总监的小张受聘于该公司担任人力资源总监一职，他决心对该公司的人力资源管理体制加以改进。

经过4个月对公司现状的考察，小张发现一个十分突出的问题：研发部技术人员的离职率居高不下，研发部是从事研究的核心部门，该部门的平均离职率竟高达30%。为找出造成这一局面的原因，小张首先进行了薪酬调查，发现该公司支付给技术人员的工资比市场平均水平高出5%～8%。但由于该公司从不进行离职面谈，小张无法了解已离职者的想法。通过与大量员工包括技术人员的非正式交谈，小张了解到，很多人都感到在公司里没有发展前途。尤其令人担忧的是，研发部一些被该公司认为很有前途的年轻技术人员都被竞争对手挖走了。

小李是一位给小张留下深刻印象的研发部员工。29 岁的小李毕业于一所名校，目前正在攻读在职 MBA 课程。小李加入该公司已达 7 年之久，前 3 年任普通技术人员，而后 4 年任部门主管。她的绩效评估一直十分出色。在研发部，其职位仅在研发部总监之下。在小李看来，公司根本不关心优秀员工。她认为，现任研发部总监的小王不愿意让本部门的优秀员工在公司内部得到晋升，而宁可把他们留在本部门，这样他既可以完成本部门的研发任务而又不必费力培训新人。小李说，她的上司和前任人事总监都曾告诉她，她在公司的前途无量，然而时至今日，她仍然是一位普通的部门主管。

此外，小李对公司的人力资源管理制度也颇有微词。她认为，绩效评估没有考虑到员工的潜力和远景目标，对于帮助下属发展的主管也没有任何激励，人力资源规划没有确定未来的职位空缺，公司内部没有职位公告体系，没有为员工设计职业阶梯，对女性加入管理层有歧视。因此，她建议公司应针对这些问题采取相应的措施。

从小张了解的情况来看，小李说的都是事实。而且，他从其他渠道也听说一家竞争对手公司正在与小李接洽，打算让她担任一个高级职位。很显然，小张所面临的挑战比他预计的更大。他很清楚，目前的当务之急是解决关键人员的流失问题。此外，一系列与员工职业生涯发展相关的问题也亟待解决。

（三）职业生涯中期

在这一时期，员工经过前两阶段的发展和适应，已经逐步明确了自己在组织中的职业目标，确定了对企业的长期贡献区，积累了丰富的工作经验，开始走向职业发展的顶峰。但与此同时，员工也会意识到职业机会随着年龄的增长而受到限制，产生职业危机感，同时家庭的负担也会在这个阶段凸显出来，如何平衡工作、家庭也成为这个阶段的员工面临的一项挑战。针对这些情况，组织可以：

1. 用满足员工心理成就感的方式来代替晋升，实现激励效果

在员工无法继续在职位上得到晋升的情况下，组织可以利用其他方式激励员工的成就感，如提供培训机会、表彰成绩、物质奖励等。

2. 安排员工进行职业轮换

当员工在纵向的职业发展上遇到瓶颈时，可以适当拓展员工的发展领域，从事其他职能领域的工作，能够帮助员工找到工作兴趣和新的发展机会。

3. 扩大现有的工作内容

在员工现有的工作中增加更多有挑战性的工作内容或是更多责任，如让员工适当承担团队管理职责等。

4. 为员工提供接受正规教育的机会

步入稳定期的员工很可能在职业发展上也面临瓶颈，这时企业可以为员工提供一系列的培训与开发机会，如让员工在不耽误正常工作的情况下，接受正规教育。这样可以挖掘员工的潜能，提高员工的素养和能力，从而可以继续职业生涯的发展。通过这些实践，组织可以有步骤地帮助处于职业高原期的员工积极应对这种不利局面，对工作始终保持热情和兴趣，继续推动职业生涯的发展和上升。

（四）职业生涯后期

这个阶段是员工在组织中的最后阶段，员工开始步入退休阶段。经过前几个阶段的努力和奋斗，很多员工在职业上获得了一定的成就和地位。这个时期，大多数人对成就和发展的期望减弱，希望能够维持或保留自己目前的地位和成就。当然，也有一部分人这时候仍然保持高昂的斗志，希望能够百尺竿头更进一步。对于大多数前一种员工来说，组织这个时候应帮助他们做好退休前的各项心理和工作方面的准备，使其顺利实现向退休生活的过渡。针对这种情况，企业可以：

1. 提供心理辅导

很多员工无法接受自己即将退休的现实，在心理上会产生冲击感和失落感。企业可以适时召开座谈会，进行深入的沟通交流，了解员工的想法，有针对性地做好思想工作。

2. 发挥余热，让老员工培育新员工

处于退休阶段的员工都有丰富的工作经验，而且工作强度也不会太大，这时候会有足够的时间和精力来辅导、带动新员工。企业可以充分利用这一特点，为老员工安排“学徒”，让老员工指导新员工，培养接班人，既可以发挥老员工的余热，又能够帮助新员工更快地适应组织。

3. 返聘老员工

对于有特殊技能、特殊贡献、企业又缺乏的员工，如果他们希望继续工作，企业可以返聘，让他们继续为公司做贡献。

4. 做好退休后的计划和安排

针对大多数员工，企业应该帮助每位员工制订退休计划，尽可能使其退休生活既丰富又有意义，如鼓励员工进入老年大学、发展兴趣爱好等。

岗证融通：职业技能训练

训练目标

让学生学会个人职业生涯规划与设计，撰写个人职业生涯规划设计书并进行汇报展示。学生做出个体决策，各小组讨论协作以下内容。

训练内容

（1）聆听实训指导教师阐述实训内容，了解个人职业生涯规划的步骤。

（2）职业生涯目标的确定。

（3）职业生涯规划书的主要内容与基本形式。

训练评价

（1）职业生涯规划书内容是否全面，设计是否合理。（40 分）

（2）团队合作能力。（30 分）

（3）语言表达和礼仪。（30 分）

（4）教师进行考核评价（见表 10－1）。